国家出版基金项目

绿色制造丛书

组织单位 | 中国机械工程学会

机械装备再制造供应链管理

朱庆华　赵森林　著

本书将再制造理论与实践相结合，模型构建主要以重型载货汽车发动机为例，这是由于重型载货汽车发动机再制造行业起步早，与其他机械设备的再制造研究有共通性，可供行业发展借鉴。本书首先运用调查研究和数学优化的相关方法构建了再制造决策及合作模型，揭示再制造供应链上的各相关方在面对再制造供需不确定性的同时干扰下彼此如何协调冲突、共担风险等。其次，本书针对市场需求端的产品接受度问题，提出延长质保期限和实行保换服务的再制造产品销售新模式。最后，本书针对如何解决授权再制造与外包再制造等再制造设计端面临的新问题进行了研究探索。

本书主要供再制造相关领域研究人员阅读参考。

图书在版编目（CIP）数据

机械装备再制造供应链管理 / 朱庆华，赵森林著 . —北京：机械工业出版社，2021.10

（国家出版基金项目·绿色制造丛书）

ISBN 978-7-111-69484-7

Ⅰ.①机… Ⅱ.①朱…②赵… Ⅲ.①制造工业-机械设备-供应链管理-研究 Ⅳ.①F407.405

中国版本图书馆 CIP 数据核字（2021）第 216985 号

机械工业出版社（北京市百万庄大街22号 邮政编码100037）
策划编辑：李　楠　　　　责任编辑：李　楠　刘　静
责任校对：张晓蓉　王明欣　责任印制：李　娜
北京宝昌彩色印刷有限公司印刷
2022 年 3 月第 1 版第 1 次印刷
169mm×239mm·16.25 印张·304 千字
标准书号：ISBN 978-7-111-69484-7
定价：82.00 元

电话服务　　　　　　　　网络服务
客服电话：010-88361066　　机　工　官　网：www.cmpbook.com
　　　　　010-88379833　　机　工　官　博：weibo.com/cmp1952
　　　　　010-68326294　　金　书　网：www.golden-book.com
封底无防伪标均为盗版　机工教育服务网：www.cmpedu.com

"绿色制造丛书" 编撰委员会

主　任
宋天虎　中国机械工程学会
刘　飞　重庆大学

副主任（排名不分先后）
陈学东　中国工程院院士，中国机械工业集团有限公司
单忠德　中国工程院院士，南京航空航天大学
李　奇　机械工业信息研究院，机械工业出版社
陈超志　中国机械工程学会
曹华军　重庆大学

委　员（排名不分先后）
李培根　中国工程院院士，华中科技大学
徐滨士　中国工程院院士，中国人民解放军陆军装甲兵学院
卢秉恒　中国工程院院士，西安交通大学
王玉明　中国工程院院士，清华大学
黄庆学　中国工程院院士，太原理工大学
段广洪　清华大学
刘光复　合肥工业大学
陆大明　中国机械工程学会
方　杰　中国机械工业联合会绿色制造分会
郭　锐　机械工业信息研究院，机械工业出版社
徐格宁　太原科技大学
向　东　北京科技大学
石　勇　机械工业信息研究院，机械工业出版社
王兆华　北京理工大学
左晓卫　中国机械工程学会
朱　胜　再制造技术国家重点实验室
刘志峰　合肥工业大学
朱庆华　上海交通大学

张洪潮	大连理工大学
李方义	山东大学
刘红旗	中机生产力促进中心
李聪波	重庆大学
邱　城	中机生产力促进中心
何　彦	重庆大学
宋守许	合肥工业大学
张超勇	华中科技大学
陈　铭	上海交通大学
姜　涛	工业和信息化部电子第五研究所
姚建华	浙江工业大学
袁松梅	北京航空航天大学
夏绪辉	武汉科技大学
顾新建	浙江大学
黄海鸿	合肥工业大学
符永高	中国电器科学研究院股份有限公司
范志超	合肥通用机械研究院有限公司
张　华	武汉科技大学
张钦红	上海交通大学
江志刚	武汉科技大学
李　涛	大连理工大学
王　蕾	武汉科技大学
邓业林	苏州大学
姚巨坤	再制造技术国家重点实验室
王禹林	南京理工大学
李洪丞	重庆邮电大学

"绿色制造丛书" 编撰委员会办公室

主　任
刘成忠　陈超志

成　员（排名不分先后）
王淑芹　曹　军　孙　翠　郑小光　罗晓琪　罗丹青　张　强　赵范心　李　楠
郭英玲　权淑静　钟永刚　张　辉　金　程

丛书序一

制造是改善人类生活质量的重要途径，制造也创造了人类灿烂的物质文明。

也许在远古时代，人类从工具的制作中体会到生存的不易，生命和生活似乎注定就是要和劳作联系在一起的。工具的制作大概真正开启了人类的文明。但即便在农业时代，古代先贤也认识到在某些情况下要慎用工具，如孟子言："数罟不入洿池，鱼鳖不可胜食也；斧斤以时入山林，材木不可胜用也。"可是，我们没能记住古训，直到20世纪后期我国乱砍滥伐的现象比较突出。

到工业时代，制造所产生的丰富物质使人们感受到的更多是愉悦，似乎自然界的一切都可以为人的目的服务。恩格斯告诫过：我们统治自然界，决不像征服者统治异民族一样，决不像站在自然以外的人一样，相反地，我们同我们的肉、血和头脑一起都是属于自然界，存在于自然界的；我们对自然界的整个统治，仅是我们胜于其他一切生物，能够认识和正确运用自然规律而已（《劳动在从猿到人转变过程中的作用》）。遗憾的是，很长时期内我们并没有听从恩格斯的告诫，却陶醉在"人定胜天"的臆想中。

信息时代乃至即将进入的数字智能时代，人们惊叹欣喜，日益增长的自动化、数字化以及智能化将人从本是其生命动力的劳作中逐步解放出来。可是蓦然回首，倏地发现环境退化、气候变化又大大降低了我们不得不依存的自然生态系统的承载力。

不得不承认，人类显然是对地球生态破坏力最大的物种。好在人类毕竟是理性的物种，诚如海德格尔所言：我们就是除了其他可能的存在方式以外还能够对存在发问的存在者。人类存在的本性是要考虑"去存在"，要面向未来的存在。人类必须对自己未来的存在方式、自己依赖的存在环境发问！

1987年，以挪威首相布伦特兰夫人为主席的联合国世界环境与发展委员会发表报告《我们共同的未来》，将可持续发展定义为：既满足当代人的需要，又不对后代人满足其需要的能力构成危害的发展。1991年，由世界自然保护联盟、联合国环境规划署和世界自然基金会出版的《保护地球——可持续生存战略》一书，将可持续发展定义为：在不超出支持它的生态系统承载能力的情况下改善人类的生活质量。很容易看出,可持续发展的理念之要在于环境保护、人的生存和发展。

世界各国正逐步形成应对气候变化的国际共识,绿色低碳转型成为各国实现可持续发展的必由之路。

中国面临的可持续发展的压力尤甚。经过数十年来的发展,2020年我国制造业增加值突破26万亿元,约占国民生产总值的26%,已连续多年成为世界第一制造大国。但我国制造业资源消耗大、污染排放量高的局面并未发生根本性改变。2020年我国碳排放总量惊人,约占全球总碳排放量30%,已经接近排名第2~5位的美国、印度、俄罗斯、日本4个国家的总和。

工业中最重要的部分是制造,而制造施加于自然之上的压力似乎在接近临界点。那么,为了可持续发展,难道舍弃先进的制造?非也!想想庄子笔下的圃畦丈人,宁愿抱瓮舀水,也不愿意使用桔槔那种杠杆装置来灌溉。他曾教训子贡:"有机械者必有机事,有机事者必有机心。机心存于胸中,则纯白不备;纯白不备,则神生不定;神生不定者,道之所不载也。"(《庄子·外篇·天地》)单纯守纯朴而弃先进技术,显然不是当代人应守之道。怀旧在现代世界中没有存在价值,只能被当作追逐幻境。

既要保护环境,又要先进的制造,从而维系人类的可持续发展。这才是制造之道!绿色制造之理念如是。

在应对国际金融危机和气候变化的背景下,世界各国无论是发达国家还是新型经济体,都把发展绿色制造作为赢得未来产业竞争的关键领域,纷纷出台国家战略和计划,强化实施手段。欧盟的"未来十年能源绿色战略"、美国的"先进制造伙伴计划2.0"、日本的"绿色发展战略总体规划"、韩国的"低碳绿色增长基本法"、印度的"气候变化国家行动计划"等,都将绿色制造列为国家的发展战略,计划实施绿色发展,打造绿色制造竞争力。我国也高度重视绿色制造,《中国制造2025》中将绿色制造列为五大工程之一。中国承诺在2030年前实现碳达峰,2060年前实现碳中和,国家战略将进一步推动绿色制造科技创新和产业绿色转型发展。

为了助力我国制造业绿色低碳转型升级,推动我国新一代绿色制造技术发展,解决我国长久以来对绿色制造科技创新成果及产业应用总结、凝练和推广不足的问题,中国机械工程学会和机械工业出版社组织国内知名院士和专家编写了"绿色制造丛书"。我很荣幸为本丛书作序,更乐意向广大读者推荐这套丛书。

编委会遴选了国内从事绿色制造研究的权威科研单位、学术带头人及其团队参与编著工作。丛书包含了作者们对绿色制造前沿探索的思考与体会，以及对绿色制造技术创新实践与应用的经验总结，非常具有前沿性、前瞻性和实用性，值得一读。

丛书的作者们不仅是中国制造领域中对人类未来存在方式、人类可持续发展的发问者，更是先行者。希望中国制造业的管理者和技术人员跟随他们的足迹，通过阅读丛书，深入推进绿色制造！

华中科技大学　李培根

2021 年 9 月 9 日于武汉

丛书序二

在全球碳排放量激增、气候加速变暖的背景下，资源与环境问题成为人类面临的共同挑战，可持续发展日益成为全球共识。发展绿色经济、抢占未来全球竞争的制高点，通过技术创新、制度创新促进产业结构调整，降低能耗物耗、减少环境压力、促进经济绿色发展，已成为国家重要战略。我国明确将绿色制造列为《中国制造2025》五大工程之一，制造业的"绿色特性"对整个国民经济的可持续发展具有重大意义。

随着科技的发展和人们对绿色制造研究的深入，绿色制造的内涵不断丰富，绿色制造是一种综合考虑环境影响和资源消耗的现代制造业可持续发展模式，涉及整个制造业，涵盖产品整个生命周期，是制造、环境、资源三大领域的交叉与集成，正成为全球新一轮工业革命和科技竞争的重要新兴领域。

在绿色制造技术研究与应用方面，围绕量大面广的汽车、工程机械、机床、家电产品、石化装备、大型矿山机械、大型流体机械、船用柴油机等领域，重点开展绿色设计、绿色生产工艺、高耗能产品节能技术、工业废弃物回收拆解与资源化等共性关键技术研究，开发出成套工艺装备以及相关试验平台，制定了一批绿色制造国家和行业技术标准，开展了行业与区域示范应用。

在绿色产业推进方面，开发绿色产品，推行生态设计，提升产品节能环保低碳水平，引导绿色生产和绿色消费。建设绿色工厂，实现厂房集约化、原料无害化、生产洁净化、废物资源化、能源低碳化。打造绿色供应链，建立以资源节约、环境友好为导向的采购、生产、营销、回收及物流体系，落实生产者责任延伸制度。壮大绿色企业，引导企业实施绿色战略、绿色标准、绿色管理和绿色生产。强化绿色监管，健全节能环保法规、标准体系，加强节能环保监察，推行企业社会责任报告制度。制定绿色产品、绿色工厂、绿色园区标准，构建企业绿色发展标准体系，开展绿色评价。一批重要企业实施了绿色制造系统集成项目，以绿色产品、绿色工厂、绿色园区、绿色供应链为代表的绿色制造工业体系基本建立。我国在绿色制造基础与共性技术研究、离散制造业传统工艺绿色生产技术、流程工业新型绿色制造工艺技术与设备、典型机电产品节能减排技术、退役机电产品拆解与再制造技术等方面取得了较好的成果。

但是作为制造大国，我国仍未摆脱高投入、高消耗、高排放的发展方式，资源能源消耗和污染排放与国际先进水平仍存在差距，制造业绿色发展的目标尚未完成，社会技术创新仍以政府投入主导为主；人们虽然就绿色制造理念形成共识，但绿色制造技术创新与我国制造业绿色发展战略需求还有很大差距，一些亟待解决的主要问题依然突出。绿色制造基础理论研究仍主要以跟踪为主，原创性的基础研究仍较少；在先进绿色新工艺、新材料研究方面部分研究领域有一定进展，但颠覆性和引领性绿色制造技术创新不足；绿色制造的相关产业还处于孕育和初期发展阶段。制造业绿色发展仍然任重道远。

本丛书面向构建未来经济竞争优势，进一步阐述了深化绿色制造前沿技术研究，全面推动绿色制造基础理论、共性关键技术与智能制造、大数据等技术深度融合，构建我国绿色制造先发优势，培育持续创新能力。加强基础原材料的绿色制备和加工技术研究，推动实现功能材料特性的调控与设计和绿色制造工艺，大幅度地提高资源生产率水平，提高关键基础件的寿命、高分子材料回收利用率以及可再生材料利用率。加强基础制造工艺和过程绿色化技术研究，形成一批高效、节能、环保和可循环的新型制造工艺，降低生产过程的资源能源消耗强度，加速主要污染排放总量与经济增长脱钩。加强机械制造系统能量效率研究，攻克离散制造系统的能量效率建模、产品能耗预测、能量效率精细评价、产品能耗定额的科学制定以及高能效多目标优化等关键技术问题，在机械制造系统能量效率研究方面率先取得突破，实现国际领先。开展以提高装备运行能效为目标的大数据支撑设计平台，基于环境的材料数据库、工业装备与过程匹配自适应设计技术、工业性试验技术与验证技术研究，夯实绿色制造技术发展基础。

在服务当前产业动力转换方面，持续深入细致地开展基础制造工艺和过程的绿色优化技术、绿色产品技术、再制造关键技术和资源化技术核心研究，研究开发一批经济性好的绿色制造技术，服务经济建设主战场，为绿色发展做出应有的贡献。开展铸造、锻压、焊接、表面处理、切削等基础制造工艺和生产过程绿色优化技术研究，大幅降低能耗、物耗和污染物排放水平，为实现绿色生产方式提供技术支撑。开展在役再设计再制造技术关键技术研究，掌握重大装备与生产过程匹配的核心技术，提高其健康、能效和智能化水平，降低生产过程的资源能源消耗强度，助推传统制造业转型升级。积极发展绿色产品技术，研究开发轻量化、低功耗、易回收等技术工艺，研究开发高效能电机、锅炉、内燃机及电器等终端用能产品，研究开发绿色电子信息产品，引导绿色消费。开展新型过程绿色化技术研究，全面推进钢铁、化工、建材、轻工、印染等行业绿色制造流程技术创新，新型化工过程强化技术节能环保集成优化技术创新。开展再制造与资源化技术研究，研究开发新一代再制造技术与装备，深入推进废旧汽车（含新能源汽车）零部件和退役机电产品回收逆向物流系统、拆解/破碎/分离、高附加值资源化等关键技术与装备研究并应用示范，实现机电、汽车等产品的可拆卸和易回收。研究开发钢铁、冶金、石化、轻工等制造流程副产品绿色协同处理与循环利用技术，提高流程制造资源高效利用绿色产业链技术创新能力。

在培育绿色新兴产业过程中，加强绿色制造基础共性技术研究，提升绿色制造科技创新与保障能力，培育形成新的经济增长点。持续开展绿色设计、产品全生命周期评价方法与工具的研究开发，加强绿色制造标准法规和合格评判程序与范式研究，针对不同行业形成方法体系。建设绿色数据中心、绿色基站、绿色制造技术服务平台，建立健全绿色制造技术创新服务体系。探索绿色材料制备技术，培育形成新的经济增长点。开展战略新兴产业市场需求的绿色评价研究，积极引领新兴产业高起点绿色发展，大力促进新材料、新能源、高端装备、生物产业绿色低碳发展。推动绿色制造技术与信息的深度融合，积极发展绿色车间、绿色工厂系统、绿色制造技术服务业。

非常高兴为本丛书作序。我们既面临赶超跨越的难得历史机遇，也面临差距拉大的严峻挑战，唯有勇立世界技术创新潮头，才能赢得发展主动权，为人类文明进步做出更大贡献。相信这套丛书的出版能够推动我国绿色科技创新，实现绿色产业引领式发展。绿色制造从概念提出至今，取得了长足进步，希望未来有更多青年人才积极参与到国家制造业绿色发展与转型中，推动国家绿色制造产业发展，实现制造强国战略。

中国机械工业集团有限公司　陈学东
2021 年 7 月 5 日于北京

丛书序三

绿色制造是绿色科技创新与制造业转型发展深度融合而形成的新技术、新产业、新业态、新模式,是绿色发展理念在制造业的具体体现,是全球新一轮工业革命和科技竞争的重要新兴领域。

我国自20世纪90年代正式提出绿色制造以来,科学技术部、工业和信息化部、国家自然科学基金委员会等在"十一五""十二五""十三五"期间先后对绿色制造给予了大力支持,绿色制造已经成为我国制造业科技创新的一面重要旗帜。多年来我国在绿色制造模式、绿色制造共性基础理论与技术、绿色设计、绿色制造工艺与装备、绿色工厂和绿色再制造等关键技术方面形成了大量优秀的科技创新成果,建立了一批绿色制造科技创新研发机构,培育了一批绿色制造创新企业,推动了全国绿色产品、绿色工厂、绿色示范园区的蓬勃发展。

为促进我国绿色制造科技创新发展,加快我国制造企业绿色转型及绿色产业进步,中国机械工程学会和机械工业出版社联合中国机械工程学会环境保护与绿色制造技术分会、中国机械工业联合会绿色制造分会,组织高校、科研院所及企业共同策划了"绿色制造丛书"。

丛书成立了包括李培根院士、徐滨士院士、卢秉恒院士、王玉明院士、黄庆学院士等50多位顶级专家在内的编委会团队,他们确定选题方向,规划丛书内容,审核学术质量,为丛书的高水平出版发挥了重要作用。作者团队由国内绿色制造重要创导者与开拓者刘飞教授牵头,陈学东院士、单忠德院士等100余位专家学者参与编写,涉及20多家科研单位。

丛书共计32册,分三大部分:①总论,1册;②绿色制造专题技术系列,25册,包括绿色制造基础共性技术、绿色设计理论与方法、绿色制造工艺与装备、绿色供应链管理、绿色再制造工程5大专题技术;③绿色制造典型行业系列,6册,涉及压力容器行业、电子电器行业、汽车行业、机床行业、工程机械行业、冶金设备行业等6大典型行业应用案例。

丛书获得了2020年度国家出版基金项目资助。

丛书系统总结了"十一五""十二五""十三五"期间,绿色制造关键技术与装备、国家绿色制造科技重点专项等重大项目取得的基础理论、关键技术和装备成果，凝结了广大绿色制造科技创新研究人员的心血，也包含了作者对绿色制造前沿探索的思考与体会，为我国绿色制造发展提供了一套具有前瞻性、系统性、实用性、引领性的高品质专著。丛书可为广大高等院校师生、科研院所研发人员以及企业工程技术人员提供参考，对加快绿色制造创新科技在制造业中的推广、应用，促进制造业绿色、高质量发展具有重要意义。

当前我国提出了 2030 年前碳排放达峰目标以及 2060 年前实现碳中和的目标，绿色制造是实现碳达峰和碳中和的重要抓手，可以驱动我国制造产业升级、工艺装备升级、重大技术革新等。因此，丛书的出版非常及时。

绿色制造是一个需要持续实现的目标。相信未来在绿色制造领域我国会形成更多具有颠覆性、突破性、全球引领性的科技创新成果，丛书也将持续更新，不断完善，及时为产业绿色发展建言献策，为实现我国制造强国目标贡献力量。

中国机械工程学会　宋天虎
2021 年 6 月 23 日于北京

前　言

近年来，由于资源短缺和环境污染的双重压力，再制造日益受到重视，再制造供应链管理也成为运营管理领域的重要研究方向。传统的正向供应链是一种资源和物质单向流动的、不可逆的经济发展模式，即供应链上游的原材料和/或零部件通过在供应链中的逐级移动，在各节点凝结人类的劳动价值，变成商品销售并最终变成不可用的废弃物的过程。在正向供应链中，资源的利用是一次性的，供应链的运营不仅污染了环境（包括供应链上游原材料开采过程中的污染、供应链中游生产制造环节中的污染和产品废弃后不合法处置所造成的污染等），还浪费了宝贵的资源，原本可以再循环、再利用、再制造的废弃产品，都进入了垃圾填埋场。

改革开放40多年来，我国国民经济蓬勃发展，但同时也面临着巨大的资源压力。例如，2000年以来，得益于基础设施建设投资的迅猛增长，我国的私人载货汽车保有量飞速增加，载货汽车产业的发展为我国快速工业化及城乡基础设施建设提供了有力保障。据中国汽车工业协会统计，截至2021年6月，全国机动车保有量达3.84亿辆，其中汽车2.92亿辆，后市场产值超1万亿元规模，我国具备再制造产业基础的企业已超过2 000家。2018年再制造发动机整机10万台、自动变速器整机20万台、方向机2 000万个，整个汽车零部件再制造行业交易额超过300亿元。我国不仅是载货汽车保有量大国，同时也是世界上载货汽车产销量排名第一位的国家。自2013年以来，我国载货汽车的年产量和年销量均居世界第一位，大约占全球产销量的25%。这些载货汽车在未来的若干年内将陆续进入报废期，报废后的载货汽车中包含大量的可利用资源，若没有得到妥善处理，将是对我国"城市矿山"资源的极大浪费。这些报废的载货汽车若缺乏无害化和安全化的环保预处理，甚至是被不合法地野蛮拆解，将严重危害我国的生态环境。麦肯锡发布的全球后市场统计数据显示，2019—2035年，我国汽车后市场将保持10%~15%的增速，预计到2035年将达到4.4万亿元左右，汽车再制造发展行业市场空间巨大。妥善处理报废载货汽车，意义重大。数据显示，截至2018年年底，我国再制造发电机、发动机等的生产能力超过

160万台/年。由此看来，大力发展再制造循环经济是我国缓解经济社会发展面临的资源约束矛盾的必由之路。

我国有大力发展再制造循环经济的现实需求。由于正向供应链具有的资源和物质的不可逆性，地球上存在的资源总量变成了人类未来进一步发展的硬约束。因此，基于正向供应链的经济发展模式是无法有效利用资源的，也无法使人类社会健康和可持续地发展。这一问题在发达国家首先出现，在新兴市场经济国家同样显著。例如，快速工业化使我国经济面临着很大的资源压力，人均资源贫乏以及经济发展模式相对粗放使我国面临较大的资源约束矛盾。值得欣喜的是，截至2020年年末，我国工业和信息化部已发布共八批《再制造产品目录》，涵盖发动机、变速器、火花塞、电动机、盾构机、汽车起重机、减速机、挖掘机等类别的机械装备产品。我国机械装备再制造前景广阔、未来可期。

本书得到国家自然科学基金重大项目"制造循环工业系统的资源高效利用与低碳管理"（72192833）课题"制造循环工业系统管理理论与方法（72192830）"、国家自然科学基金重点项目"可持续供应链协同管理与创新（71632007）"、国家自然科学基金青年科学基金项目"基于生产者责任延伸制的汽车零部件供应链合作模型与协调机制研究（71702101）"和上海市优秀学术带头人计划"汽车行业可持续供应链协同管理与创新研究（18XD1402100）"等的资助。

由于作者研究能力有限，本书的研究还存在不足和疏漏之处，欢迎读者批评指正。

作　者

2021年8月

目录 CONTENTS

丛书序一
丛书序二
丛书序三
前　言

第1篇　总　　篇

第1章　概论 ·· 3
　1.1　机械装备再制造供应链管理概述 ··· 4
　1.2　再制造供应链管理研究述评 ·· 10
　1.3　再制造供应链管理相关基础研究方法 ··· 23
　1.4　机械装备再制造案例——卡特彼勒 ·· 32
　参考文献 ·· 39

第2篇　机械装备再制造供应链关键决策问题

第2章　考虑客户环境偏好和政府补贴政策的再制造供应链决策问题 ········ 49
　2.1　问题描述及决策模型框架 ··· 50
　2.2　再制造供应链决策模型 ·· 52
　2.3　决策模型分析 ·· 54
　2.4　案例：重型载货汽车发动机再制造决策问题 ······························· 61
　2.5　管理启示 ··· 67
　参考文献 ·· 69

第3章　基于博弈分析的三种再制造模式对比研究 ································ 73
　3.1　问题描述及模型框架 ··· 74
　3.2　模型符号与模型函数介绍 ··· 77
　3.3　模型构建与求解 ··· 78
　3.4　模型分析 ··· 83
　3.5　研究结论 ··· 90
　参考文献 ·· 91

XV

第3篇　机械装备再制造供应链风险管理问题

第4章　多源不确定性下机械装备再制造供应链契约协调问题 ……………… 95
- 4.1　问题描述及数学模型假设 ……………………………………………… 96
- 4.2　机械装备再制造契约模型设计 ……………………………………… 100
- 4.3　多源不确定性环境下机械装备再制造供应链的收益共享
  契约协调 ……………………………………………………………… 112
- 4.4　各情形下政府补贴资金效率分析 …………………………………… 119
- 4.5　契约协调问题的案例分析 …………………………………………… 121
- 4.6　管理启示及建议 ……………………………………………………… 126
- 参考文献 …………………………………………………………………… 127

第5章　风险规避型再制造供应链利益相关方契约协调问题 …………… 133
- 5.1　风险规避问题描述 …………………………………………………… 134
- 5.2　基本假设和模型符号 ………………………………………………… 135
- 5.3　风险规避型再制造供应链利益相关方分散式决策 ………………… 136
- 5.4　风险规避型再制造供应链利益相关方集中式决策 ………………… 141
- 5.5　风险规避型再制造供应链收益共享契约 …………………………… 145
- 5.6　管理启示及建议 ……………………………………………………… 147
- 参考文献 …………………………………………………………………… 148

第4篇　机械装备再制造市场需求端与设计端问题探索

第6章　机械装备再制造市场销售新模式 ………………………………… 153
- 6.1　背景介绍及问题概述 ………………………………………………… 154
- 6.2　机械装备再制造市场分析及销售问题 ……………………………… 156
- 6.3　机械装备再制造市场销售新模式 …………………………………… 157
- 6.4　机械装备再制造市场销售新模式经济效益评估 …………………… 159
- 6.5　案例分析 ……………………………………………………………… 160
- 6.6　管理启示 ……………………………………………………………… 169
- 参考文献 …………………………………………………………………… 171

第7章　外包再制造模式下再制造设计对制造/再制造竞争的影响 ……… 175
- 7.1　背景介绍及问题概述 ………………………………………………… 176
- 7.2　文献综述 ……………………………………………………………… 176
- 7.3　模型构建 ……………………………………………………………… 178

7.4　模型求解与分析 ……………………………………………………… 182
　7.5　数值分析 …………………………………………………………… 190
　7.6　研究结论 …………………………………………………………… 197
　参考文献 ………………………………………………………………… 198

第8章　外包再制造模式下制造与再制造竞争与协调策略问题 ………… 199
　8.1　背景介绍与问题概述 ………………………………………………… 200
　8.2　文献综述 …………………………………………………………… 200
　8.3　模型构建 …………………………………………………………… 201
　8.4　模型求解 …………………………………………………………… 204
　8.5　基于特许经营契约的协调机制研究 …………………………………… 209
　8.6　数值实验 …………………………………………………………… 211
　8.7　研究结论 …………………………………………………………… 213
　参考文献 ………………………………………………………………… 214

第9章　授权再制造模式下再制造设计对制造/再制造的影响研究 ……… 217
　9.1　背景介绍 …………………………………………………………… 218
　9.2　相关研究梳理 ……………………………………………………… 218
　9.3　模型构建 …………………………………………………………… 219
　9.4　模型求解与分析 ……………………………………………………… 221
　9.5　模型数值实验与仿真分析 …………………………………………… 228
　9.6　研究结论 …………………………………………………………… 230
　参考文献 ………………………………………………………………… 231

第5篇　总结与展望

第10章　研究总结与未来展望 …………………………………………… 235
　10.1　研究结论 ………………………………………………………… 236
　10.2　观点总结 ………………………………………………………… 239
　10.3　政策建议 ………………………………………………………… 240
　10.4　未来研究展望 …………………………………………………… 241

第1篇

总　　篇

第 1 章

概 论

1.1 机械装备再制造供应链管理概述

1.1.1 机械装备再制造供应链管理的背景

为加快建立资源节约型社会，实现社会经济的可持续发展，党中央、国务院采取了种种措施。"十四五"规划也明确了"十四五"时期我国经济社会发展的主要目标，要求坚定不移贯彻创新、协调、绿色、开放、共享的新发展理念，实施可持续发展战略，完善生态文明领域统筹协调机制，构建生态文明体系，促进经济社会发展全面绿色转型，建设美丽中国。其中关于推动绿色发展、促进人与自然和谐共生的部分，做出了以下几个方面的阐述：①提升生态系统质量和稳定性；②持续改善环境质量；③加快发展方式绿色转型。

聚焦于机械装备方面，根据《再制造产品认定管理暂行办法》（工信部节〔2010〕303号）及《再制造产品认定实施指南》（工信厅节〔2010〕192号），截至2020年年末，工业和信息化部（简称工信部）已累计发布八个批次的《再制造产品目录》。在《高端智能再制造行动计划（2018—2020年）》中，工信部明确："培育盾构机高值关键件再制造配套企业。开展刀盘、主驱动变速箱、中心回转装置、减速机、高端液压件、螺旋输送机等关键件再制造，形成基本完整的盾构机再制造产业链。培育服务型再制造企业。鼓励应用激光、电子束等高技术含量的再制造技术，面向大型机电装备开展专业化、个性化再制造技术服务，培育一批服务型高端智能再制造企业。"

机械装备再制造是指对废旧机械装备，在基本不改变产品形状和材质的情况下，运用高科技的清洗工艺、修复技术，或者利用新材料、新技术，进行专业化、批量化修复和改造，使得该产品在技术性能和安全质量等方面能够达到满足再次使用的标准要求。经过废旧机械装备的再制造，使再制造机械装备达到与原有新产品相同的质量和性能。再制造是实现循环经济"减量化、再利用、资源化"三原则中"再利用"原则的重要途径，也是实现废旧机械装备循环利用的关键措施。由于资源化的价值高，大中型机械装备再制造是我国再制造产业发展的重点。

一般而言，机械装备主要包括12类[⊖]，具体如下：
1) 农业机械：拖拉机、播种机、收割机械等。
2) 重型矿山机械：冶金机械、起重机械、装卸机械、工矿车辆、水泥设备、窑炉设备等。

⊖ 根据行业公开资料整理。

3）工程机械：叉车、铲土运输机械、压实机械、混凝土机械等。

4）石化通用机械：石油钻采机械、炼油机械、化工机械、泵、风机、阀门、气体压缩机、制冷空调机械、造纸机械、印刷机械、塑料加工机械、制药机械等。

5）电工电器：发电机械、变压器、电动机、高低压开关、电线电缆、蓄电池、电焊机、家用电器等。

6）机床：金属切削机床、锻压机械、铸造机械、木工机械等。

7）汽车：载货汽车、公路客车、轿车、改装汽车等。

8）仪器仪表：自动化仪表、电工仪器仪表、光学仪器、成分分析仪、汽车仪器仪表、电教设备、照相机等。

9）基础机械：轴承、液压件、密封件、粉末冶金制品、标准紧固件、工业链条、齿轮、模具等。

10）包装机械：包装机、装箱机、输送机等。

11）环保机械：水污染防治设备、大气污染防治设备、固体废物处理设备等。

12）其他机械。

中国工程院院士徐滨士将再制造定义为：以产品全生命周期设计和管理为指导，以优质、高效、节能、节材、环保为目标，以先进技术和产业化生产为手段，来修复或改变废旧产品的一系列技术措施或工程活动的总称。再制造可以降低成本50%，降低能耗60%，节约原材料70%，对环境不良影响小，与新产品生产制造相比经济效益显著。一般来说，再制造可以将产品循环多生命周期使用，实现产品及资源的可持续发展，同时达到节能、降低污染排放、创造经济及社会效益的目标，是实现循环低碳经济发展模式的重要技术途径，同时也是再循环的最佳形式。国务院2019年正式公布《报废机动车回收管理办法》，宣布对发动机、方向机、变速器、前后桥、车架等"五大总成"再制造解禁。该办法自2019年6月1日起施行，这对中国汽车制造业是巨大利好，为汽车再制造产业发展注入了新的动力。

再制造成功的关键是，需要解决再制造企业的供需问题，即废旧产品的回收和再制造产品的销售。因此，近年来，从供应链角度研究再制造企业的环境管理的问题日益受到相关学者的重视，再制造供应链管理由此逐步兴起与发展。机械装备再制造是当前再制造供应链管理领域研究的热点话题，它强调依托闭环供应链各个节点企业开展再制造技术的协同与合作。

循环经济可以依靠对传统供应链下游产品的回收及4R（减量化、再利用、再循环、再制造）来达到从废弃物到再生资源/产品的可持续发展范式。再制造是实现循环经济的重要途径，也是实现废旧汽车循环利用的关键措施，与新产品相比，再制造产品可减少排放80%。在我国政府的组织倡导下，废旧家电、废旧电子产品、废旧轮胎、废纸、废包装物开始回收利用，机电产品再制造、再生铝和垃圾资源化等重点领域开展了循环经济试点。

得益于我国基础设施建设投资的迅猛增长，我国的私人载货汽车拥有量飞速增加，载货汽车产业的发展为我国快速工业化及城乡基础设施建设提供了有力保障。截至2019年，我国私人载货汽车拥有量达1 753.66万辆，其中私人重型、中型载货汽车拥有量达281.18万辆，其历年数据及增长趋势见表1-1。2010—2019年我国新注册民用汽车数量统计如图1-1所示。

表1-1 我国私人载货汽车拥有量

年份	私人载货汽车拥有量(万辆)	私人重型、中型载货汽车拥有量(万辆)	私人轻型、微型载货汽车拥有量(万辆)
2010年	931.52	281.96	649.55
2011年	1 067.43	308.80	758.63
2012年	1 175.63	296.64	878.99
2013年	1 275.49	286.24	989.25
2014年	1 352.78	287.58	1 065.19
2015年	1 330.65	260.48	1 070.17
2016年	1 401.16	264.59	1 136.58
2017年	1 478.40	267.20	1 211.20
2018年	1 605.10	277.37	1 327.75
2019年	1 753.66	281.18	1 472.48

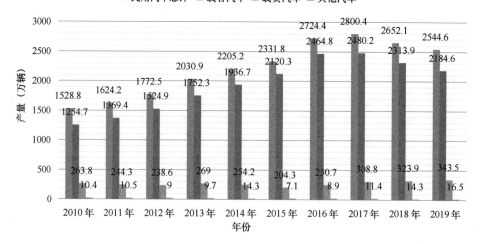

图1-1 2010—2019年我国新注册民用汽车数量统计

汽车零部件再制造方面,《汽车零部件再制造规范管理暂行办法》《报废机动车回收管理办法实施细则》《中华人民共和国循环经济促进法》《国家发展改革委办公厅关于深化再制造试点工作的通知》等文件对汽车零部件再制造进行了规范和支持。

我国的一部分汽车特别是重型载货汽车生产制造企业已经开始陆续从事汽车零部件的再制造工作。为了贯彻落实党中央提出的建设生态文明的战略要求,推进循环经济发展,进一步推动我国再制造产业规模化、规范化的发展,根据《循环经济发展战略及近期行动计划》《再制造产品认定管理暂行办法》等,截至 2020 年年末共有八批再制造企业通过国家发展和改革委员会(简称发改委)、工信部验收成为再制造试点企业,见表 1-2。

表 1-2 我国再制造试点企业和产品

批次	再制造试点企业和产品
一	广西柳工机械股份有限公司、山西能源机械集团有限公司、上海电科电机科技有限公司等 8 家企业 6 大类产品
二	三一重工股份有限公司、卡特彼勒再制造工业(上海)有限公司、武汉千里马工程机械再制造有限公司、上海宝钢设备检修有限公司等 6 家企业 4 大类 35 种产品
三	重庆机床(集团)有限责任公司、武汉华中自控技术发展有限公司、洛阳瑞成轴承有限责任公司等 8 家企业 5 大类 17 种产品
四	天津光电久远科技有限公司、浙江金龙电机股份有限公司等 7 家企业 3 大类 26 种产品
五	北京南车时代机车车辆机械有限公司、厦门厦工机械股份有限公司等 17 家企业 5 大类 33 种产品
六	徐州工程机械集团有限公司、泰安大地强夯重工科技有限公司等 13 家企业 4 大类 47 种产品
七	秦皇岛天业通联重工股份有限公司等 7 家企业 4 大类 26 种产品
八	山东新创传动机械有限公司等 11 家企业 5 大类 26 种产品

2018 年再制造发动机整机 10 万台、自动变速器整机 20 万台、方向机 2 000 万个,整个汽车零部件再制造行业交易额超过 300 亿元,"再制造"已成为变废为宝、挖掘"城市矿山"的重要手段。但对比我国年均 2 300 万辆左右的汽车产销量而言,再制造规模仍属"杯水车薪"。面向未来,再制造行业毋庸置疑发展潜力巨大。

1.1.2 再制造供应链管理面临的问题

再制造产业的发展面临诸多现实问题。产品的供需平衡是供应链管理的研究核心。再制造供应链的供需存在严重的不确定性问题。在供给方面,再制造原材料（即客户所持有的废旧产品）的获取是进行再制造的关键制约环节。由于持有废旧产品的客户报废的年限不同及客户的使用程度不同，回收再制造所需的废旧产品质量参差不齐，回收的废旧产品可再制造性变化很大，具有高度的不确定性，这极大地影响了再制造产品的数量以及再制造的成本，使得再制造商的生产计划与质量控制面临困难。在需求方面，现阶段再制造产品的市场接受程度较低，客户对再制造产品的质量存在疑虑，这影响了再制造产品的销售，再制造产品的市场需求存在不确定性问题。两种不确定性因素同时干扰，给再制造供应链的供需平衡带来了相较于正向供应链更大的困难。

再制造供应链上的各个相关方是独立的决策方，各个相关方决策时可能仅考虑自身的利益，彼此之间是分散式的决策形式。再制造供应链分散式决策的现状在面临供需不确定性同时干扰时，就会产生"双重边际效应"问题（double marginalization problem），造成整个再制造供应链的期望利润损失，这会增大再制造供应链的缺货和滞销状况的可能性。因此，如何协调再制造供应链各个参与方彼此的行为决策，使之应对供需不确定性同时存在的挑战以及如何协调彼此之间决策所带来的利益冲突，成为再制造各参与方需要思考的问题。

随着环境意识的提高，部分客户具备了高于普通消费群体的环境偏好，客户群体的需求早已不是"铁板一块"，且客户彼此间的环境偏好差异显著。针对客户具备不同环境偏好的现状，再制造供应链如何为再制造产品制定合适的价格或给予客户一部分补贴来刺激不同环境偏好客户的需求？在对客户环境偏好未知的状况下，如何寻找合适且易操作的指标来度量客户整体的环境偏好？客户环境偏好的迁移会给再制造定价和补贴分配比例带来何种变化？再制造供应链如何利用合理的定价规则和补贴分配方式，以激励具有不同环境偏好的客户需求，同时保证自身的利润？补贴给予客户的分配比例、再制造产品的定价和客户群体的环境偏好三种因素有何潜在关系？上述问题亟待综合考量。

我国再制造产业处于发展的初期，政府在再制造市场中起到了不容忽视的重要作用。为了促进再制造产业的发展，政府作为再制造产业的推动方，采取了多种政策引导措施来鼓励客户购买再制造产品。然而，不容忽视的问题是如何更有效地促进再制造补贴资金的合理使用，避免补贴资金的浪费？政府对于此问题尚处于探索阶段。对再制造供应链中的各个相关方而言，将再制造补贴全部用于弥补再制造的各种成本固然短时间内提高了利润，但是若分配一部分补贴给予客户来刺激再制造的需求是否更为明智？补贴给予客户的分配比例和客户群体的环境偏好、再制造产品的定价三种因素的潜在关系需要再制造供应链的各相关方进行权衡。

基于上述关于再制造供应链内外部的现实问题，本书采用供应链契约、风险度量、数学优化、需求-价格关系等理论和重型载货汽车发动机再制造案例调研等方式，对我国重型载货汽车发动机再制造供应链面向供需平衡、客户环境偏好和政府补贴下的内部协调合作等关键问题开展深入研究，旨在为我国政府以及再制造供应链各相关方的供应链决策提供政策建议和定量方法支持。

1.1.3 再制造供应链管理研究意义概述

可持续供应链缓解了有限的资源与过度的消耗之间的矛盾，可以减少人类经济活动对环境的影响。作为追求可持续供应链的一种重要模式，再制造供应链可以最大限度地利用废旧产品的剩余价值。再制造行业潜力巨大，践行再制造是建立资源节约型、环境友好型生产方式和消费模式，实现可持续发展的必然选择，也是循环经济中的重要组成部分。

1. 理论意义

首先，再制造供应链内部各个相关方的契约协调有助于平衡再制造供应链的供需不匹配问题。供需不匹配问题的解决可以提高再制造供应链各个参与方的期望利润，降低再制造供应链中滞销和缺货等损失的程度。多源不确定性下再制造供应链契约的订立消除了再制造供应链各个相关方分散式决策下的"双重边际效应"带来的效益损失。为此，在多源不确定性环境中建立再制造供应链的分散式决策、集中式决策和收益共享契约（revenue-sharing contract，RSC）三种情形下的期望收益模型，研究不同情形下的旧件回收数量和供应链收益的差异，探讨收益共享契约在消除"双重边际效应"中所起的作用；进一步，分别考虑风险规避下的再制造商与零售商如何进行契约合作来协调再制造供应链，研究政府补贴在订立收益共享契约前后补贴资金使用的效率，对比分析在构建及不构建供应链契约时政府补贴对再制造供应链回收数量和期望利润的影响。其次，本书面向客户具有不同环境偏好的现状，建立基于政府补贴分配和再制造定价的再制造供应链决策模型，为再制造各相关方更好地权衡再制造定价和给予客户补贴分配比例提供决策支持。通过调研不同环境偏好的客户对于再制造产品的购买意愿，提出客户对于再制造产品的需求价格弹性（price elasticity of demand，PED），将其作为区分客户分割群体的度量。进一步地，首次提出可将所有客户分割群体的"需求价格弹性的权重和"作为当前客户环境偏好的衡量指标，分析该指标变化对再制造供应链的定价以及分配给客户补贴比例的影响，并将之应用到重型载货汽车发动机再制造的案例中，证明了该指标的有效性。

2. 现实意义

本研究可以为再制造供应链各参与方通过契约合作解决供需不平衡问题提供借鉴和参考。我国政府于2009年1月1日颁布施行的《中华人民共和国循环经济促进法》为再制造产业的发展建立了法律框架，前后八批再制造试点企业的推进工作也显示了国家的支持力度，国家发改委等五部门也尝试了"以旧换再"支持再制造产品推广使用。虽然再制造具有显著的生态效益，但若不兼顾再制造行业的经济效益，其进一步的健康发展将难以为继。相较于正向供应链，再制造供应链固有的因多源不确定性所导致的供给与需求更为严重的不匹配问题，给其自身的稳定运营带来了更大的挑战。各个再制造供应链相关方均为独立决策行为人，由于各自利润函数的冲突导致了其自私自利的决策行为，这产生了"双重边际效应"问题。由于缺乏契约进行协调，各个再制造相关方以及整个再制造供应链的期望利润遭受到损失。制定面向供需不确定性的再制造供应链契约就成为再制造发展的现实需求。因此，本书构建的在多源不确定性干扰下的再制造供应链契约对于解决目前再制造供应链中存在的"双重边际效应"问题具有现实意义，对再制造供应链各相关方有实践指导作用。此外，针对再制造产品客户环境偏好及环保意识不同的现状，再制造供应链面临着获取政府补贴后的再制造产品定价和再制造补贴分配问题。再制造供应链各个相关方需要权衡再制造产品的定价以及给予客户的补贴两者间的关系，在合理的定价和补贴刺激客户需求的同时，兼顾自身的利润。与此同时，再制造供应链各相关方面临如何度量客户整体环境偏好的迫切需求。本书提出的客户分割群体的"需求价格弹性的权重和"作为衡量指标在重型载货汽车发动机案例中得到应用，因而现实中具有可操作性。本书研究如何综合考虑客户不同的环境偏好并决策再制造产品的定价以及分配给客户的政府补贴比例，具有迫切的现实意义。

1.2 再制造供应链管理研究述评

可持续供应链使得再制造可以最大限度地利用废旧产品的剩余价值。Lund 和 Mundial 在 1984 年合著的《再制造：美国经验和发展中国家的借鉴启示》(*Remanufacturing*: *The Experience of the United States and Implications for Developing Countries*) 一书中系统总结了美国自第二次世界大战以来关于再制造的实践，指出其经验可为发展中国家提供借鉴。Lund 和 Mundial 首次提出废旧产品凝结的原有的能源消耗通过再制造可以被保留。Thierry 等人（1995）研究了施乐（Xerox）绿色打印机的闭环供应链，找到了打印机价值修复和再制造的影响因素。Thierry 等人（1995）指出充足的旧件回收资源、客户的需求、政府法律方面的保障和再制造技术的进步是再制造行业保持获利的因素。类似于 Lund 和 Mundial 的结论，Guide 和 Van Wassenhove（2001）同样认为再制造技术的突破、再制造回收等环节成本的控制和再制造产品在市场的接受程度是影响再制造产业发展的关键。Guide（2000）对比了再制造供应链和传统制造供应链的差别，着重研究了再制造旧件获取、库存和生产计划。

以上关于再制造的里程碑式文献奠定了再制造管理的研究基础，关于再制造的研究由此蓬勃开展。作为一种资源回收的有效形式，再制造供应链如今被学术界和企业界广泛认可为一种最为有效的循环经济表现形式。目前，诸多学者针对再制造供应链管理开展了深入研究，并取得了丰硕成果。基于此，结合本书研究内容，以下从再制造供应链供需匹配、再制造供应链相关方风险态度、政府再制造补贴和激励政策、客户环境偏好及市场细分等几个方面梳理关于再制造供应链管理的相关文献。最后，通过梳理上述几个方面的研究现状，结合本研究的现实背景，指出本书所要研究的具体问题。

▶▶ 1.2.1 再制造供应链供需匹配的相关研究

再制造的盈利能力不仅取决于回收旧件的数量和可再制造性能，还取决于再制造产品的市场需求。由于增加的不确定性存在于废旧产品的回收和再制造产品的再市场营销（re-marketing）过程中，因此再制造企业对其再制造产品的供需平衡问题愈加关注，该问题已经成为再制造企业营利性的重要考量。因此，再制造企业需要将废旧产品收购管理同再制造生产规划结合起来。

关于再制造的随机产率问题，研究者往往假定废旧产品的回收数量是受回收价格影响的随机变量，他们多用数学优化的方法研究单/多周期下的最优废旧产品回收价格，或探究该回收价格同再制造产品最优售价间的关系。再制造企业通过给予废旧产品持有者一定的费用来回收废旧产品，但由于回收的废旧产品质量参差不齐，且再制造过程对废旧产品零部件具有一定的要求，并非所有废旧产品均可再制造成为最终的合格再制造品。回收废旧产品的可再制造性能表现在其可再制造率上，回收废旧产品的数量和可再制造率部分受废旧产品回收价格的影响。Galbreth 和 Blackburn（2006）认为回收废旧产品的性能差异巨大，导致再制造商不得不回收比预估的再制造产品市场需求更多的废旧产品，这提高了收购成本。考虑到回收废旧产品可以达到再制造生产标准的百分比率，Li、Li 和 Cai（2015）认为对再制造企业而言回收的废旧产品固有的性能差异是其面临的一个主要挑战，这三位研究者认为废旧产品的达到再制造标准比例的不确定性存在于汽车、手机和家用电器等各个行业的再制造中，并将其称之为再制造产出率。Guide（2000）指出相较于正向供应链，再制造回收产品的回收数量、回收质量和回收时间的不确定性问题是再制造供应链面临的最复杂的特性。Bakal 和 Akcali（2006）研究了逆向供应链中回收率对定价决策的影响，他们假定使用周期结束后的废旧产品一部分可用于再制造，剩余部分仅用于原材料的回收，该再制造比例是依赖于废旧产品回收价格的一个随机变量。Bakal 和 Akcali 通过分析再制造比例影响下的产率变动去权衡再制造方的利润率，由此建立数学优化模型确定了废旧产品最优的回收价格和再制造产品最优的销售价格，指出了再制造随机产率实现后的延迟定价决策的好处，并评估了再制造随机产率信息的价值。假定废旧产品回收是关于价格敏感的随机变量，Sun 等人（2013）研究了多周期的废旧产品回收定价和再制造决策问题，为了使再制造商最小化有限周期的总成本，首先将该多周期定价决策问题通过数学建模形成一个双决策变量的、定期检查的库存模型，进而将其分解为两个单决策变量的子问题，然后从中获得最优再制造产品数量的解决方案，并证明该最优（纳什均衡）解不受随机回收率的影响。Yano 和 Lee 关于正向供应链随机产量影响下的订货批量问题的文献综述讨论了关于成本、产量不确定性以及随机产率下再制造系统表现的相关定量方法，为后续研究者在再制造随机产率方面的建模提供了有益的借鉴。

关于再制造的随机市场需求问题，研究者往往聚焦于该随机市场需求带来的缺货和滞销的平衡，他们采用的研究方法多为库存模型。面向再制造随机的市场需求，楼高翔等人（2016）通过构建一个再制造随机综合生产计划模型来分析当再制造商采用外包策略时再制造产品库存的变化，对比了再制造生产系统服务水平和库存水平间的量化关系，以及废旧产品回收量和再制造产品市场需求间的关系。最后，楼高翔等人认为面对再制造需求的不确定性，可通过外包策略来增强生产柔性。假设再制造产品和新产品具有不同的市场需求，顾巧论和季建华采用马尔可夫决策理论方法对再制造/制造混合系统的库存问题进行研究，通过构建马尔可夫决策过程模型，顾巧论和季建华得到了随机最优控制策略。通过构造一个双渠道的闭环供应链，其中一条是可靠的供应渠道，另外一条是具有随机回收率的回收渠道，He（2015）给出了该闭环供应链分别在确定性需求和随机需求条件下的最优生产决策和最优回收决策。对比集中式决策，He 发现分散式决策下的回收渠道的最优回收价格较低，这产生了类似于"双重边际效应"的回收量损失问题，进一步发现两个供应渠道的成本差异激化了该"双重边际效应"，最后构建了两个可达到帕累托（Pareto）改进的契约来消弭该决策产生的低效率问题。

然而，再制造供应链的供给和需求均存在严重不确定性问题的情形亦可能发生。Li 等人（2014）指出随机的再制造产出率叠加着再制造产品市场需求的随机因素，给再制造企业的管理带来了巨大的困难。考虑到报童模型（newsvender model）在库存管理中的广泛应用，Okyay 等人（2014）研究了带有随机供应性质的报童模型问题，探究随机供应模式、随机生产能力模式和随机供应及随机生产能力同时存在模式三种假定模式对报童模型的影响，找出了三种模式下的最优订货量的特征。随机生产能力模式下目标函数为凹函数，最优订货量易求，但随机供应模式和随机供应及随机生产能力同时存在模式下目标函数非凹函数，其最优订货量的解的存在性和唯一性需要满足一定的假设。面向一个动态的多周期订货/再制造系统，Tao 等人（2012）假定该系统在回收零部件的类型、零部件的再制造产量和客户需求方面具有不确定性。通过综合考虑订货成本、再制造成本、短缺损失、可翻新利用的产品库存持有成本和延迟交付订货成本，Tao 等人将问题建模为一个（$K+1$）维状态矢量决策空间下的多周期动态规划问题。该研究发现最优废旧产品订货量随初始库存水平增加而减少，再制造企业需要在向外部供应商订购可翻新利用的产品前再制造各种类型的废旧零部件。进一步地，关于具有确定产率的零部件的再制造次序，Tao 等人指出再制造企业需要首先将价值更低的零部件进行再制造，而不是再制造更具附加值的零部件。Güler 和 Bilgiç（2009）研究了随机需求和随机产量下的正向组装供应链的系统协调问题，提供了两类契约使制造商的期望利润等于组装供应链整体利润的一个比例，此时制造商的决策等于系统最优决策，因此协调了供应链。值得注意的是，该研究是在正向供应链的背景下进行的，而在本书再制造供应链的研究背景下，研究内容发生了变化，但其中的多源不确定性契约构建的思想可以为后续再制造多源不确定性环境下契约的研究工作提供有益的借鉴。

为了通过平衡再制造供应链的供需来达到更好的经济表现，研究者们选取了多种不同的研究视角。例如 Li 等人（2014）借用演化博弈分析的方法研究了不对称信息下的两级再制造闭环供应链，指出了制造商和零售商的演化稳定策略。Li 等人（2014）发现再制造产品的售价是影响该演化稳定策略的关键因素，同时指出再制造政府补贴是促进再制造产业发展的关键因素。为了促进再制造供应链协调，Zhao 和 Zhu（2015）研究了随机市场需求和废旧产品性能差异下的再制造商和回收商的契约合作问题，给出了市场需求均匀分布下的最优回收价格的解析解，但由于在市场需求非均匀分布时最优回收价格存在于一个隐函数之中，求解存在困难，Zhao 和 Zhu 给出了一种迭代算法迫近了其最优解。Wei 等人（2015）研究了具有对称和非对称信息结构的闭环供应链的最优决策问题，分别在对称和非对称信息条件下建立了四种博弈情景，最后探索了制造商和零售商关于批发价格、零售价格和回收率的博弈行为策略。Abbey、Blackburn 和 Guide（2015）则通过统计调查的方式研究了新产品和再制造产品的最优定价策略问题，通过调查揭示了客户中存在两种偏好的人群，第一种人群对新产品和再制造产品的差别比较淡漠，第二种人群则强烈地偏好新产品厌恶再制造产品，他们对再制造产品有偏见。与一般的研究结论不同的是，Abbey、Blackburn 和 Guide 通过调查发现在再制造产品进入市场时，新产品的最优定价应该相应地增加，这会减弱同型装配的竞争效应并增加原始设备制造商（original equipment manufacturer，OEM）的利润。Ferrer 和 Swaminathan（2006）研究了再制造产品和新产品混合定价的问题，在假设一家企业在第一周期内生产新产品并回收废旧产品，并在第二周期开始混合售卖新产品和再制造产品的条件下，着重研究了在第二周期开始后非原始设备制造商通过回收废旧产品来与原始设备制造商进行的双寡头垄断环境下的纳什（Nash）均衡问题，并给出了与再制造运营相关的生产量等各种参数什均衡。作为后续研究，基于相类似的研究假设，Ferrer 和 Swaminathan（2010）进一步研究了再制造产品与新产品区别假定下的双周期、多周期和无限周期垄断环境时两种商品的差异化定价问题，识别了再制造节约的阈值用以确定生产和定价策略。Ferrer 和 Swaminathan 最后指出，相较于常规认知不同，多周期和无限周期下的最优策略不一定必须具有与再制造节约阈值相同的单调性。Wu（2012）在一个由两家制造商和一家零售商组成的两级供应链中研究了新产品和再制造产品的价格和服务的竞争问题。其研究假定第一家制造商生产新产品，第二家制造商运营逆向供应链生产再制造产品。两家制造商捆绑它们的关于保修和广告的产品服务并通过唯一的零售商销售，同时该零售商独立决策自己的销售价格。Wu 得出了关于再制造商的努力因素、双方的产品定价和服务决策等变量的博弈均衡，同时分析了供应链成员间考虑了价格和服务交互影响后的利润。

　　在聚焦于再制造供应链供需平衡经济效益的同时，也有研究者研究了再制造进程对减少温室气体排放的重要作用。受制于越来越严格的碳排放限制，制造商的温室气体排放不像以前那么自由，Yenipazarli（2016）发现制造商自身的排放量需要有一个关于经济效益、环境和社会代价等诸多因素的权衡，再制造可以发挥自身的优势参与进来。Yenipazarli 研究了制造/再制造混合生产下的最优排放以及碳排放税政策，以便增加制造商的利润。同时，在政策方面，Yenipazarli 指出了实现再制造固有的经济、环境和社会效益的三赢局面时政府碳排放税政策应该如何制定。考虑到投资绿色广告可以用来建立良好的商业声誉，此种投资既可以提高销量又能增加回收率，De Giovanni（2014）在由单一制造商和单一零售商组成的闭环供应链中通过开展营销和实施一种逆向收益共享契约（reverse revenue sharing contract，RRSC）研究了双方关于绿色广告的协作问题。研究结果表明，绿色广告应该聚焦于增加客户的关于回收政策的知识和意识，这是因为契约协作仅在回收剩余价值较大且分享的参数不是太高的情况下才能成功。研究还指出该 RRSC 仅在部分情形下存在帕累托改进。

　　供应链管理中关于供应链协调的相关文献和理论研究已经表明供应链各个相关方之间可以订立契约解决彼此间的利润分配的冲突问题。但是具体到我国重型载货汽车发动机再制造供应链特定情形下，现有的相关文献假设与我国重型载货汽车再制造发动机调研的现实状况存在偏差。Govindan 和 Popiuc（2014）假定再制造供应链中所有再制造产品都可以一个固定价格售出，没有考虑随机市场需求，与现阶段我国重型载货汽车发动机的现实状况不匹配。Li、Li 和 Cai（2015）把再制造供应链看成了一个整体，没有考虑再制造供应链中不同相关方的利润分配问题，与现阶段我国重型载货汽车发动机再制造商和零售商间分散式决策的现实状况不匹配。Fei 等人（2013）分析的是一般正向供应链在多源不确定性下的契约协调问题，而本书研究的对象是我国重型载货汽车发动机再制造供应链中的再制造供应链相关方如何设计契约协调的问题。针对我国重型载货汽车发动机再制造供应链实际运营中回收旧件质量参差不齐和客户对再制造产品的需求不确定的现实问题，对分散式决策现状下如何消弭"双重边际效应"的探索，尚需进一步的研究工作。

1.2.2 再制造供应链相关方风险态度的相关研究

供应链管理中存在诸多不确定性因素。不确定性是供应链的固有属性，环境的不可预测性和自身运行的复杂性使得不确定因素客观存在于生产、运输、销售等诸多方面，它的存在给供应链的稳定运营带来严重影响，可能导致极大的风险。在实践中，仅考虑期望利润最大已不能满足实际需求，研究者倾向于建立具有风险度量的决策目标来权衡风险。Choi 和 Chiu（2012）在其 *Risk Analysis in Stochastic Supply Chains：A Mean-risk Approach* 一书中对不确定供应链的风险分析进行了详细论述。对风险测度的工具有均值-方差（mean-variance）、风险价值（VaR）、条件风险价值（CVaR）等诸多度量标准。

Eeckhoudt 等人（1995）研究了风险规避型的报童模型，得出缺货损失下的风险规避报童模型。Agrawal 等人（2000）对比了报童模型中不确定性和风险规避的态度对产品定价和订货量的影响，发现风险规避型零售商会倾向于提高商品销售价格并减少从供应商处订购的商品数量。Ma 等人（2012）在一个风险中性制造商和一个风险规避型零售商组成的两层供应链中，讨论了两者关于批发价格和订货量讨价还价的纳什均衡问题，其研究假定风险规避型零售商的风险由 $CVaR = \min \{\alpha \in R \mid \Psi(x, \alpha) \geqslant \beta\}$（$\Psi$ 表示与 x 相关的损失的累积分布函数）所度量，该 CVaR 风险度量的定义最早由 Rockafellar 和 Uryasev 给出。通过数学推导，Ma 等人（2012）证明了在平等议价能力和不平等议价能力条件下存在关于批发价格和订货量的纳什均衡状态。特别地，在平等议价能力条件下，若零售商的风险规避程度加深，则其议价能力提升。Yang 等人（2009）研究了 CVaR 风险度量标准下的供应链协调。Luciano、Peccati 和 Cifarelli（2003）探讨了库存管理中使用 VaR 风险度量的可能性，该研究建立了关于订货数量的库存决策模型，致力于最优化期望结果（包括最小化成本或最大化期望利润）。该库存决策模型通过分析法和仿真法探究了不确定需求导致的结果的可能性分布。

关于均值-方差风险度量的研究，Elton 等人（2013）通过最大化期望利润和方差的加权和来考察再制造供应链相关方的风险态度。例如 Choi 等人（2012）采用均值-方差作为风险度量分别研究了风险规避下的报童问题和渠道协调问题。Wu 等人（2006）采用均值-方差效用函数研究了供应链契约中风险的权衡问题。Gao、Wang 和 Jing（2013）采用均值-方差风险度量方法研究了再制造成本不确定下的风险规避及再制造商的再制造产品差异化定价决策问题，指出分散式决策情形存在"双重边际效应"问题，且风险规避程度对再制造闭环供应链定价决策有显著的影响，为了消弭其效率损失，该研究进一步提出收益共享风险共担的契约协调了该闭环再制造供应链，最后探讨了价格差敏感系数对供应链契约协调性能的影响。Choi 等人研究了供应链单个决策者以均值-方差为目标函数时的渠道协调问题，发现风险偏好的引入对渠道协调起到了不容忽视的作用，因为该风险偏好可以从实质上影响渠道协调的可达成性，进一步发现渠道协调依赖于供应链参与者之间的风险偏好的差异，一个轻微的风险规避协调者可以成功地和一个轻微的风险偏好零售商协调，但是不能和一个风险规避程度较高的零售商达到协调。Chiu 和 Choi 做了关于供应链风险分析的文献综述并对单层供应链、多层供应链和信息更新下的供应链基于均值-方差的风险模型进行了分类梳理。

此外，Tapiero, Gotoh 和 Takano, Chen 等人, Ozler 等人, Chahar 和 Taaffe, Chiu 和 Choi, Borgonovo 和 Peccati, Jammernegg 和 Kischka 的研究中均采用了 VaR、CVaR 作为单周期的基于报童模型或库存问题的风险测度工具，见表1-3。表1-3 通过将供应链分为单阶层供应链（single echelon）和多阶层供应链（multi echelon），并将单阶层供应链划分出了单周期和多周期情形，对不同风险定义下的供应链风险分析的相关研究进行了分类。

表1-3 供应链风险分析的相关研究

项 目	单阶层供应链		多阶层供应链
	单 周 期	多 周 期	
冯·诺依曼-摩根斯坦（von Neumann-Morgenstern）效用函数	Atkinson, Lau, Eeckhoudt 等人, Keren 和 Pliskin, Tapiero 和 Kogan, Wang 等人, Choi 和 Ruszczynski	Bouakiz 和 Sobel, Chen 等人	Giri 等人, Xin 等人
利润目标概率度量	Lau 等人, Sankarasubramanian 和 Kumaraswamy, Parlar 和 Weng, Shi 和 Guo	—	Shi 和 Chen, Chen 和 Yano, Shi 等人

(续)

项目	单阶层供应链		多阶层供应链
	单周期	多周期	
VaR CVaR	Tapiero, Gotoh 和 Takano, Chen 等人, Ozler 等人, Chahar 和 Taaffe, Chiu 和 Choi, Borgonovo 和 Peccati, Jammernegg 和 Kischka	Luciano 等人, Tapiero, Zhang 等人	Wu 等人, Cheng 等人, Hsieh 和 Lu, Ma 等人, Wu 等人, Caliskan-Demirag 和 Chen, Chiu 等人
风险均值（均值方差、均值半方差）	Lau 等人, Choi 等人, Choi 等人, Wu 等人, Liu 等人, Liu 和 Nagurney, Chiu 和 Choi	Choi 等人	Lau 和 Lau, Agrawal 和 Seshadri, Tsay 等人, Gan 等人, Chen 和 Seshadri, Martinez-de-Albeniz 和 Simchi-Levi, Choi 等人, Wei 和 Buzacott 等人, Choi, Chiu 等人, Hung 等人, Jornsten 等人, Shen 等人

供应链中的企业对于风险的态度是不同的，对于再制造供应链而言，再制造企业亦具有风险的偏好，显然再制造企业对于风险的态度会影响其自身以及其他利益相关方的决策。鉴于供应链利益相关方对于风险的态度对其决策行为产生的显著影响，本书基于再制造相关方的风险偏好，拟采用均值-方差风险度量，研究风险规避型再制造商和零售商之间在多不确定性环境下如何建立收益共享契约来消除"双重边际效应"的问题。

1.2.3 政府再制造补贴和激励政策的相关研究

研究者普遍认为政府再制造补贴和激励政策是促进再制造产业发展的有效手段。在再制造产业发展的早期阶段，客户对再制造产品较低的价格接受程度是再制造供应链决策所面临的两个障碍之一，因此政府补贴是一个吸引客户的重要激励措施。

Ma、Zhao 和 Ke（2013）表明政府的消费补贴是有利于闭环供应链的扩张的，同时政府补贴资金对再制造商和零售商均有益。Mitra 和 Webster（2008）构建了一个包含一家制造商和一家再制造商的两周期决策模型，其中制造商制造和销售新品，再制造商在第二周期同制造商进行竞争。Mitra 和 Webster 假定补贴资金正比于再制造产量，对比分析了补贴资金全部给予再制造商、全部给予制造商和在两者间分配三种模式下政府补贴作为促进再制造行为的手段所达成的效果。模型的分析结果发现，当补贴资金全部给予再制造商时，政府补贴措施激励了再制造行为，制造商的利润因此减少，同时再制造商的利润增加。Mitra 和 Webster 同时认为补贴资金在制造商和再制造商之间的分享可以激励制造商进行有利于再制造的设计,并使其自身对增加废旧产品回收率的努力持有更为开放的态度。Wang 和 Da(2010)研究了电子产品回收的政府奖惩机制设计问题,通过分析四种情形得出奖惩机制下回收率、回收价格及回收商的利润较高,同时新产品的销售价格降低,该研究认为适当的目标回收率搭配较大幅度的奖惩力度可以增加制造商的利润。Xia 和 Chang(2010)针对一个由单一供应商和单一制造商组成的闭环供应链,引入了政府奖惩机制。对比分析了在奖惩/不奖惩情形下的售价和企业的回收努力程度,讨论了不同环境下制造商和供应商的利润以及整个社会的福利,证明产品售价和企业的回收努力与逆向供应链的规模和奖惩机制密切相关,同时奖惩机制力度很大时,企业会增加其回收努力。由于再制造废旧产品的经济及环境价值受到广泛的赞赏,因此政府颁布了许多关于再制造的退偿政策。Xiong、Huang 和 Xiong(2011)对比分析了制造商回收、零售商回收和第三方回收三种回收模式下政府退偿政策的实施效果。结合中国现实国情,Cao 等人(2012)构建了政府环境规制下政府和再制造商与回收商组成的再制造供应链博弈的双层规划模型,并设计了再制造商基于绿色设计参与的面向回收商的激励契约,分析了政府干涉力度的改变对再制造供应链系统决策行为及收益的影响,Cao 等人(2012)认为政府环境规制的实施可激励再制造商参与绿色设计并提高回收商的回收努力程度。Xin 等人(2012)将政府补贴引入第三方回收的闭环再制造供应链之中,通过对比其构建的合作/不合作博弈模型,收益和成本共享契约所代表的合作博弈模型可以达到供应链完美协调。Zhang、Zhang 和 Leng(2012)研究了政府激励下的再制造闭环供应链的定价策略以及协调机制问题,他们假定再制造品和新品无差别定价,研究发现集中式决策下闭环供应链的效率高于斯塔克尔伯格(Stackelberg)博弈情形,最后该研究设计了收益共享协调定价机制协调了闭环供应链。Cao 等人(2012)认为生产者责任延伸制度可以有效推动制造商从事再制造活动,其研究假设制造商的再制造率和努力程度为不对称信息,并考虑到制造商逆向选择和道德风险同时存在的状况,Cao 等人(2012)由此设计契约激励制造商。契约分析结果表明政府激励契约可较好地提高制造商的努力水平,实现对制造商的切实激励。Wang 等人(2014)考虑一个双销售渠道的再制造商,双销售渠道既可以使再制造商通过制造商销售再制造产品,又可以直接销售再制造产品给客户,该研究发现补贴资金可以同时激励两个渠道的再制造的销售行为,但是过高或过低的补贴资金投入量可使再制造商和零售商的竞争行为激化,而一个适度的补贴资金政策则可以带来再制造商和零售商的合作机会。除此以外,Wang 等人也指出对再制造产品的较低的客户接受程度更容易激化再制造商和零售商的竞争。一些研究者,如 Cohen、Lobel 和 Perakis(2015)研究了政府补贴对制造商生产绿色产品的生产规模和定价决策的影响:他们发现给予客户的补贴是政府和制造商间关于价格和回收量的一个有效的协调机制；Shi 和 Min 研究发现对再制造发展长期而言，基于再制造数量的补贴方式比一次性补贴方式更有效。

然而，关于再制造补贴的相关文献更多的是考虑再制造补贴带给再制造商或回收商利润率的改善，它们较少考虑政府补贴激励所引起的客户需求的变化。关于通过分配一部分或全部政府补贴给予客户来改变再制造市场的需求仍处于研究空白。因此，本书着重探讨政府补贴对客户层面的再制造市场需求的影响。

1.2.4　客户环境偏好及市场细分的相关研究

在现在的商业环境中，越来越多的客户倾向于购买绿色和环境友好型产品，客户环境偏好的迁移极大地影响了再制造产品市场的需求，这成为平衡再制造供应链供需时所需要考虑的因素。由前文所述，理解客户的环境偏好是再制造供应链所做定价决策前的第一步。关于客户的环境偏好，Gilg 等人（2005）识别出了三类变量，即环境价值和环境关注变量、社会人口统计学变量和心理因素变量，据此来区分绿色客户。基于一个通过关于 887 名葡萄牙客户多种环境维度变量的统计分析，有研究者识别了不同的市场分割。多数研究者倾向于简单地把客户分为两类，即普通客户和绿色客户。然而，另外一些研究尝试区分三类细分的消费市场，即绿色客户群体消费市场、言行不一客户群体消费市场和红色客户群体消费市场。通过对美国客户的调查，Ginsberg 和 Bloom（2004）将客户群体主要分为五类，并分别将之命名为真正蓝绿色群体（true blue greens）、美钞绿群体（greenback greens）、豆芽绿群体（sprouts）、抱怨群体（grousers）和基础棕色群体（basic browns）。这五类客户群体的比例分别为 9%、6%、31%、19% 和 33%。

再制造商也在扩展其再制造产品的市场份额，然而研究者发现客户中对待再制造产品的态度和购买再制造产品的倾向可以分为多种不同的类型。对再制造客户群体，可以依照其环境偏好做市场的细分。因为客户对再制造产品的环境偏好差异性巨大，再制造供应链为了了解客户市场的真实情况必须考虑到不同的客户分割群体的诉求，这种了解的加深有利于增加再制造供应链的利润。当再制造商确定其再制造产品的售价时，价格弹性是一个不容忽视的因素。需求价格弹性（PED）被研究者用来度量因价格的改变所引发的需求的替代效应或敏感的程度。研究者 Samuelson、Tellis、Tsai 等，以及 Thimmapuram 和 Kim 等在之前的研究中通常采用 PED 作为度量，来反映需求对于价格的改变。PED 度量被应用于多种研究领域，例如食物、再生水、航空定价、电力市场、家用电器、商业周期运行等，甚至在短期或长期的国际市场原油需求调整领域也有应用。在识别客户细分的过程中，由于观察到当再制造产品销售价格改变时，非绿色客户相较于绿色客户而言，对再制造产品拥有更强的替代意愿，即更高的价格弹性，因此本书首先尝试使用PED来作为一个区分客户环境偏好的指标。考虑到一定程度上再制造产品可以被新产品所替代，当再制造产品的价格升高时，非绿色客户比绿色客户更倾向于选择新产品。因此，绿色客户更忠实于有着环境友好声誉的特定的再制造品牌，该忠诚度导致了他们对再制造产品价格的更低的需求弹性。换句话说，当再制造产品的价格改变时，非绿色客户具有更高的价格敏感度。因此，了解客户关于再制造产品的偏好对再制造商而言是必需的。参考之前的研究工作，本书采用对再制造产品的不同的需求函数来反映不同客户的环境偏好，并尝试采用PED来反映客户环境偏好的差异。

在本书的研究中，再制造市场被分为了n类不同的环境偏好的客户，并根据环境偏好程度依次对他们进行分组。绿色（环境偏好）程度为i的客户群组比绿色程度为$i+1$的客户群组具有更高的消费支付意愿（willingness-to-pay，WTP），其中，$i \in \{1, 2, \cdots, n-1\}$。需要指出的是，具体的分类群组数目$n$取决于实际情况。例如，Abbey等人（2018），Atasu、Sarvary和Van Wassenhove（2008），Chen和Wu的关于客户分类的研究工作假定的是$n=2$，Coskun等人（2016）的研究工作假定的是$n=3$，Ginsberg和Bloom（2004）的研究工作假定的是$n=5$。这些客户群体分类群组数目根据实际情况已经被研究和讨论过了，本书关于客户群体分类群组数目n的设定具有适用性。

1.2.5 研究述评

本节首先从再制造供应链供需匹配、再制造供应链相关方风险态度、政府再制造补贴和激励政策以及客户环境偏好及市场细分方面开展了文献综述，对现有的研究成果进行了分类总结和归纳，为后续章节的研究打下基础。通过本节的文献综述回顾可以得出以下结论：

1) 再制造供给和需求两方面同时存在不确定性环境下如何激励分散式决策的再制造商和零售商这一问题需要进一步开展研究。目前鲜有文献研究再制造供应链背景下的多不确定性契约协调问题。

2) 在风险规避型再制造商和零售商间面对契约协调时其自身的风险容忍度对契约的达成具有何种影响这一问题亟待开展研究。目前鲜有文献研究再制造供应链背景下风险规避型利益相关方的契约合作问题。

3) 客户环境偏好及偏好迁移在再制造市场需求中起到重要的影响作用，同时，再制造政府补贴的引入也对客户的需求和再制造商的决策行为及盈利产生显著影响。由此，再制造供应链在定价时首先需要考虑分配给客户一定比例的政府补贴刺激需求，其次还需考虑客户环境偏好及偏好迁移引发的市场需求变动。综合考虑客户和政府共同行为下的再制造供应链决策问题成为亟待填补的研究空白。

为此，本书针对我国机械装备再制造的现状，重点选取重型载货汽车发动机再制造供应链为研究对象，结合我国再制造行业的特点以及重型载货汽车发动机再制造供应链所特有的回收销售结构，考虑到随机的废旧产品可再制造率和随机的再制造产品市场需求两种不确定性因素同时存在并干扰再制造供应链的稳定运营的现实问题，以及由此产生的"双重边际效应"问题，探索多源不确定性下再制造供应链由于分散式决策所面临的供需不匹配问题，以及客户环境偏好的差异下的政府补贴分配与再制造定价决策问题。本书的研究目标可分解为以下几方面内容：

1) 揭示机械装备产品（重点以再制造比较成熟的重型载货汽车发动机为例）再制造供应链各利益相关方在再制造供需不确定性同时干扰下如何协调彼此冲突的决策行为，从而消弭再制造供应链由于分散式决策所引发的"双重边际效应"问题。

2) 分析多源不确定性干扰下具有不同风险态度的再制造供应链各利益相关方如何订立再制造供应链契约以及契约参数的选择问题。

3) 剖析再制造客户具有不同环境偏好下再制造产品定价和客户所获补贴分配比例两者对客户需求以及再制造供应链利润的激励和影响机理。

4) 针对三种再制造模式，构建制造/再制造博弈模型，分析原始制造商在什么情况下采取何种再制造模式。进一步对比分析三种再制造模式对两种产品的单位零售价格、销售量、销售利润和环境的影响。

5) 提出有效的销售模式来促使客户转变观念，认可再制造发动机本身质量，消除对再制造发动机的误解，解决销售问题，提出再制造发动机延长质保期限服务和实行保换服务两种销售模式。

6) 围绕再制造设计、再制造外包和再制造授权等相关问题，分析外包再制造对原始制造商与再制造商市场竞争的影响、外包再制造竞争协调策略及授权再制造下再制造设计等诸多问题。

针对机械装备再制造的特点，重点以我国重型载货汽车发动机再制造供应链的实际情况作为研究的主线，本书根据上述研究目标，聚焦如下三个主要研究问题：

▶**问题 1：不同客户群体的环境偏好和政府补贴政策同时考虑时的再制造产品定价和再制造补贴分配问题。**

当再制造商和零售商通过收益共享契约达成供应链协调后，面向具有不同环境偏好的再制造客户群体，如何合理定价变成了问题。通过实地调研观察到，当再制造产品价格改变时，非绿色客户有着更强的选择替代倾向，即更高的 PED。为了提升自身利润，再制造产品的定价就需要综合考虑不同客户分割群体的 PED。在再制造产品定价过程中，如何选取恰当的衡量指标来度量当前不同客户分割群体的整体环境偏好？此外，再制造产业在我国受到了财政补贴等政策支持，我国政府已开展了"以旧换再"补贴工作。《"十二五"节能减排综合性工作方案》明确要求继续实行财政补贴政策，加快老旧汽车报废更新；《循环经济发展专项资金管理暂行办法》指出，循环经济发展专项资金重点支持可再制造技术进步、旧件回收体系建设、再制造产品推广及产业化发展等。针对补贴资金的使用，不容忽视的问题是如何更有效地促进再制造补贴资金的合理使用，避免补贴资金的浪费，政府对此问题尚处于探索阶段。《"十三五"节能减排综合工作方案》要求完善财政税收激励政策，健全绿色金融体系。结合我国现阶段再制造补贴的法律及政策，再制造补贴全部用于降低再制造成本固然短时间内提高了利润，但是若分配一部分补贴资金给予客户来刺激再制造的需求是否更加合理？政府补贴资金在再制造供应链利益相关方和客户间如何合理分配以达到既能降低再制造供应链各利益相关方的再制造成本，又能有效地激励客户的需求的目的？再制造供应链如何权衡给予客户的补贴分配比例、客户群体的环境偏好和再制造产品的定价？这三个问题有何潜在关系？

▶▶问题2：**再制造商和零售商等再制造供应链利益相关方如何匹配再制造产品的供应和需求以及如何通过合作消弭彼此分散式决策情形下存在的"双重边际效应"，从而协调再制造供应链的问题。**

再制造商和零售商彼此的分散式决策增大了再制造供应链的缺货和滞销发生的可能性，因此需要关注如何协调再制造供应链各利益相关方彼此的行为决策，使之应对供需不确定性同时存在的挑战，以及如何协调各方彼此间决策所带来的利益冲突问题。为此，重点针对再制造供应链供需平衡，本书采用供应链契约理论，通过构建再制造供应链中的再制造商与零售商间的收益共享契约模型，讨论不确定性因素对该契约模型参数的影响，进一步研究一方具有强势讨价还价能力下收益共享契约达成的"参数对"的存在性问题，最后考虑政府补贴的引入对再制造收益共享契约参数的拟定达成何种影响。

▶▶问题3：**风险规避型再制造企业如何参与供应链契约构建的问题。**

供应链中的企业对于风险的态度是不同的，对于再制造供应链而言，再制造企业亦具有风险的偏好，这会影响再制造企业的决策。若再制造企业具有风险规避型的风险态度，如何激励其参与到供应链契约协作中来？供应链相关方的风险态度对再制造供应链回收数量、期望利润以及契约参数的确定有何种影响？现有对再制造供应链的风险态度问题的研究多聚焦于研究单个相关方的决策问题，未考虑其与其他相关方的契约合作问题，而现有风险规避型供应链契约的研究多聚焦于正向供应链，再制造供应链具有新问题新特征，在研究对象改变的基础上契约的制定会有如何的改变尚不明确。本书参考了以往的关于风险规避型利益相关方决策的研究成果，将风险规避因素纳入目标函数中，采用供应链契约理论结合优化理论构建了风险规避型再制造供应链的契约协调模型。

为深入剖析我国机械装备产品再制造供应链管理涉及的问题，本书重点针对重型载货汽车发动机再制造供应链的特点以及再制造供应链各相关方之间的利益与决策关系，本书框定的研究范围为：考虑客户群体不同环境偏好和政府补贴下我国重型载货汽车发动机再制造供应链契约协调实现途径的研究。选取济南复强动力有限公司（以下简称济南复强动力）和郑州特约维修站组成的重型载货汽车发动机再制造供应链作为主要研究对象，主要基于以下两方面原因：首先，我国汽车行业10多年的高速发展，带来了如何妥善处理报废汽车这一不容忽视的、迫切的现实挑战。即使2015年全国再制造发动机已达80万台，但对比年均2 300万辆左右的汽车产销量而言，仍然是"杯水车薪"。其次，虽然我国政府大力提倡循环经济，高度重视再制造产业的发展，并采取种种补贴措施促进再制造废旧汽车的回收，但面对现阶段我国客户群体环境偏好不同的现状，如何更合理利用再制造补贴资金尚需进一步的研究。综合考虑上述两方面原因，本研究选取济南复强动力和郑州特约维修站组成的重型载货汽车发动机再制造供应链作为研究对象，从整个再制造供应链的角度出发，研究再制造供应链契约协调以及面向客户环境偏好的定价和政府补贴之间关系的决策问题。

再制造供应链协调主要从平衡由于多源不确定性因素导致的再制造产品供给和需求的角度出发，研究如何减少再制造供应链整体的缺货或滞销情况，增加多源不确定性因素干扰时再制造供应链整体的期望利润以及再制造废旧产品的回收数量，与以往学者往往考虑单一不确定性因素的视角研究再制造有所区别。在实现再制造供应链内部协调之后，外部又受到客户环境偏好的影响。客户群体具有不同的环境偏好，客户的环境意识有一定的区别，在再制造定价和分配给客户一定比例的政府补贴资金时，如何综合把握客户购买意愿，这类问题的研究与以往研究者们在正向供应链和普通商品销售时将客户群体看成"铁板一块"有所区别。

1.3　再制造供应链管理相关基础研究方法

在明确了以重型载货汽车发动机再制造供应链为研究对象并界定了研究范围之后，本书着重介绍再制造供需平衡及再制造供应链内部协调、外部面向政府和客户决策的问题、研究内容以及主要的研究思路。在本节中，主要介绍本书针对重型载货汽车发动机再制造供应链基于内部协调、外部决策的一些供需方面的特点，采用的研究理论和方法。首先介绍了供应链协调理论的概念及供应链契约的应用步骤，其次介绍了风险度量理论，最后介绍了本书在构建多源不确定性环境下收益共享契约时参数最优解逼近所须采用的牛顿-拉弗森（Newton-Raphson）数学迭代算法。本节的理论方法介绍为文中后续的研究工作提供理论和方法基础。

1.3.1 供应链协调理论

1. 供应链协调理论的概念

供应链是一个转换原材料和零部件为最终产品的企业或实体组成的复杂网络。其最终目标是将商品或服务传递到客户手中。现实世界中的供应链可能是非常复杂的。若供应链具有一个可以绝对控制所有决策的控制人，则一般被称为集中式决策供应链。同时，可最优化供应链绩效表现的所有决策行为的集合被称为集中式决策解集。在实践中一般不易出现供应链各个参与方的决策受到一方绝对控制的情况，而经常会出现供应链中各个利益相关方独立做出决策的状况。此时供应链各个利益相关方通过决策致力于最优化自身的目标。在这种情况下，研究者称之为分散式决策供应链。分散式决策供应链各个决策方的行为一般会用纳什均衡或 Stackelberg 均衡的概念来刻画。

在集中式决策情形下，供应链整个系统的期望利润或其他度量达到最大化，因此各个供应链系统的参与方才更有机会"享用"更大的份额。这意味着在供应链协调的状态下，各个供应链参与方可以实现帕累托最优利润分配。帕累托最优集的定义如下：

定义 1.1　帕累托最优。在群体独立决策问题中，群体内部参与者的联合行动被称为帕累托最优，若不存在一个可选择的行动使得该行为仍然被其他参与者所接受但是能进一步改善某一参与者的利益。将帕累托最优决策集合称为帕累托最优集。

然而，在供应链实践中，由于供应链各个相关方拥有不同的目标和利益诉求且各自又可以独立决策，因此分散式决策供应链在博弈之后的均衡结果往往要比集中式决策供应链差，造成供应链整体期望利润在两种情况下的偏离，这导致了供应链的低效率。在供应链协调状态下，是不可能增加任何一个参与者的利益而不伤害到其他供应链利益相关方的利益的。显然，一个协调了的供应链是一个整体来看最理想的状况，因为所有的利益相关方都达到了比没有协调供应链时更多的利益。定义供应链协调的方式有多种，然而它们的含义是不同的。本书采用如下定义：

定义 1.2　供应链协调。一个供应链达成了一个所有参与者都不反对的契约被称为供应链协调，若在此契约下的各个供应链参与者的最优决策满足以下两个条件：

1) 各个供应链参与者的预先收益约束条件限制。
2) 该决策是帕累托最优决策。

供应链协调的相关思想以及研究方法可以追溯到 Pasternack 于 1985 年的相关研究工作，Pasternack 在一篇文献中首次提出供应链契约的概念。基于报童模型随机市场需求的假设，Pasternack 最早提出通过特定的契约安排可以达到供应链协调状态，并详细分析了回购契约的协调机制。通过学者们几十年的努力，供应链契约在多个方向上取得了丰富的研究成果。如何协调一个分散式决策供应链来改善其效率是供应链管理中的核心问题。一个切实可行的方法是设计一个契约机制来使各个供应链参与者得到激励。契约设计的目标是让各参与者的各自行为或决策恰好与集中式决策的行为或决策相一致。

为了阐述供应链契约，首先需要引入报童模型的相关概念。考虑一个由一个供应商和一个零售商组成的供应链。零售商在单个销售季度销售固定价格 p 的一种商品。市场需求 D 随机服从一定的概率分布 $F(D)$，其期望为 $E(D)$。零售商在销售季节开始前从供应商处订货。供应商供给零售商的单件商品成本为 c。在实际销售量 $S(q)$ 小于订货量 q 时，剩余的库存会在销售季节末以折价方式售出，售价为 v ($0 \leqslant v \leqslant c$)。在实际销售量大于订货量时，未满足的需求被看作零售商的期望利润损失 g。由于生产和运输的滞后性，零售商须在市场需求来临前确定订货量。

在集中式决策供应链中，供应商和零售商被一个决策者控制行为。零售商从供应商处以单位生产成本 c 获取商品。因此供应链决策问题转化为了一个报童模型问题。集中式决策供应链的期望利润为

$$\Pi_C(q) = (p-v)S(q) + (v-c)q - g[E(D) - S(q)] \tag{1-1}$$

观察到集中式决策供应链的利润由零售商的订货量 q 单独确定。又观察到期望利润函数为订货量的凹函数，令其一阶偏导为零，得到最优订货量满足

$$q_C^* = S'^{-1}\left(\frac{c-v}{p-v+g}\right) \tag{1-2}$$

式中，S'^{-1} 表示先求 S 的一阶偏导，再求反函数；订货量 q 随零售价格 p 及剩余残值 v 的增大而增大。

在实践中由于存在诸多问题，供应链不易达到协调的状态。Arshinder 等人 (2008) 在 篇关于供应链协调的研究综述中指出了达成供应链协调所存在的困难，如图 1-2 所示。

▶ 2. 供应链契约理论

契约是供应链各个利益相关方之间围绕交易的产品为了规范市场交易时各自的权利和义务所签订的协议，契约又被称为合同。供应链契约利用博弈理论、概率论等分析各个供应链相关方彼此的收益以及自身的决策对他人的影响，来谋求对供应链各个相关方的个体决策和整体供应链优化相一致的一种激励机制。

供应链各个相关方订立收益共享契约时的决策过程可以概括如下：

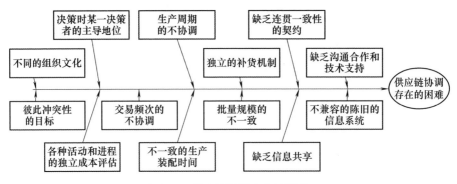

图1-2 供应链协调存在的困难

供应链下游相关方批发或零售自身不生产的某种商品。由于生产及运输的滞后性，在销售季节开始前，通过对市场的观察以及历史的经验，供应链下游相关方向上游节点的相关方提供契约。一般而言，契约内容包括订购量、交货时间、交易价格、收益分配比例及未售出产品处理方式等信息。上游节点相关方核算自身成本及收益后可以拒绝或接受该契约。当双方围绕契约达成一致意见时，订立契约。

在销售季节开始前，供应链相关方各自履行契约，交割产品。在销售季节开始后，一般而言，实际的产品市场需求不会恰好等于产品的订货量，会出现滞销或缺货的其中一种情形。当供应链下游相关方的产品订购量 q 小于或等于市场需求 D 时，实际的销售量 $S(q)=q$；当供应链下游相关方的产品订购量 q 大于市场需求 D 时，实际的销售量为 $S(q)=D$。假设市场需求 D 服从某种概率分布，则供应链下游各个相关方的期望销售量为 $S(q)=E(\min\{D,q\})$。在销售季节结束后，供应链下游各个相关方面临滞销或缺货两种局面。滞销时，期望滞销数量为 $I(q)=E(\min\{q-D,0\})$；缺货时，期望缺货数量为 $L(q)=E(\min\{D-q,0\})$。

接续前文供应链协调理论的概念，本节首先考虑分散式决策供应链的行为。此时供应链的各相关方都是独立的决策实体，致力于最大化自身利润。典型的分散式决策供应链是批发价格契约。

定义1.3 批发价格契约。批发价格契约是指一个供应商提供给零售商的供应协议，协议只规定了单位商品的批发价格 w 一种参数，其中 w 须满足 $w\in(c,p)$，以便使供应商和零售商均盈利。在实践中，供应商为保证利润，也有规定最低订货量 $q_{\min}$ 的附加条件。

批发价格契约可用来阐述分散式决策与集中式决策的行为结果发生偏离的原因，在批发价格契约中供应链上游供应商对单位生产成本 c 的产品向零售商要价 w（$w>c$）。假设该批发价格为外生变量，则就此批发价格契约已经建立了。零售商先向供应商下单，供应商供应商品给零售商，面向随机市场需求零售商销售获取利润，销售季节结束未售商品折价为 v 售出。由此分析可知，分散式决策供应链中零售商所面临的批发价格契约中的问题与集中式决策供应链所面临的问题一样，除了采购成本 w 替换了生产成本 c。面向自己的期望利润函数为

$$\Pi_r(q) = (p-v)S(q) + (v-w)q - g[E(D)-S(q)] \quad (1\text{-}3)$$

零售商需要对订货量 q 的取值做决策。函数 $\Pi_r(q)$ 是订货量的凹函数，令其一阶偏导为零，得出零售商的最优订货量满足

$$q_r^* = S'^{-1}\left(\frac{w-v}{p-v+g}\right) \quad (1\text{-}4)$$

对比集中式决策供应链的最优订货量 q_C^*，结合函数 S'^{-1} 的单增性质，可以看到

$$q_r^* = S'^{-1}\left(\frac{w-v}{p-v+g}\right) < q_C^* = S'^{-1}\left(\frac{c-v}{p-v+g}\right) \quad (1\text{-}5)$$

由此得出在订立批发价格契约时，相较于集中式决策最优情形，分散式决策下零售商倾向于较少的订货量。

这种订货量的差异的原因可以用风险分析的方式来阐明。由于零售商对市场需求的判断与实际需求有偏差，单件缺货损失为 $p-c$，单件滞销的损失为 $c-v$。这两种风险只能发生一种。直觉上来看，零售商的最优订货量随着缺货损失的增大而增大，随着滞销损失的增大而减少。在批发价格契约中，零售商单独计算自身利润。此时缺货损失减少到 $p-w$，滞销损失增加到 $w-v$。两个风险的考量同时作用的结果使零售商的最优订货量降低。由于供应链的期望利润取决于零售商的订货量，这意味着批发价格契约不能最大化供应链期望利润。这被叫作"双重边际效应"问题，该问题被 Spengler 于 1950 年首次阐述。

定义 1.4 "双重边际效应"问题。"双重边际效应"问题是指供应链上、下游企业两者缺乏协调时为实现各自利润的最大化进行定价决策使整个产业链经历两次加价（边际效应），而下游企业倾向于订购对整个供应链来说并非最优数量的商品，最终导致做出偏离使零售商和供应商总利润水平最大化目标的决策的问题。

"双重边际效应"问题的出现意味着需要更加精巧的契约安排来激励零售商订购集中式决策下的最优订货量。从上述分析来看，批发价格契约不能激励零售商做出系统最优订货量。

研究者设计了多种多样的契约表达形式。限于篇幅，下一步阐述在供应链协调者中应用最为广泛的三种基于转移支付分类标准的供应链契约，即回购契约（buyback contract）、收益共享契约（revenue-sharing contract）和数量折扣契约（quantity discount contract）。

基于转移支付分类标准的供应链契约类型如图 1-3 所示。

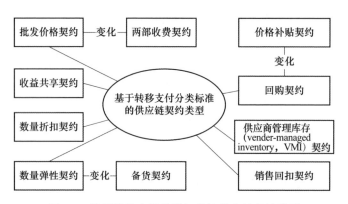

图1-3 基于转移支付分类标准的供应链契约类型

定义1.5 回购契约。回购契约是指零售商和供应商以批发价格 w 签订契约，同时供应商承诺在销售季节结束之后以回购价格 $b \in (v, c)$ 回购全部滞销商品，并以条件 $b \in (v, c)$ 限制零售商订购无穷多数量产品的可能性。

在回购契约规定下，零售商的期望利润可表达为

$$\begin{aligned}\Pi_r(q) &= (p - v + g)S(q) + b[q - S(q)] - (w - v)q \\ &= (p - v + g - b)S(q) + (b + v - w)q \end{aligned} \quad (1\text{-}6)$$

式(1-6)为订货量 q 的凹函数，其一阶偏导数为

$$\frac{\partial \Pi_r(q)}{\partial q} = (p - v + g - b)S'(q) + (b + v - w) \quad (1\text{-}7)$$

即可得到使零售商期望利润最大化的最优订货量为

$$q^* = S'^{-1}\left(\frac{w - b - v}{p - v + g - b}\right) \quad (1\text{-}8)$$

双方订立契约使最优订货量和系统最优订货量相等时，供应链达到协调状态。此时有批发价格和回购价格的关系为

$$w(b) = b + c - (c - v)\frac{b}{p - v + g} \quad (1\text{-}9)$$

定义1.6 收益共享契约。收益共享契约可以用参数对 (w, θ) 来表征。零售商和供应商以批发价格 w 签订契约，同时零售商承诺在销售季节结束之后给予供应商 $(1 - \theta) \in (0, 1)$ 比例的销售收入［假设 θ 为供应链下游零售商持有的收益比例，因此 $(1 - \theta)$ 为供应链上游供应商所分配的收益比例］，并以条件 $\theta \in (0, 1)$ 限制零售商利润为负的可能性。

Cachon 和 Lariviere（2005）具体分析了该契约在更具一般化的设定下的应用前景。

此时供应链各个相关方间的转移支付为

$$T = S(q)(1 - \theta)(p - v) + [w + (1 - \theta)v]q \quad (1\text{-}10)$$

因此下游相关方的期望利润函数为

$$\Pi_r(q,w,\theta) = S(q)[\theta(p-v)+g] - (w+\theta v)q \tag{1-11}$$

令 $\Pi_r(q,w,\theta) = \lambda \pi_{SC}(q,w,\theta)$，求解出收益共享契约参数对 (w, θ) 所须满足的条件，为

$$\begin{cases} w = \lambda c \\ \lambda = \theta \end{cases} \tag{1-12}$$

值得指出的是 $\lambda \in (0,1)$，此取值范围保证了供应链下游相关方和供应链上游相关方可以任意比例分配供应链总利润。这是收益共享契约一个非常好的性质，事实上 Cachon 和 Lariviere 通过考察契约参数的设定对整个供应链利润的可分割性，给出了一类"灵活性契约"的定义。

定义 1.7 灵活性契约。灵活性契约是指一个通过对其参数的调整可以达到对整个供应链的利润在其供应链成员中的任意的分割的供应链契约。

若一类供应链契约具备灵活性，则它对供应链各相关方拟定契约是具有吸引力的。

定义 1.8 数量折扣契约。零售商和供应商以批发价格 w 签订数量折扣契约，同时批发价格 w 是一个关于订货量 q 的函数 $w = w(q)$（一般而言，w 是 q 的单调递减函数，意味着"量大从优"）。

此时供应链各个相关方间的转移支付为

$$T = w(q)q \tag{1-13}$$

Cachon（2003）给出了一个达成供应链协调时 w 和 q 两个变量所需满足的条件为

$$w(q) = [(1-\lambda)(p-v+g)-g]\frac{S(q)}{q} + \lambda(c-v) + v \tag{1-14}$$

式中，$\lambda \in (0,1)$。

结合本书研究的问题，由于多源不确定性因素的干扰导致再制造供应链发生"双重边际效应"问题，从本质上说是由再制造供应链各相关方间彼此分散式决策所造成的。根据本节关于供应链契约理论的介绍，该契约理论可以为解决重型载货汽车发动机再制造供应链如何协调彼此分散式决策的现实问题提供理论支持。

1.3.2 均值-方差度量下的供应链风险理论

供应链中存在的大量不确定性等随机因素可能导致供应链管理的巨大风险，管控供应链的风险已经成为一个越发重要的研究问题。在供应链中，当存在一些不确定性因素，例如需求的不确定和供应的不确定时，风险便会浮现出来，供应链相关方需要在各种风险下做出决策。现实中供应链的决策目标已不仅需

要考虑最大化不确定性等随机因素存在下的期望利润，而且需要建立具备风险度量考量的多目标权衡决策机制，以期望支持决策者更好地进行决策。

得益于 Harry Markowitz 在20世纪50年代的先驱研究工作，均值-方差度量公式在风险管理领域逐渐引起了研究者的兴趣，特别是在金融领域已成为资产组合（portfolio）风险管理的基础性理论。在过去的几十年内，研究者越发对应用均值-方差度量公式分析随机供应链管理中的问题感兴趣。一般认为供应链中的风险可以分为两类，一类是供应链中断风险，另一类是供应链运营风险。供应链中断风险是指自然或人为的问题影响到了供应链的正常运转，例如战争、天灾、经济政策的改变等都会导致供应链中断风险。供应链运营风险是指"预期的"收益或损失正常的变动，如供应可靠性、汇率的正常波动、产品市场需求的不确定性均可导致供应链运营风险。均值-方差度量公式基本的思想是在分析中综合考虑了供应链相关方的决策导致的期望的收益（即均值）和收益的波动（即方差）。

供应链均值-方差风险分析模型按照供应链阶层可分为单阶层供应链风险问题和多阶层供应链风险问题。

在单阶层供应链假定下，Lau 在建立单周期单阶层库存管控模型时给出了如下的均值-方差模型：

$$\text{Utility}(q) = E[\Pi(q)] - k \cdot \text{SD}[\Pi(q)] \qquad (1\text{-}15)$$

式中，q 为数量；$\Pi(q)$ 为单阶层供应链收益；k 为风险厌恶参数；$E[\Pi(q)]$ 为期望收益；$\text{SD}[\Pi(q)]$ 为单阶层供应链收益的标准差；$\text{Utility}(q)$ 为单阶层供应链决策后的效用。一般最大化该效用函数可得在风险厌恶参数为 k 时的最优决策问题。

在单阶层供应链假定下，Choi、Li 和 Yan（2008）在研究决策者的不同风险态度下的报童模型问题时给出的均值-方差度量下的两个定义为

$$\max_{q} E[\Pi(q)]$$

s.t.
$$V[\Pi(q)] \leqslant \xi \qquad (1\text{-}16)$$

和

$$\min_{q} V[\Pi(q)]$$

s.t.
$$E[\Pi(q)] \geqslant \Lambda \qquad (1\text{-}17)$$

式中，$V[\Pi(q)]$ 为单阶层供应链收益的方差；ξ 为单阶层供应链风险容忍程度决策后的效用；Λ 为最小期望收益的临界值；一般 Λ 需小于风险中性下的期望收益，以使得解集非空。

在实践中供应链往往是多阶层的，因此在均值-方差度量下的多阶层供应链的协调问题也被广泛研究。Lau 和 Lau（1999）扩展了 Lau 的单阶层假定，通过考虑由一个制造商和一个零售商组成的双阶层供应链的回购政策问题，研究了

制造商和零售商均为风险规避型风险态度时的供应链决策。Lau 和 Lau 给出的多阶层供应链风险规避模型为

$$\begin{cases} \text{Utility}_M(q) = E[\Pi_M(q)] - k_M V[\Pi_M(q)] \\ \text{Utility}_R(q) = E[\Pi_R(q)] - k_R V[\Pi_R(q)] \end{cases} \tag{1-18}$$

式中，k_M 和 k_R 分别为制造商和零售商的风险规避参数。制造商和零售商须各自独立决策，最大化其自身效用函数 $\text{Utility}_M(q)$ 和 $\text{Utility}_R(q)$。

为了研究多阶层供应链协调问题，Choi、Li 和 Yan（2008）给出的多阶层供应链风险规避的另外一个模型如下。

制造商为供应链 Stackelberg 博弈主导方的决策问题为

$$\max_w E[\Pi_M(w)]$$
s.t. $\quad V[\Pi_M(w)] \leq \xi_M \tag{1-19}$

零售商为供应链 Stackelberg 博弈追随者的决策问题为

$$\max_q E[\Pi_R(q|w)]$$
s.t. $\quad V[\Pi_R(q|w)] \leq \xi_R \tag{1-20}$

Choi、Li 和 Yan（2008）为了协调供应链，将博弈主导方制造商的决策问题变更为在供应链的风险规避参数限制条件下最大化整个供应链的期望利润，同时零售商作为博弈追随者决策问题不变，同式（1-20）。但此时制造商决策问题转换为如下优化问题：

$$\max_w E[\Pi_{SC}(w)]$$
s.t. $\quad V[\Pi_{SC}(w)] \leq \xi_{SC} \tag{1-21}$

受我国宏观经济周期性波动的影响，再制造市场需求波动剧烈。面对再制造市场需求的剧烈波动，对单一考虑期望利润的决策目标函数要进行相应调整，需要将再制造产品的不确定市场需求因素的"波动幅度"，即该随机变量的标准差考虑进再制造供应链的决策目标函数中。与此同时，再制造产品所需回收废旧件的可再制造性的"波动幅度"亦需认真考量。风险度量理论为本书机械装备（例如重型载货汽车发动机）再制造供应链各个利益相关方面对期望收益和收益的波动间的权衡提供了理论及方法支持。

1.3.3　Newton-Raphson 迭代算法

Newton-Raphson 迭代算法是指 17 世纪由物理学家牛顿提出的一种可在实数域和复数域上通过考虑函数的偏导数来近似求解方程的迭代方法。17 世纪的科学家发现，现实问题中多数方程不存在求根公式，因此如何求精确的解析解变得非常困难。在此需求下，寻找方程的近似解就显得十分重要。该方法的实质是通过函数的泰勒（Taylor）级数展开的一次项来寻找方程的根。该迭代算法的

优点是在方程的单根附近具有平方收敛性。随着现实问题下方程愈加复杂，现如今 Newton-Raphson 迭代算法广泛用于计算机编程中。Newton-Raphson 迭代算法具体思想如下：

假设问题为寻找方程 $f(x)=0, x \in [A,B]$ 在区间 (A,B) 内的根，其中函数 $f(x)$ 为开区间连续可微函数。选取 x_n 为方程的根的近似值，它与准确值的误差为 h。显然 x_n+h 为方程的根。函数 $f(x)$ 在点 x_n+h 的泰勒展开式为 $f(x_n+h)=f(x_n)+hf'(x_n)+o(h^2)$。

函数 $f(x)$ 在点 x_n+h 的值近似等于函数 $f(x)$ 在点 x_n 的值加上函数 $f(x)$ 在点 x_n 的梯度乘以 x_n+h 和 x_n 两点间的距离，误差为 h 的二阶小量。考虑到点 x_n+h 为函数 $f(x)=0$ 的根，因此 $f(x_n+h)=0$。舍弃高阶的项 $o(h^2)$，可得 $h \approx -\dfrac{f(x_n)}{f'(x_n)}$。

由此可得下一个迭代点为

$$x_{n+1}=x_n-\frac{f(x_n)}{f'(x_n)}, \quad n=0,1,2,\cdots$$

在多源不确定性因素同时扰动的重型载货汽车发动机再制造供应链中，多随机变量的干扰使拟定契约时契约参数的选择和决策时决策变量最优值的确定面临困难。在本书的重型载货汽车发动机实际案例中，Newton-Raphson "迭代算法可以为近似解快速逼近最优解创造条件。

1.4 机械装备再制造案例——卡特彼勒

1.4.1 卡特彼勒再制造介绍

"未来 10 年，最成功的会是那些将可持续性融入其核心业务的企业。注重可持续发展是保持企业长期竞争优势的重要因素。"卡特彼勒董事长兼首席执行官道格拉斯·欧博赫曼于 2016 年大胆断言。卡特彼勒全球副总裁暨卡特彼勒（中国）投资有限公司董事长陈其华说："卡特彼勒作为世界上最大的土方工程机械、建筑机械和矿用设备的生产商，也是全世界柴油机、天然气发动机、工业用燃气轮机，以及柴电机车领域的主要供应商。随着中国向可持续的经济发展转型，中国下一阶段的经济发展将更加注重技术创新和节能减排。卡特彼勒在中国有近 40 年的发展历史，能够很好地契合中国的发展需求，帮助促进注重环境、可持续的经济发展以及产业结构调整。"1973 年，卡特彼勒开始了它的再制造业务。40 多年后，卡特彼勒在全球已经有了 16 家再制造工厂，每天向世界各地的客户发送约 7 000 件再制造零件。再制造零件价廉物美的优势吸引了许多忠实客户。在中国政府的支持和推动下，卡特彼勒再制造产品也陆续来到了中国市场。如今，中国用户可以购买到绝大多数的卡特彼勒再制造零件。

卡特彼勒再制造的"官方"概念是这样的：将到寿命的产品在生产制造环境中返回到可靠性、耐久性及性能"和新件一样"状况的工艺过程⊖。它涉及的几个基本概念如下：

（1）什么是"到寿命的产品"？

再制造生产过程中最主要的原材料是被用户使用过或者使用后已经失效的零部件。简单地说，就是"换下"的零部件被回收以后，由特殊的生产工艺过程使其"焕然一新"。

（2）什么是"在生产制造环境中"？

与维修和翻新的本质区别在于，再制造是一种生产过程，与其他传统卡特彼勒产品一样，再制造产品也是在专业生产线上经过机器设备和工人的手制造，并经过层层质量检验和测试而最终出厂的产品。

（3）如何理解"可靠性、耐久性及性能'和新件一样'"？

随着"再制造"一词的热度一再提升，其概念为大众所慢慢熟悉，市面上出现越来越多"再制造"的产品。卡特彼勒的再制造因为它规范专业的生产制造环境和先进的再制造技术，使得再制造产品能够承诺具有与传统新产品一样的可靠性、耐久性及性能，而这种承诺又着重体现在购买再制造产品的客户将获得与新产品一样的原厂保修服务。这点足以体现卡特彼勒对其再制造产品的信心和决心。

卡特彼勒再制造工业（上海）有限公司⊖（下文称卡特彼勒再制造上海工厂）成立于2005年12月，它坐落于中国上海临港自贸区产业制造园，是卡特彼勒在中国的第一家再制造工厂。卡特彼勒再制造上海工厂秉承可持续发展战略，利用工程技术，将废旧的工程机械零部件进行专业化修复和再制造，使其在性能和质量上达到全新产品的性能水平，帮助客户降低成本。同时，工厂在生产过程中做到节约能源与资源、减少废物与废气的产生。每个新产品的生产从无到有要经历数以千计的步骤，但每个产品走到最后都会面临被废弃，乃至被填埋的命运。在卡特彼勒看来，如果能够给处于生命周期末端的产品或者零部件一个完整而又全新的生命周期，不仅可以减少很多生产步骤，节约大量资源，有效消除污染物对环境的不良影响，还将大大促进人类社会的可持续发展。在上海临港自贸区产业制造园的厂房内，机器声不断，耳塞、防护眼镜、手套、长裤是工作人员的标配。工作人员操作手里的零部件，拆解到最小单元，

⊖ http://news.21-sun.com/detail/2018/08/2018081314310822.shtml.
⊖ 本部分根据卡特彼勒再制造工业（上海）有限公司的公开资料整理而成。

清洗上面的油漆、油污与腐蚀，再修复到图样上的尺寸要求，进行检测、组装、包装……这是卡特彼勒再制造上海工厂的再制造全部过程。

2018年7月10日，上海市发布"扩大开放100条"行动方案，其中提出要构筑更加开放的现代服务业和先进制造业体系，尤其是第47、48、49条涉及先进制造业体系再制造和全球维修业务的发展。

卡特彼勒再制造上海工厂如图1-4所示。

图1-4　卡特彼勒再制造上海工厂

"你乘坐的飞机、使用的打印机、驾驶的汽车、搭乘的火车，甚至是给你运送货物的货车和你正在使用的电子设备，都可能有再制造的身影。目前，再制造已经在全球范围内形成一个巨大的产业，年产值高达1 600亿美元。"卡特彼勒再制造市场渠道总监约翰·迪沙伦说。

秉承着可持续发展的战略，卡特彼勒再制造上海工厂利用先进的工程技术，将废旧的工程机械零部件进行专业化的修复和再制造，使其在性能和质量上达到全新产品的水平，以帮助客户降低成本。公司在生产过程中节省了大量的能源和资源，极大地减少了废物和废气，有力地促进了环境友好型社会的建设，成为卡特彼勒在我国可持续发展方面的典范。卡特彼勒再制造上海工厂目前的再制造产品有三大类：液压产品（液压泵）、发动机零部件产品（油泵、水泵、缸盖、油缸总成）和燃油系统产品（喷油器）。

如何保证再制造产品不是"金玉其外，败絮其中"？"再制造不仅仅是翻新。它通过采用最先进的修复技术、严格的循环利用准则、先进的制造系统和无与伦比的质量控制，将发动机和部件恢复到原始的性能水平。"迪沙伦说，"卡特彼勒特有的修复技术，使设备恢复到原始的性能水平成为可能。"

卡特彼勒采用先进的工艺、技术和标准，确保再制造产品在品质上媲美新产品。电弧喷涂或搅拌焊接，给予气缸盖全新使用寿命；冷喷涂修复和动态平衡，有效延长高性能的涡轮增压器的使用寿命；同时，多项尖端技术和最先进的测量技术，将等离子电弧喷涂、孔形喷涂应用于缸体，将薄层应用于喷油嘴等关键零部件，确保表面修复达到最新设计标准。

经过十几年的发展及生产规模的扩大，卡特彼勒再制造上海工厂第二座厂房于2012年7月正式启用，如今工厂员工已增加至110多名，并于2015年11月在上海科学节能展示馆举办了上海工厂成立10周年庆典活动。2016年11月，卡特彼勒再制造上海工厂获得了第九届企业环保类中华宝钢环境奖，成为自该奖项设立以来第一家获得企业类环保大奖的跨国企业。

秉承着"正直、卓越、团队、承诺和可持续性"的价值观，卡特彼勒再制造上海工厂积极参加社会公益活动，包括为特殊教育学校的学生检查视力、再制造产业高校公益宣讲活动以及组织员工参加植树活动等，为建设美好的社会做出自己的努力。

卡特彼勒再制造不仅仅是翻新或回收利用，再制造产品利用旧件只需新产品一半的价格，通过修复清洗工艺和检测技术，生产出与新产品相同质量的再制造产品。再制造产品可达到原制造商所要求的规格，并能在原规格基础上做出适当的设计变更以实现产品升级，而成本远低于新产品的价格。卡特彼勒大型发动机组事业部副总裁Tana Utley女士说："作为全球领先的再制造企业，卡特彼勒的再制造业务在帮助客户降低成本的同时，为其提供了性能、耐用性及可靠性等同于新产品的再制造产品。遍布各地的销售服务网点为有设备维护和大修需求的客户提供了更多的选择，帮助他们最大限度地提高生产效率并降低设备的拥有及运营成本。"

1.4.2　卡特彼勒再制造商业模式与产品优势

旧件是卡特彼勒再制造模式的核心。没有旧件，就没有再制造。卡特彼勒再制造项目是基于一种交换模式：只要返还已经使用过的旧件（核心/母模/模心），就可以得到再制造产品作为回报。卡特彼勒再制造模式是基于交换的。再制造产品是卡特彼勒提供的支持设备和帮助降低保有和营运成本的另一种选择。

卡特彼勒再制造采用"一一交换"的商业模式，当客户消费一个再制造产品时，将退回相应的"旧件"。为激励客户退回"旧件"，卡特彼勒再制造发明了"旧件押金"返还机制。当用户购买再制造产品时，支付再制造商品价款及旧件押金；而当客户退还旧件时，可以按该旧件符合回收标准的情况，获得全部或部分旧件押金返还。通过对每一个旧件的检验，决定是返还全额旧件押金、部分旧件押金还是不返还旧件押金。

卡特彼勒再制造的工艺过程包括拆解、清洗、修复、检测、组装和包装。

在拆解环节中，核心件被拆解到最小单元，并完全失去原有的身份标识。拆解后的零件经过多轮清洗，去除油漆、油污和腐蚀，再通过卡特彼勒的标准检测，合格后可进行修复。组装常用到经过再制造的零件和部分新零件。完成组装后的产品同样需要检测，只有合格品才能被赋予一个再制造零件序列号，获得新的身份标识。经过喷漆、包装，最终形成再制造产品。

"没有再制造修复，这东西（零部件）不能用了就回炉了，到宝钢了，熔掉以后再重新制造，再过来加工。现在有了再制造，就不用重新制造加工，机器人直接喷涂，所以再制造节省材料，减少二氧化碳排放。"卡特彼勒再制造上海工厂的工作人员说。

通过专业的生产流程（CPS）、科学先进的管理工具（6 Sigma）和先进的表面修复技术推进再制造的快速发展，在实现产品全生命周期延展的同时，实现卡特彼勒的可持续发展战略。卡特彼勒再制造产品的优势体现在如下三点：

（1）为客户提供"低成本，高价值"的产品服务

1）低于新件的价格。

2）与新产品相同的质量。

3）与新产品相同的索赔条件。

4）全面的技术支持。

5）让客户买得起的一流产品。

（2）为企业带来诱人的业务增长

1）出色的客户认同度。

2）再制造产品需求的持续增长。

3）吸引人的商业收益。

（3）对环境的保护

1）年回收处理200多万个旧件。

2）年回收处理1.15亿 lb⊖废旧金属。

3）应用于再制造的独特设计。

4）近于"零弃物"排放。

卡特彼勒再制造及可持续发展能力体现在如下六点：

1）卡特彼勒是世界上最大的再制造商，早在2009年就实现了全年回收250万件旧件（卡特彼勒产品）。

2）卡特彼勒每年循环利用5 000万 kg废铁。

3）卡特彼勒拥有40多年从事再制造的经验，有18家再制造工厂，分布在全球7个国家。

⊖ 1 lb = 0.453 592 37 kg。

4）卡特彼勒再制造技术处于世界领先水平。

5）相对于制造一个新的发动机缸盖而言，再制造能减少 86% 的能源消耗，减少 93% 的水耗，减少 99% 的废弃物填埋空间，以及减少 61% 的温室气体排放量（密歇根理工大学于 2007 年发布）。

6）卡特彼勒已连续 9 年入选道琼斯可持续发展指数榜。

1.4.3 卡特彼勒再制造产业在我国的未来发展策略

再制造模式使可持续发展成为现实。当通过再制造的方式将寿命已终结的零部件以较低的成本重新变为质量完全等同于新产品的产品时，减轻了对环境的不良影响。今天，在我国，卡特彼勒已经将它的商业利益与我国的可持续发展利益结合在一起，向我国及我国的客户提供节能及环境友好的解决方案。卡特彼勒再制造在我国发展的核心理念是：求同存异，在充满差异性的市场环境中逐步达到对再制造产业发展的国际共识，快速推进卡特彼勒再制造在我国的发展。

为贯彻落实国家进一步扩大开放的重大举措，加快建立开放型经济新体制，2018 年 7 月 10 日，上海发布了"扩大开放 100 条"行动方案，提出要构筑更加开放的现代服务业和先进制造业产业体系。"扩大开放 100 条"中的第 47、48、49 条涉及再制造产业的发展。其中，第 47 条规定，积极争取建设国家进口高端装备再制造产业示范园区，完善管理模式，提升参与国际循环经济发展的能级。第 48 条规定，扩大企业自产设备维修、再制造服务，加快建立出口产品售后服务体系。第 49 条规定，在海关特殊监管区域内开展保税维修业务的基础上，进一步支持有条件的海关特殊监管区外企业开展高附加值、高技术含量、无污染产品的保税维修业务，实施以企业集团为单元的保税维修监管新模式。

目前，卡特彼勒专注于系统部署完整的业务模式，包括从强大的供应商到零部件制造、为本地市场开发产品、加强代理服务，并提供卡特金融和卡特再制造的服务体系。

针对"扩大开放 100 条"行动方案，临港新片区管理委员会产业发展首席规划师顾长石表示："临港地区的再制造产业园是国家布局的四大再制造产业园之一。目前我们也希望在政策层面有一些突破，能进一步促进我们循环经济、节能环保的产业发展。因为这个产业对节约资源、对将来可持续发展非常有帮助。"

卡特彼勒再制造上海工厂总经理宋峰认为，"扩大开放 100 条"行动方案的出台，对企业来讲"是一个利好政策"。从进口上讲，卡特彼勒的旧件进口情况在逐渐好转。"我刚来卡特彼勒的时候是 2006 年，当时进口的过程也不顺，我们的旧件进不来，有的旧件在海外一待就三个月、半年。通过这么多年的改善，我们现在旧件的进口过程畅通了。一个月时间我们就可以拿到旧件了。现在我们工厂80%的（旧件）都是从亚太区、欧洲区、美国过来的。"

卡特彼勒认为，再制造产业是促进人类工业文明二次提升的未来产业。它同传统产业既有联系同时又有本质的不同，如果说人类过去工业文明几百年的历史以发展、创新、消费为传统工业哲学的核心内容，那么再制造产业将意味着人类工业文明的转型，其工业哲学理念为：节约、绿色、可持续发展。再制造产业将人类未来的生存意识、环保意识、发展意识同其自身的发展紧密地结合在一起，因此再制造产业是无边界的国际性产业，最终意味着人类工业文明的本质提升和弥补传统工业对地球的过度掠夺。针对我国的现状，卡特彼勒已经通过这几年的努力逐步影响地方政府对再制造工业概念和内涵的认知，帮助其充分了解再制造能够给当地的经济和社会所带来的深远意义。而且，目前我国对再制造产业的支持已经达到了前所未有的程度，再制造企业不断涌现，但是发展速度并不如政府所期望的那么快速。其中，旧件和再制造产品尚无法自由流动是主要原因之一，因此，政府逐渐意识到旧件及再制造产品的自由进出口对于再制造产业健康发展的重要意义。其意义主要体现在以下几个方面：

1）由于再制造的产品要服务于各种年代不同型号的机器的全生命周期，因此涉及的零部件种类异常广泛，如果不能整合国际需求，是无法实现规模化生产的，从而无法获得合理的经济效益。

2）随着产品远销全球各地，我国的企业（尤其是大型国有企业）也逐渐转型成跨国企业，再制造产品将为它们增强在国际上的竞争力。所以旧件及再制造产品的自由流动是它们发展再制造业务的必然要求。

3）随着我国的进口逐年增加，我国的客户应该享有同其他国家客户同样的权利来享受高质量低价格的再制造产品，并借此提高我国客户的环保意识和社会责任感。

再制造产品不仅比原始的新产品性能更好，而且能够给客户、制造商和社会创造巨大价值。在再制造过程中，再制造产品通过全面、高标准的制造流程和严格的质量测试流程，确保再制造产品与新产品不仅外观完全一致，还要达到相同的质量标准，诸多新产品已知的缺陷也将一次性消除。与新产品相比，再制造产品能源消耗和资源消耗降低85%，水资源消耗降低86%，制造商制造成本大大降低。再制造产品售价较新产品更低，能够帮客户节省10%～50%，甚至高达65%的购置成本。

目前，在全球范围内再制造产业雇用的员工超过45万人，在欧美以外的其他国家，尤其是发展迅速的亚洲国家，再制造产业方兴未艾，潜力巨大。随着再制造产业的重要性、规模和成熟度的提升，各种熟练程度的技术人员、工程师和科学家被其吸引，投身其间，用人缺口将不可避免地急剧扩大。

"这是一个再制造的伟大时代,整个工业前进的方向已被勾勒出来。它将是未来可持续发展的世界经济的一个富有活力、高效,并日益增长的重要组成部分。"迪沙伦说:"我坚信再制造的时代浪潮正在向我们逼近。"总结起来,卡特彼勒认为其再制造产业在我国的发展策略有如下四点:

1)借助卡特彼勒再制造的全球商业理念、产业理念和各种商业模型,持续有序地与政府互动,提高地方政府部门和客户对再制造产品,尤其是旧件及再制造产品的自由进出口对再制造健康发展重要性的认知。

2)积极推进、引导各地方政府部门的横向沟通,比如海关、商检、税务部门、商务部门、工商管理部门等,而非只是纵向沟通,把已有的中央支持政策变成可操作的细则。

3)积极同地方政府进行真诚、持之以恒的沟通,探索、创新符合中国市场的新的商业模式。

4)充分认识我国市场的发展阶段,了解再制造产业在发展初期面对的矛盾和挑战(行业准入标准的欠缺、监管力度的不足、相关法规细则的模糊),和相关政府部门共同创造适合卡特彼勒或再制造行业在我国发展再制造的长远模式,比如在非开放整个旧件及再制造产品进出口的情况下特许卡特彼勒或再制造行业可以进出口旧件并销售再制造成品进入我国。

参考文献

[1] FU K, GONG X, LIANG G. Managing perishable inventory systems with product returns and remanufacturing [J]. Production and Operations Management, 2019, 28 (6): 1366-1386.

[2] ZHANG F, ZHANG R. Trade-in remanufacturing, customer purchasing behavior, and cbovernment policy [J]. Manufacturing & Service Operations Management, 2018, 20 (4): 601-616.

[3] ABBEY J, GEISMAR H, SOUZA G. Improving remanufacturing core recovery and profitability through seeding [J]. Production and Operations Management, 2018, 31 (7): 610-627.

[4] 国家发展和改革委员会办公厅. 国家发展和改革委员会办公厅关于组织开展汽车零部件再制造试点工作的通知 [EB/OL]. (2008-03-02) [2021-04-19]. http://www.gov.cn/zwgk/2008-03/06/content_911744.htm.

[5] LI X, LI Y, CAI X. Remanufacturing and pricing decisions with random yield and random demand [J]. Computers & Operations Research, 2015, 54: 195-203.

[6] 国务院. 国务院关于做好建设节约型社会近期重点工作的通知 [EB/OL]. (2005-06-27) [2021-04-19]. http://www.gov.cn/zwgj/2005-09/08/content_30265.htm.

[7] LAU H, LAU A H. Manufacturer's pricing strategy and return policy for a single-period commodity [J]. European Journal of Cperational Research, 1999, 116 (2): 291-304.

[8] 国务院. 国务院关于加快发展循环经济的若干意见 [EB/OL]. (2005-07-02) [2021-04-19]. http://www.gov.cn/zwgk/2005-09/08/content_30305.htm.

[9] 国家发展和改革委员会. 中华人民共和国国家发展和改革委员会公告2012年第8号 [EB/OL]. (2012-04-28) [2021-04-19]. http://www.gov.cn/zwgk/2012/05/14/content_2136641.htm.

[10] 国家发展和改革委员会办公厅. 关于确定第二批再制造试点的通知（发改办环资[2013] 506号）[EB/OL]. (2013-02-27) [2021-04-19]. https://www.ndrc.gov.cn/fgzs/hjyzy/stwmjs/201303/t20130321_1161117.html.

[11] 刘银. 上海已初步形成完整的专业化再制造产业链 [EB/OL]. (2015-11-10) [202-07-26]. http://shzw.eastday.com/shzw/G/20151110/u1a9095685.html.

[12] 国务院. 国务院关于印发循环经济发展战略及近期行动计划的通知 [EB/OL]. (2013-01-23) [2021-04-19]. http://www.gov.cn/zwgk/2013-02/05/content_2327562.htm.

[13] SPENGLER J J. Vertical integration and antitrust policy [J]. The journal of political economy, 1950, 58 (4): 347-352.

[14] 国务院. 国务院关于印发节能减排综合性工作方案的通知 [EB/OL]. (2007-05-23) [2021-04-19]. http://www.gov.cn/xxgk/pub/govpublic/mrlm/200803/t20080328_32749.html.

[15] 财政部,国家发展和改革委员会.关于印发《循环经济发展专项资金管理暂行办法》的通知:财建[2012]616号[EB/OL]. (2012-07-20) [2021-04-19]. http://www.nea.gov.cn/2012-09/18/c_131857344.htm.

[16] 国家发展和改革委员会环资司, 财政部经建司, 工业和信息化部节能司, 等. 关于再制造产品（再制造汽车发动机、变速箱）推广试点企业资格名单及产品型号、推广价格的公示 [EB/OL]. (2014-12-16) [2021-04-19]. https://www.ndrc.gov.cn/hdjl/wsgsjdc/201412/t20141216_1166231.html.

[17] 国务院. 国务院关于印发节能减排"十二五"规划的通知 [EB/OL]. (2012-08-06) [2021-04-19]. http://www.gov.cn/zhengce/content/2012/08/12/content_2728.htm.

[18] 国家发展和改革委员会, 财政部, 工业和信息化部, 等. 关于印发再制造产品"以旧换再"试点实施方案的通知 [EB/OL]. (2013-07-04) [2021-04-19]. http://www.gov.cn/zwgk/2013-08/27/content_2474527.htm.

[19] LUND R T, MUNDIAL B. Remanufacturing: the experience of the United States and implications for developing countries [M]. Washington DC: World Bank, 1984.

[20] THIERRY M, SALOMON M, VAN NUNEN J, et al. Strategic issues in product recovery management [J]. California Management Review, 1995, 37 (2): 114-135.

[21] GUIDE V D R, VAN WASSENHOVE L N. Managing product returns for remanufacturing [J]. Production and Operations Management, 2001, 10 (2): 142-155.

[22] GUIDE V D R. Production planning and control for remanufacturing: industry practice and research needs [J]. Journal of Operations Management, 2000, 18 (4): 467-483.

[23] GUIDE V D R, TEUNTER R H, VAN WASSENHOVE L N. Matching demand and supply to maximize profits from remanufacturing [J]. Manufacturing & Service Operations Management, 2003, 5 (4): 303-316.

[24] GALBRETH M R, BLACKBURN J D. Optimal acquisition quantities in remanufacturing with condition uncertainty [J]. Production and Operations Management, 2010, 19 (1): 61-69.

[25] BAKAL I S, AKCALI E. Effects of random yield in remanufacturing with price-sensitive supply and demand [J]. Production and Operations Management, 2006, 15 (3): 407-420.

[26] SUN X, LI Y, GOVINDAN K, et al. Integrating dynamic acquisition pricing and remanufacturing decisions under random price-sensitive returns [J]. The International Journal of Advanced Manufacturing Technology, 2013, 68 (4): 933-947.

[27] YANO C A, LEE H L. Lot sizing with random yields: a review [J]. Operations Research, 1995, 43 (2): 311-334.

[28] 楼高翔,周可,周虹,等. 面向随机需求的绿色再制造综合生产计划 [J]. 系统管理学报, 2016, 25 (1): 156-164.

[29] 顾巧论,季建华. 基于市场的再制造/制造系统集成库存随机最优控制研究 [J]. 系统工程理论与实践, 2006, 26 (1): 53-59.

[30] HE Y. Acquisition pricing and remanufacturing decisions in a closed-loop supply chain [J]. International Journal of Production Economics, 2015, 163 (2): 48-60.

[31] OKYAY H K, KARAESMEN F, ÖZEKICI S. Newsvendor model with random supply and demand [J]. Optimization Letter, 2014, 8: 983-999.

[32] TAO Z, ZHOU S X, TANG C S. Managing a remanufacturing system with random yield: properties, observations, and heuristics [J]. Production and Operations Management, 2012, 21 (5): 797-813.

[33] GÜLER M G, BILGIÇ T. On coordinating an assembly system under random yield and random demand [J]. European Journal of Operational Research, 2009, 196 (1): 342-350.

[34] LI J, DU W, YANG F, et al. Evolutionary game analysis of remanufacturing closed-loop supply chain with asymmetric information [J]. Sustainability, 2014, 6 (9): 6312-6324.

[35] ZHAO S, ZHU Q. Remanufacturing supply chain coordination under the stochastic remanufacturability rate and the random demand [J]. Annals of Operations Research, 2015, 18 (9): 1-35.

[36] WEI J, GOVINDAN K, LI Y, et al. Pricing and collecting decisions in a closed-loop supply chain with symmetric and asymmetric information [J]. Computers & Operations Research, 2015, 54: 257-265.

[37] ABBEY J D, BLACKBURN J D, GUIDE V D R. Optimal pricing for new and remanufactured products [J]. Journal of Operations Management, 2015, 36: 130-146.

[38] FERRER G, SWAMINATHAN J M. Managing new and remanufactured products [J]. Management Science, 2006, 52 (1): 15-26.

[39] FERRER G, SWAMINATHAN J M. Managing new and differentiated remanufactured products [J]. European Journal of Operational Research, 2010, 203 (2): 370-379.

[40] WU C. Price and service competition between new and remanufactured products in a two-echelon supply chain [J]. International Journal of Production Economics, 2012, 140 (1): 496-507.

[41] YENIPAZARLI A. Managing new and remanufactured products to mitigate environmental damage under emissions regulation [J]. European Journal of Operational Research, 2016, 249 (1): 117-130.

[42] DE GIOVANNI P. Environmental collaboration in a closed-loop supply chain with a reverse revenue sharing contract [J]. Annals of Operations Research, 2014, 220 (1): 135-157.

[43] ARSHINDERS, KANDA A, DESHMUKH S G. Supply chain coordination: perspectives, empirical studies and research directions [J]. International Journal of Production Economics, 2008, 115 (2): 316-335.

[44] GOVINDAN K, POPIUC M N. Reverse supply chain coordination by revenue sharing contract: a case for the personal computers industry [J]. European Journal of Operational Research, 2014, 233: 326-336.

[45] FEI H, CHENG-CHEW L, ZUDI L. Coordination of supply chains with a flexible ordering policy under yield and demand uncertainty [J]. International Journal of Production Economics, 2013, 146 (2): 686-693.

[46] CHOI T J, CHIU C. Risk analysis in stochastic supply chains: a mean-risk approach [M]. New York: Springer Science + Business Media, 2012.

[47] ELTON E J, GRUBER M J, BROWN S J, et al. Modern portfolio theory and investment analysis [M]. 9th ed. Hoboken: John Wiley & Sons, 2013.

[48] LUCIANO E, PECCATI L, CIFARELLI D M. VaR as a risk measure for multiperiod static inventory models [J]. International Journal of Production Economics, 2003, 81-82: 375-384.

[49] XU X, MEMG Z, SHEN R, et al. Optimal decisions for the loss-averse newsvendor problem under CVaR [J]. International Journal of Production Economics, 2015, 164 (6): 146-159.

[50] CHENG L, WAN Z, WANG G. Bilevel newsvendor models considering retailer with CVaR objective [J]. Computers & Industrial Eengineering, 2009, 57 (1): 310-318.

[51] LUO Z, WANG J, CHEN W. A risk-averse newsvendor model with limited capacity and outsourcing under the CVaR criterion [J]. Journal of Systems Science and Systems Engineering, 2015, 24 (1): 49-67.

[52] YANG L, XU M, YU G, et al. Supply chain coordination with CVaR criterion [J]. Asia-Pacific Journal of Operational Research, 2009, 26 (1): 135-160.

[53] EECKHOUDT L, GOLLIER C, SCHLESINGER H. The risk-averse (and prudent) newsboy [J]. Management Science, 1995, 41 (5): 786-794.

[54] AGRAWAL V, SESHADRI S. Impact of uncertainty and risk aversion on price and order quantity in the newsvendor problem [J]. Manufacturing & Service Operations Management, 2000, 2 (4): 410-422.

[55] MA L, LIU F, LI S, et al. Channel bargaining with risk-averse retailer [J]. International Journal of Production Economics, 2012, 139 (1): 155-167.

[56] ROCKAFELLAR R T, URYASEV S. Optimization of conditional value-at-risk [J]. Journal of Risk, 2000, 2: 21-42.

[57] CHOI T, LI D, YAN H. Mean-variance analysis of a single supplier and retailer supply chain

[57] under a returns policy [J]. European Journal of Operational Research, 2008, 184 (1): 356-376.

[58] CHOI T, LI D, YAN H. Mean-variance analysis for the newsvendor problem [J]. IEEE Transactions on Systems Man and Cybernetics Part A-Systems and Humans, 2008, 38 (5): 1169-1180.

[59] CHOI T, LI D, YAN H, et al. Channel coordination in supply chains with agents having mean-variance objectives [J]. Omega, 2008, 36 (4): 565-576.

[60] WU J, LI J, WANG S, et al. Mean-variance analysis of the newsvendor model with stockout cost [J]. Omega, 2009, 37 (3): 724-730.

[61] GAO P, WANG X, JING Y. Coordination and differential price of closed-loop supply chain with risk aversion [J]. Application Research of Computers, 2013, 30 (5): 1427-1431.

[62] CHIU C, CHOI T. Supply chain risk analysis with mean-variance models: a technical review [J]. Annals of Operations Research, 2013, 240 (2): 1-19.

[63] TAPIERO C S. Value at risk and inventory control [J]. European Journal of Operational Research, 2005, 163 (3): 769-775.

[64] GOTOH J, TAKANO Y. Newsvendor solutions via conditional value-at-risk minimization [J]. European Journal of Operational Research, 2007, 179 (1): 80-96.

[65] CHEN F Y, YANO C A. Improving supply chain performance and managing risk under weather-related demand uncertainty [J]. Management Science, 2010, 56 (8): 1380-1397.

[66] OEZLER A, TAN B, KARAESMEN F. Multi-product newsvendor problem with value-at-risk considerations [J]. International Journal of Production Economics, 2009, 117 (2): 244-255.

[67] CHAHAR K, TAAFFE K. Risk averse demand selection with all-or-nothing orders [J]. Omega-international Journal of Management Science, 2009, 37 (5): 996-1006.

[68] CHIU C, CHOI T, TANG C S. Price, rebate, and returns supply contracts for coordinating supply chains with price-dependent demands [J]. Production and Operations Management, 2011, 20 (1): 81-91.

[69] BORGONOVO E, PECCATI L. Finite change comparative statics for risk-coherent inventories [J]. International Journal of Production Economics, 2011, 131: 52-62.

[70] JAMMERNEGG W, KISCHKA P. Newsvendor problems with VaR and CVaR consideration [M] //CHOI T M. Handbook of newsvendor problems: models, extensions and applications. Berlin: Springer, 2012: 197-216.

[71] ATKINSON A A. Incentives, uncertainty, and risk in the newsboy problem [J]. Decision Sciences, 1979, 10 (3): 341-353.

[72] LAU H. The newsboy problem under alternative optimization objectives [J]. Journal of the Operational Research Society, 1980, 31 (6): 525-535.

[73] KEREN B, PLISKIN J S. A benchmark solution for the risk-averse newsvendor problem [J]. European Journal of Operational Research, 2006, 174 (3): 1643-1650.

[74] TAPIERO C S, KOGAN K. Risk-averse order policies with random prices in complete market

and retailers' private information [J]. European Journal of Operational Research, 2009, 196 (2): 594-599.

[75] WANG C X, WEBSTER S. The loss-averse newsvendor problem [J]. Omega-international Journal of Management Science, 2009, 37 (1): 93-105.

[76] CHOI S, RUSZCZYNSKI A, ZHAO Y. A multiproduct risk-averse newsvendor with law-invariant coherent measures of risk [J]. Operations Research, 2011, 59 (2): 346-364.

[77] BOUAKIZ M, SOBEL M J. Inventory control with an exponential utility criterion [J]. Operations Research, 1992, 40 (3): 603-608.

[78] CHEN X, SIM M, SIMCHI-LEVI D, et al. Risk aversion in inventory management [J]. Operations Research, 2007, 55 (5): 828-842.

[79] GIRI B C. Managing inventory with two suppliers under yield uncertainty and risk aversion [J]. International Journal of Production Economics, 2011, 133 (1): 80-85.

[80] XIE G, YUE W, WANG S, et al. Quality investment and price decision in a risk-averse supply chain [J]. European Journal of Operational Research, 2011, 214 (2): 403-410.

[81] SANKARASUBRAMANIAN E, KUMARASWAMY S. Note on "optimal ordering quantity to realize a pre-determined level of profit" [J]. Management Science, 1983, 29 (4): 512-514.

[82] PARLAR M, WENG Z K. Balancing desirable but conflicting objectives in the newsvendor problem [J]. IIE Transactions, 2003, 35 (2): 131-142.

[83] SHI C V, GUO L. Profit target setting for multiple divisions: a newsvendor perspective [M]. New York: Springer, 2012.

[84] SHI C, CHEN B. Pareto-optimal contracts for a supply chain with satisficing objectives [J]. Journal of the Operational Research Society, 2007, 58 (6): 751-759.

[85] SHI C, YANG S, XIA Y, et al. Inventory competition for newsvendors under the objective of profit satisficing [J]. European Journal of Operational Research, 2011, 215 (2): 367-373.

[86] ZHANG D, XU H, WU Y. Single and multi-period optimal inventory control models with risk-averse constraints [J]. European Journal of Operational Research, 2009, 199 (2): 420-434.

[87] WU J, YUE W Y, YAMAMOTO Y, et al. Risk analysis of a pay to delay capacity reservation contract [J]. Optimization Methods & Software, 2006, 21 (4): 635-651.

[88] HSIEH C, LU Y. Manufacturer's return policy in a two-stage supply chain with two risk-averse retailers and random demand [J]. European Journal of Operational Research, 2010, 207 (1): 514-523.

[89] MA L, LIU F, LI S, et al. Channel bargaining with risk-averse retailer [J]. International Journal of Production Economics, 2012, 139 (1): 155-167.

[90] WU J, WANG S, CHAO X, et al. Impact of risk aversion on optimal decisions in supply contracts [J]. International Journal of Production Economics, 2010, 128 (2): 569-576.

[91] CALISKAN-DEMIRAG O, CHEN Y F, LI J. Customer and retailer rebates under risk aversion [J]. International Journal of Production Economics, 2011, 133 (2): 736-750.

[92] CHIU C, ZHENG J, CHOI T. Optimal pricing and inventory decisions for fashion retailers un-

der value-at-risk objective [J]. Fashion Supply Chain Management: Industry and Business Analysis, 2011, 5: 100-109.

[93] VAN MIEGHEM J A. Capacity management, investment, and hedging: review and recent developments [J]. Manufacturing & Service Operations Management, 2003, 5 (4): 269-302.

[94] VAN MIEGHEM J A. Risk mitigation in newsvendor networks: resource diversification, flexibility, sharing, and hedging [J]. Management Science, 2007, 53 (8): 1269-1288.

[95] WU J, LI J, WANG S, et al. Mean-variance analysis of the newsvendor model with stockout cost [J]. Omega, 2009, 37 (3): 724-730.

[96] LIU N, CHOI T, YUEN C M, et al. Optimal pricing, modularity, and return policy under mass customization [J]. IEEE Transactions on Systems, Man, and Cybernetics-Part A: Systems and Humans, 2012, 42 (3): 604-614.

[97] XIN G, SHI C, XIE Y, et al. Research on closed-Loop remanufacturing supply chain with third-Party collection and government subsidies [J]. Industrial Engineering Journal, 2012, 15 (6): 70-75.

[98] GAN X H, SETHI S P, YAN H M. Coordination of supply chains with risk-averseagents [J]. Production and Operations Management, 2004, 13 (2): 135-149.

[99] CHEN Y, SESHADRI S. Supply chain structure and demand risk [J]. Automatica, 2006, 42 (8): 1291-1299.

[100] WANG W, DA Q. Study on premium and penalty mechanisms for the electronic product reverse supply chain considering the leading of government [J]. Chinese Journal of Management Science, 2010, 18: 62-67.

[101] ZHANG S, ZHANG J, LENG K. Pricing strategy and coordination mechanism of remanufacturing closed-loop supply chain based on government incentives [J]. Computer Integrated Manufacturing Systems, 2012, 18 (12): 2750-2755.

[102] COHEN M C, LOBEL R, PERAKIS G. The impact of demand uncertainty on consumer subsidies for green technology adoption [J]. Management Science, 2016, 62 (5): 1235-1258.

[103] GILG A, BARR S, FORD N. Green consumption or sustainable lifestyles? Identifying the sustainable consumer [J]. Futures, 2005, 37 (6): 481-504.

[104] GINSBERG J M, BLOOM P N. Choosing the right green marketing strategy [J]. MIT Sloan Management Review, 2004, 46 (1): 79.

[105] SAMUELSON P A. Using full duality to show that simultaneously additive direct and indirect utilities implies unitary price elasticity of demand [J]. Econometrica: Journal of the Econometric Society, 1965, 33 (4): 781-796.

[106] TELLIS G J. The price elasticity of selective demand: a meta-analysis of econometric models of sales [J]. Journal of Marketing Research, 1988, 25 (4): 331-341.

[107] THIMMAPURAM P R, KIM J. Consumers' price elasticity of demand modeling with economic effects on electricity markets using an agent-based model [J]. IEEE Transactions on Smart Grid, 2013, 4 (1): 390-397.

[108] ATASU A, SARVARY M, VAN WASSENHOVE L N. Remanufacturing as a marketing strategy

[J]. Management Science, 2008, 54 (10): 1731-1746.

[109] COSKUN S, OZGUR L, POLAT O, et al. A model proposal for green supply chain network design based on consumer segmentation [J]. Journal of Cleaner Production, 2016, 110: 149-157.

[110] CACHON G P, LARIVIERE M A. Supply chain coordination with revenue-sharing contracts: strengths and limitations [J]. Management Science, 2005, 51 (1): 30-44.

第 2 篇

机械装备再制造供应链关键决策问题

第 2 章

考虑客户环境偏好和政府补贴政策的再制造供应链决策问题

本章研究再制造供应链在考虑客户环境偏好和政府补贴政策时的再制造产品定价和再制造补贴分配问题。本章考虑了客户不同的环境偏好，首先建立了再制造供应链定价和政府补贴分配的决策模型，并分析了再制造产品定价和政府补贴分配间的关系，接着考虑了客户环境偏好的变化对再制造供应链决策的影响。最后指出客户群体分割的需求价格弹性系数权重可作为度量客户群体环境偏好的指标。

2.1 问题描述及决策模型框架

2.1.1 问题描述

再制造可以节约资源，循环利用废弃产品的材料和价值，减少废弃产品填埋压力，因而带来了环境和经济两方面的效益，越来越多的客户选择购买再制造产品。但由于对再制造产品性能的疑虑，存在部分客户对再制造产品接受度较低的问题。再制造产品的较低接受度导致再制造商存在低利润率的问题。先前研究者针对客户的偏好和对绿色产品的购买行为聚类出了不同的客户群体，一些客户倾向于购买再制造产品，但是他们对再制造产品的价格比较敏感。另外一些客户倾向于购买新产品，原因是他们对再制造产品的性能和可靠性存在疑虑。再制造商首先需要去探究客户对于再制造产品的潜在的偏好，然后才能制定出正确的再制造销售价格。基于在加拿大 Devon 抽取的 1 600 名用户的调查，Gilg 等人（2005）识别出了至少四类具有不同环保意识的客户。显然，具有更高环保意识的客户具有更高的购买意愿，更倾向于购买再制造产品。然而，一个绿色的再制造产品的合理营销策略应该是要认识到大多数客户在购买再制造产品时，他们不会在传统产品的一些属性，例如便利性、实用性、价格、质量和性能等方面，做出妥协。因此，考虑到市场客户潜在的环境偏好，对不同客户群体做恰当分类来为再制造产品合理定价成为再制造供应链内部协调之后所亟须处理的一件事情。本章期望建立一个决策模型来为再制造供应链的产品定价提供决策支持，这是本章所要考虑的首要问题。

另外，在发展中国家，对再制造产业的激励措施已经被政府所采用，包括提供补贴资金扶持再制造的发展等政策措施。例如我国政府已经对再制造载货汽车发动机的生产厂商提供了补贴。为了扩展再制造产品的消费受众，我国一些再制造商把所有的补贴资金都转移给了客户。但与此同时，带来的问题是政府补贴资金无法用于降低再制造商的再制造成本。此外，给予客户的此种补贴转移措施是否可以以及可以促使多少客户购买再制造产品是不明晰的。因此，政府补贴资金在再制造供应链和客户间的合理分配是再制造供应链所亟须研究的。这既可以降低再制造供应链的再制造成本,又能吸引潜在的客户购买再制造产品,且对于那些具有较高环保意识的客户而言更加重要。因此,除了考虑客户不同的环境偏好下的再制造产品定价问题,本章所研究的再制造供应链决策模型同时考虑了再制造供应链和客户间的政府补贴的分配问题。在一个再制造系统中,同时考虑客户的不同的环境偏好和政府补贴如何分配两个问题的文献较少,这是因为考虑两个部分的联合决策问题是困难的。因此本章的主要贡献是通过采用再制造案例调研和数学优化方法,建立一个再制造供应链的决策模型,决策模型在权衡利润损失和补贴激励二者的同时,兼顾外部客户环境偏好不同所带来的影响。

2.1.2 决策模型框架

本节聚焦于一阶再制造供应链,包含了一个再制造商(再制造商通过收益共享契约整合了零售商,因此再制造商和零售商可看作一个整体,下文统一用"再制造供应链"代替"经过契约整合的再制造供应链")、潜在的客户和一个外部的参与者,即政府。客户的环境偏好影响了自身对再制造产品的购买意愿。如前文所述,不同的客户群体拥有不同的环境偏好。所以为了区别客户群体对于再制造产品的环境偏好,本书假定客户群体有不同的需求曲线。通过借鉴之前的研究,本书选择 PED 作为区分客户群体的指标。

此外,本节亦考虑政府补贴政策的引入对客户购买行为激励的影响,将之一并加入决策模型中。再制造供应链的决策可大致分为两部分。首先,再制造供应链通过研究不同客户群体针对再制造产品的 PED 来认知各个客户群体的环境偏好。其次,由于假设中考虑了再制造补贴作为对客户需求的激励因素,为了提高资金的使用效率,再制造供应链应该合理地使用政府补贴资金来激励各个客户群体,达到增加不同环境偏好客户群体需求的同时兼顾自身利润。本章假定再制造政府补贴是以与再制造产品销量成正比例的形式发放的,且再制造政府补贴全部给予再制造商(再制造商所获政府补贴将通过第 3 章所提供的收益共享契约分配给零售商等订立契约后的再制造供应链利益相关方)。在获得政府补贴之后,再制造供应链需要决定以下三个问题:①再制造产品新的价格;②是否分配一部分政府补贴给客户;③若分配补贴给客户,在给定再制造产品价格时,需要分配多大百分比的补贴给客户。

以济南复强动力和郑州特约维修站组成的再制造供应链为例,图 2-1 表明了再制造供应链的决策模型框架。在图 2-1 中,一方面,客户的环境偏好影响了再制造供应链的再制造产品销量。另一方面,再制造供应链的产品定价和补贴分配的比率影响了各个客户分割群体的购买行为。除此以外,政府的补贴政策作为一个外生影响因素影响了再制造供应链整体的决策。

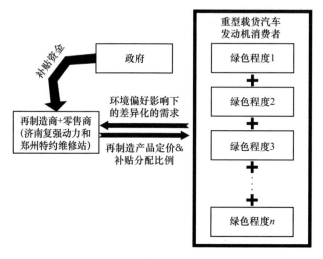

图 2-1　再制造供应链的决策模型框架

2.2　再制造供应链决策模型

2.2.1　模型符号和研究假设

本节所建模型中的符号和假设表示如下：

Δ：潜在的购买再制造产品的客户数量。

i：拥有绿色程度为 $i \in \{1,2,\cdots,n\}$ 的客户群体，其中 n 的取值取决于实践中的具体分类情况。客户群体依其环境偏好 β_i 排序，即客户群体 i 拥有比客户群体 k（$k = i+1, i+2, \cdots, n$）更高的环境偏好。

α_i：客户群体 i 所占的百分比，显然，$\sum_i \alpha_i = 1$。

β_i：客户群体 $i \in \{1,2,\cdots,n\}$ 的相应的 PED。

q_i：客户群体 $i \in \{1,2,\cdots,n\}$ 中购买再制造产品的数量。

D：购买再制造产品的总需求，显然，$D = \sum_{i=1}^{n} q_i$。

c_r：单位产品的再制造成本。

c_t：单位产品的获取和运输成本。

G_s：单位产品的政府补贴量。

θ：政府补贴作为折扣补贴给客户的比例。

p_r：单位产品的再制造产品销售价格。

本章的研究假设如下：

1）假定拥有更高的环境偏好的客户拥有更高的再制造产品的购买意愿。因此 $\beta_1 \leq \beta_2 \leq \cdots \leq \beta_n$。类似的假设也出现在之前的研究中。Atasu、Sarvary 等研究人员在他们的研究中假设了两类有区别的客户群体，一类客户群体拥有比另一类客户群体更高的价格敏感性。

2）假设再制造旧件回收和运输成本是线性依赖于再制造旧件回收数量的。此类假设条件见诸之前的研究。

3）假设更高的再制造产品销售价格对再制造的需求有负面的影响。因此，本章假设再制造需求是价格的线性递减函数。其他的需求函数，例如等弹性需求函数见诸其他研究。然而需要指出，一般而言使用非线性函数并不会增加更多的管理方面的启示，但却会使模型的分析显著复杂化。

4）假设作为一个折扣给予客户的补贴资金对客户的需求有积极的影响。因此，本章假定需求函数是客户获得补贴资金量的线性递增函数。

2.2.2 决策模型构建

为了区分客户不同的环境意识，再制造商和零售商依据绿色程度将潜在的数量为 Δ 的客户分为不同的群体。也就是说，不同的绿色程度的客户群体分割具有不同的 PED，即 β_i 被用来表示各个客户群体。

具有价格弹性 β_i 的客户群体，购买再制造产品的数量为

$$q_i = \begin{cases} \alpha_i \Delta (1 - \beta_i p_r), & p_r < \dfrac{1}{\beta_i} \\ 0, & p_r \geq \dfrac{1}{\beta_i} \end{cases}, \quad i \in \{1, 2, \cdots, n\} \quad (2\text{-}1)$$

式中，$p_r < \dfrac{1}{\beta_i}$ 是为了确保 $q_i \geq 0$。

因此，对再制造供应链而言，总需求为各个客户群体的购买数量之和，需求函数表示为

$$D = \sum_{i=1}^{n} q_i = \begin{cases} \sum_{i=1}^{k} \alpha_i \Delta (1 - \beta_i p_r), & p_r < \dfrac{1}{\beta_k} \\ 0, & p_r \geq \dfrac{1}{\beta_n} \end{cases}, \quad k \in \{1, 2, \cdots, n\} \quad (2\text{-}2)$$

上式是政府补贴未被引入时的客户需求函数。由前面的假设，以折扣的形式分配给客户的补贴对需求有积极的影响，且补贴与再制造购买数量成正比，因此各个客户群体的需求均须做出调整。式（2-3）即表示再制造供应链分享一部分补贴（θG_s）给客户时客户群体 i 的购买数量。

$$q_i = \begin{cases} \alpha_i \Delta [1 - \beta_i(p_r - \theta G_s)], & p_r < \dfrac{\beta_i \theta G_s + 1}{\beta_i} \\ 0, & p_r \geq \dfrac{\beta_i \theta G_s + 1}{\beta_i} \end{cases}, \quad i \in \{1, 2, \cdots, n\} \quad (2\text{-}3)$$

式中，$p_r < \dfrac{\beta_i \theta G_s + 1}{\beta_i}$ 是为了确保 $q_i \geq 0$。

类似地，当再制造供应链分享一部分补贴给客户时，相应的总需求函数 D 被替换成如下公式：

$$D = \sum_{i=1}^{n} q_i = \begin{cases} \sum_{i=1}^{k} \alpha_i \Delta [1 - \beta_i(p_r - \theta G_s)], & p_r < \dfrac{\beta_k \theta G_s + 1}{\beta_k} \\ 0, & p_r \geq \dfrac{\beta_i \theta G_s + 1}{\beta_i} \end{cases}, \quad k \in \{1, 2, \cdots, n\}$$

(2-4)

进一步地，在给出补贴情形下的需求曲线函数后，再制造供应链的利润函数为

$$\Pi_{\text{withsubsidy}} = \sum_{\{i \mid \beta_i < \frac{1}{p_r - \theta G_s}\}} \alpha_i \Delta \left[1 - \beta_i \left(p_r - \underbrace{\theta G_s}_{\text{Subsidy\_sharing}}\right)\right] \left[p_r - c_r - c_t + \underbrace{(1-\theta) G_s}_{\text{Subsidy\_incentive}}\right]$$

(2-5)

式中再制造的销售价格 p_r 和政府补贴的分配比例 θ 是决策变量。而式（2-5）中，$(1-\theta)G_s$ 可看作政府补贴对于再制造供应链的激励。

2.3 决策模型分析

在上节给出问题描述和模型表述之后，本节通过一些定理和观察的形式展示和讨论模型的分析结果。首先讨论再制造供应链需要分配给客户的最优补贴比例。其次分析再制造供应链的产品定价。再分析客户环境偏好发生改变对最优决策的影响，这对在实践中再制造商动态把握客户环境意识变化很重要。最后，本节提出一个客户环境偏好的新的衡量指标，再制造供应链最大化自身利润的充分必要条件亦在讨论中给出。

再制造供应链关于两个决策变量 p_r 和 θ 最大化自身期望利润，利润函数为

$$\max_{\theta, p_r} \Pi_{\text{withsubsidy}} = \sum_{\{i \mid \beta_i < \frac{1}{p_r - \theta G_s}\}} \alpha_i \Delta \left[1 - \beta_i \left(p_r - \underbrace{\theta G_s}_{\text{Subsidy\_sharing}}\right)\right] \left[p_r - c_r - c_t + \underbrace{(1-\theta) G_s}_{\text{Subsidy\_incentive}}\right]$$

s.t. $\begin{cases} p_r < \dfrac{\beta_i \theta G_s + 1}{\beta_i} \\ \theta \in [0, 1] \end{cases}$

(2-6)

2.3.1 最优补贴分配比例

为了求出再制造供应链的利润函数中各决策变量的最优值，检查利润函数关于 θ 的一阶和二阶偏导数，可得

$$\begin{cases} \dfrac{\partial \Pi_{\text{withsubsidy}}(\theta,p_{\text{r}})}{\partial \theta} = \sum\limits_{\{i \,|\, \beta_i < \frac{1}{p_{\text{r}}-\theta G_{\text{s}}}\}} \alpha_i \Delta G_{\text{s}} \{\beta_i [2p_{\text{r}} - c_{\text{r}} - c_{\text{t}} + (1-2\theta)G_{\text{s}}] - 1\} \\ \dfrac{\partial^2 \Pi_{\text{withsubsidy}}(\theta,p_{\text{r}})}{\partial \theta^2} = \sum\limits_{\{i \,|\, \beta_i < \frac{1}{p_{\text{r}}-\theta G_{\text{s}}}\}} -2\alpha_i \beta_i \Delta G_{\text{s}}^2 < 0 \end{cases} \quad (2\text{-}7)$$

由于 $\dfrac{\partial^2 \Pi_{\text{withsubsidy}}(\theta,p_{\text{r}})}{\partial \theta^2} < 0$，可得性质 2.1。

性质 2.1 利润函数为关于政府补贴分配比例 θ 的凹函数（本书中函数凹凸性的判断与数学教材相反）。

由于 $\Pi_{\text{withsubsidy}}$ 是关于 θ 的二次连续可微的凹函数，令其对 θ 的一阶偏导数为 0，得

$$\theta(p_{\text{r}}) = -\dfrac{1}{2G_{\text{s}} \sum\limits_{\{i \,|\, \beta_i < \frac{1}{p_{\text{r}}-\theta G_{\text{s}}}\}} \alpha_i \beta_i} + \dfrac{2p_{\text{r}} - c_{\text{r}} - c_{\text{t}}}{2G_{\text{s}}} + \dfrac{1}{2} \quad (2\text{-}8)$$

由式（2-8）可以看出，最优值 θ^* 是关于客户分割 $(\alpha_i,\beta_i)_{i=1,2,3,\cdots,n}$，再制造产品销售价格 p_{r} 和政府补贴 G_{s} 的函数。

定理 2.1 给定一个再制造产品销售价格 p_{r}，再制造供应链给予客户的最优补贴分配比例 θ^* 为

$$\theta^* = -\dfrac{1}{2G_{\text{s}} \sum\limits_{\{i \,|\, \beta_i < \frac{1}{p_{\text{r}}-\theta G_{\text{s}}}\}} \alpha_i \beta_i} + \dfrac{2p_{\text{r}} - c_{\text{r}} - c_{\text{t}}}{2G_{\text{s}}} + \dfrac{1}{2} \quad (2\text{-}9)$$

由定理 2.1，有如下观察：

观察 2.1 给定一个再制造产品销售价格 p_{r}，再制造供应链给予客户的最优补贴分配比例 θ^* 由三部分构成：第一部分是与各个客户群体的 PED 的权重和成反比的，准确地来说，是满足条件 $\beta_i < \dfrac{1}{p_{\text{r}}-\theta G_{\text{s}}}$ 的所有的客户的"PED 的权重和"，该权重和表示全体客户的环境偏好；第二部分是与再制造产品的销售价格成正比的，即 $\theta \propto p_{\text{r}}$；第三部分是一个重要的临界值 $\dfrac{1}{2}$。

观察 2.1 表明，再制造供应链关于给予客户的补贴分配比例由多方因素所决定。既有再制造产品的销售价格和再制造成本等内因，亦有外部整体客户的

环境偏好等外因。而这些内外因素围绕着一个重要的临界值$\frac{1}{2}$变化。

观察2.2 给定一个再制造产品销售价格p_r，当"各个客户群体的PED的权重和"，即$\sum_{\{i\,|\,\beta_i<\frac{1}{p_r-\theta G_s}\}}\alpha_i\beta_i$增加时，再制造供应链给予客户的最优补贴分配比例$\theta^*$增加。

观察2.2表明，若客户对价格变得相对不敏感（PED变低）并且各个客户群体所占比例保持不变时，一个较低的给予客户的补贴分配比例θ可增加再制造供应链的利润。再制造商和零售商可获得更高的补贴分配比例来补偿自身的成本。

观察2.3 再制造产品销售价格p_r增加时，再制造供应链给予客户的最优补贴分配比例θ^*增加。

观察2.4 当再制造成本c_r增加或者是再制造产品的获取和运输成本c_t增加时，再制造供应链给予客户的最优补贴分配比例θ^*减少。

观察2.4表明当再制造商的再制造成本c_r增加或零售商的再制造产品获取和运输成本c_t增加时，再制造供应链获得的补贴分配比例需相应提高，补贴更多被用来补偿再制造供应链自身的成本。

观察2.5 当$\sum_{\{i\,|\,\beta_i<\frac{1}{p_r-\theta G_s}\}}\alpha_i\beta_i(2p_r-c_r-c_t)\leq 1$时，再制造供应链给予客户的最优补贴分配比例$\theta^*$随着政府补贴$G_s$的增加而增加；反之，当$\sum_{\{i\,|\,\beta_i<\frac{1}{p_r-\theta G_s}\}}\alpha_i\beta_i(2p_r-c_r-c_t)>1$时，再制造供应链给予客户的最优补贴分配比例$\theta^*$随着政府补贴$G_s$的增加而减少。

观察2.5表明政府补贴G_s的改变对再制造供应链给予客户的最优补贴分配比例θ^*的影响是不确定的。该改变的影响取决于满足条件$\beta_i<\frac{1}{p_r-\theta G_s}$的所有的客户群体的"PED的权重和"。

2.3.2 再制造产品最优销售价格

在本节中，当给定再制造补贴分配比例θ时，考察再制造产品的销售价格p_r。$\Pi_{\text{withsubsidy}}$关于p_r的二次偏导数为负，即$\frac{\partial^2 \Pi_{\text{withsubsidy}}(\theta,p_r)}{\partial p_r^2}=\sum_{\{i\,|\,\beta_i<\frac{1}{p_r-\theta G_s}\}}-2\alpha_i\beta_i\Delta<0$，有如下性质：

性质2.2 再制造供应链的利润$\Pi_{\text{withsubsidy}}$是关于再制造产品销售价格p_r的凹函数。

类似地，当给定再制造补贴分配比例 θ 时，再制造产品的最优销售价格由定理2.2给出。

定理2.2 当给定再制造补贴分配比例 θ 时，再制造产品的最优销售价格 p_r^* 可表示为

$$p_r^* = \frac{1}{2\sum_{\{i|\beta_i<\frac{1}{p_r-\theta G_s}\}}\alpha_i\beta_i} + \frac{(2\theta-1)G_s+c_r+c_t}{2} \quad (2\text{-}10)$$

通过定理2.2，可得如下观察：

观察2.6 当给定再制造补贴分配比例 θ 时，再制造产品的最优销售价格 p_r^* 由三部分构成：第一部分是反比于客户 PED 的权重和的（该权重和 $\sum_{\{i|\beta_i<\frac{1}{p_r-\theta G_s}\}}\alpha_i\beta_i$ 是客户环境偏好的指标）；第二部分是正比于再制造补贴分配比例 θ 的；第三部分恰好是再制造成本 c_r 和旧件获取和运输成本 c_t 的一半。

观察2.7 给定再制造补贴分配比例 θ，当客户 PED 的权重和 $\sum_{\{i|\beta_i<\frac{1}{p_r-\theta G_s}\}}\alpha_i\beta_i$ 增加时，再制造产品的最优销售价格 p_r^* 降低。

观察2.7表明，若客户对价格变得相对不敏感（PED 降低时）并且各个客户群体所占比例保持不变时，增加再制造产品的销售价格 p_r 可增加再制造供应链的利润。

观察2.8 当再制造成本 c_r 和再制造产品的获取和运输成本 c_t 增加时，再制造产品的销售价格 p_r 增加。

观察2.8是显然的，当再制造商拥有更高的再制造成本 c_r 或零售商拥有更高的再制造产品获取或运输成本 c_t 时，再制造商和零售商需要增加其销售价格来弥补利润率的不足。但是，再制造产品销售价格的增加量仅仅是成本增加量的一半，即当成本增加时，再制造商和零售商选择自身承担成本增加量的一半而仅仅转移另一半的成本给客户。

观察2.9 当再制造供应链给予客户的最优补贴分配比例 $\theta \geq \frac{1}{2}$ 时，p_r 随着政府补贴 G_s 的增加而增加；反之，当该比例 $\theta < \frac{1}{2}$ 时，p_r 随着政府补贴 G_s 的增加而减少。

观察2.9表明政府补贴 G_s 的改变对再制造产品的销售价格 p_r^* 的影响是不确定的。该改变的影响取决于"客户获得的政府补贴分配比例是否高于或低于一个重要的临界值 $\frac{1}{2}$"。

2.3.3 客户环境偏好的趋势变化对再制造供应链决策的影响

当客户购买绿色产品例如再制造产品时,他们有助于为未来创造一个更加可持续的消费理念。伴随着客户环境保护意识的提高,客户对环境友好型的绿色产品的偏好显著提高。因此,在实践中客户的环境偏好是动态的,且会短时期内发生显著的改变。图 2-2 展示了当客户的环境偏好趋向更环保时的两种情形。第一种情形代表不同客户群体所占比例 α 变动的同时各个客户群体的 PED 保持不变。此时有:对任意的 $k \in \{1,2,3,\cdots,n\}$,$\sum_{i=1}^{k} \alpha_i' \geqslant \sum_{i=1}^{k} \alpha_i$ 成立。这种比例 α 的变动表现为绿色客户群体的扩张。第二种情形代表各个客户群体的 PED 变动的同时不同客户群体所占比例 α 保持不变。这种情景下的变动体现在所有客户群体对再制造产品价格敏感性的降低。此时存在一个 $k \in \{1,2,3,\cdots,n\}$,$\sum_{i=1}^{k} \beta_k' \leqslant \sum_{i=1}^{k} \beta_k$ 成立。

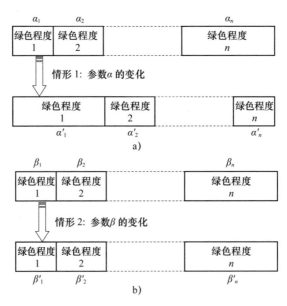

图 2-2 客户环保意识的变化

注:绿色程度越高表示客户的环保意识越好。

如图 2-2a 所示,在第一种情形中,若对任意的 $k \in \{1,2,3,\cdots,n\}$,$\sum_{i=1}^{k} \alpha_i' \geqslant \sum_{i=1}^{k} \alpha_i$ 均成立,又由于已知 $\beta_1 \leqslant \beta_2 \leqslant \cdots \leqslant \beta_n$,则有 $\sum_{\{i \mid \beta_i < \frac{1}{p_r - \theta G_s}\}} \alpha_i' \beta_i \geqslant$

$\sum_{\{i|\beta_i<\frac{1}{p_r-\theta G_s}\}} \alpha_i\beta_i$。通过定理 2.1 和定理 2.2，可知此情形下的客户环境偏好的趋势变化有 $p_r'\leq p_r$ 和 $\theta'\geq\theta$ 成立，即再制造产品的最优销售价格减少，同时客户获得的政府补贴比例增加。

在图 2-2b 所示的情形中，若对一个 $k\in\{1,2,3,\cdots,n\}$，$\sum_{i=1}^{k}\beta_i'\leq\sum_{i=1}^{k}\beta_k$ 成立，又由于各个客户群体所占的比例 α 保持不变，则有 $\sum_{\{i|\beta_i<\frac{1}{p_r-\theta G_s}\}}\alpha_i\beta_{i'}\leq\sum_{\{i|\beta_i<\frac{1}{p_r-\theta G_s}\}}\alpha_i\beta_i$。通过定理 2.1 和定理 2.2，可知此情形下的客户环境偏好的趋势变化有 $p_r'\geq p_r$ 和 $\theta'\leq\theta$ 成立，即再制造产品的最优销售价格增加，同时客户获得的政府补贴比例降低。

定理 2.3 给出了客户环境偏好的变化与再制造供应链的定价和补贴分配等决策间的关联关系。

定理 2.3 对任意的 $i\leq\frac{n}{2}$，$\frac{\partial\theta^*(\alpha_i,p_r)}{\partial\alpha_i}\geq 0$ 和 $\frac{\partial p_r^*(\alpha_i,\theta)}{\partial\alpha_i}\leq 0$ 成立。对任意给定的 i，有 $\frac{\partial\theta^*(\beta_i,p_r)}{\partial\beta_i}\geq 0$ 和 $\frac{\partial p_r^*(\beta_i,\theta)}{\partial\beta_i}\leq 0$ 成立。若针对再制造产品，客户有更高的环保意识与倾向，再制造商和零售商可以增加再制造产品的销售价格同时提供给客户一个较低的政府补贴分配比例。

定理 2.3 分析了关于客户的再制造市场参数的变化对最优产品定价和政府补贴分配比例的影响。较低的 β_i，意味着较低的 PED，此时客户可以被分类为"较高的环境偏好"的分割群体，即绿色客户群体。一旦再制造商和零售商观察到绿色客户群体在扩大或者各个客户群体的 PED 在降低，则可通过定理 2.1 和定理 2.2 来改变其再制造产品的销售价格。同理，当观察到此类客户变动趋势，给予客户的补贴分配比例可适当降低而不必担心影响再制造供应链自身的收益。

2.3.4 客户环境偏好的衡量指标

在学术界，研究者通常采用客户的支付意愿作为客户购买意愿或环境偏好的一个常用的衡量指标，此类研究工作可见 Benassi 等人（2016），Debo 等人（2005），Xiong 等人（2011）研究者的相关研究。例如，Zhu 等人（2016）采用客户的支付意愿来研究客户面向不同的质保和包换期时的接受程度。客户的支付意愿更适合于实证研究，通常基于问卷调查来进行统计，分析处理得出研究结论。然而，当在定量模型中分析再制造供应链的成本结构时，客户的需求函数的表达十分必要。与客户的支付意愿对比来看，客户的 PED 更适合定量研究。

事实上，用客户的 PED 可以很容易刻画客户的需求曲线。基于客户的 PED 作为区分环境偏好的指标，本章为再制造商和零售商提供了另外一个度量客户环境偏好的衡量指标，即 $\sum_{\{i\,|\,\beta_i<\frac{1}{p_r-\theta G_s}\}}\alpha_i\beta_i$，通过该指标再制造商和零售商可以了解客户的再制造购买潜力。

定理 2.4 提供了在给定客户群体 $(\alpha_i,\beta_i)_{i=1,2,3,\cdots,n}$ 下再制造商和零售商的最大化再制造供应链期望利润的一个充分必要条件。

定理 2.4 给定一个关于客户环境偏好的群体 $(\alpha_i,\beta_i)_{i=1,2,3,\cdots,n}$ 和一个政府补贴政策 G_s，下述条件满足时可使再制造供应链自身利润最大化：

$$\underbrace{p_r+(1-\theta)G_s}_{\mathrm{remanufacturers'\_gain\_per\_product}} \equiv \frac{1}{2\sum_{\{i\,|\,\beta_i<\frac{1}{p_r-\theta G_s}\}}\alpha_i\beta_i}+\frac{c_r+c_t+G_s}{2} \tag{2-11}$$

另外，若再制造产品销售价格 p_r 和给予客户的政府补贴分配比例 θ 满足式（2-11），则再制造供应链可获得最大的期望利润。

观察 2.10 给定一个关于客户环境偏好的群体 $(\alpha_i,\beta_i)_{i=1,2,3,\cdots,n}$ 和一个政府补贴政策 G_s，在可以最大化再制造供应链期望利润的最优解集 $(p_r,\theta)|_{\max \Pi(p_r,\theta)}$ 中，(p_r,θ) 满足规则：再制造产品的销售价格 p_r 和再制造供应链获得的单件产品的政府补贴之和为一个定值。

值得指出的是，在满足条件"再制造产品销售价格 p_r 和再制造供应链获得的单件产品的政府补贴之和为一个定值"之前，一些相对比较苛刻的前提条件必须满足。在实践中，怎么刻画各个不同客户群体 i 的 PED 即 β_i 是再制造商和零售商面临的共同挑战，尤其是当客户的环境偏好时刻有着变化的趋势时。

从式（2-11）可得，对再制造供应链而言，一个便捷且易操作的销售价格 p_r 和补贴分配的解决方式满足如下关系式

$$\begin{cases} p_r = \dfrac{1}{2\sum_{\{i\,|\,\beta_i<\frac{1}{p_r-\theta G_s}\}}\alpha_i\beta_i}+\dfrac{c_r+c_t}{2} \\ \theta = \dfrac{1}{2} \end{cases} \tag{2-12}$$

对于分配给客户的政府补贴份额，简单地使之等于 $\dfrac{1}{2}$ 即可，这简单且极易操作。式（2-12）提供了一个关于 p_r 和 θ 的权衡。对于再制造产品的 p_r 而言，它由两部分构成：第一部分与再制造供应链的再制造成本 c_r 和旧件回收和运输成本 c_t 成正比；第二部分与客户群体的"PED 的权重和"成反比，准确来说，是满足条件 $\beta_i<\dfrac{1}{p_r-\theta G_s}$ 的所有客户群体的"PED 的权重和"。

因为 $\sum_{\{i\,|\,\beta_i < \frac{1}{p_r - \theta G_s}\}} \alpha_i \beta_i$ 在决定再制造产品的最优销售价格 p_r^* 以及再制造补贴分配给客户的最优比例 θ^* 方面起到很重要的作用，而且 β_i 表征了客户对价格的敏感程度，α_i 表征了各个客户群体的权重，限制条件 $\beta_i < \frac{1}{p_r - \theta G_s}$ 框限了所有具有影响力的客户群体，由此本章可得观察 2.11。

观察 2.11 再制造商和零售商可以采用 $\sum_{\{i\,|\,\beta_i < \frac{1}{p_r - \theta G_s}\}} \alpha_i \beta_i$ 作为一个衡量指标来代表现阶段客户的环境偏好。若该指标增加，则整个客户群体表现为有对再制造产品价格不敏感的变动趋势，若减少则相反。

2.4 案例：重型载货汽车发动机再制造决策问题

为了更好地说明本研究的理论结果，本节以斯太尔 336 马力（1 马力 = 735.499 W）发动机再制造为例给出一个实际案例。本节首先介绍该案例的数据收集过程，然后给出该案例在现阶段的最优定价和给予客户的最优政府补贴比例的解集，最后演示客户环境偏好的变化对最优解集的影响。

2.4.1 重型载货汽车再制造发动机的数据收集

济南复强动力是国内领先的专业从事发动机再制造的有限责任公司。济南复强动力成立于 1995 年，隶属于中国重型汽车集团。在 2005 年 10 月被国家六部门，即国家发改委、原环保总局、科技部、财政部、商务部和国家统计局确定为国家循环经济首批示范单位。济南复强动力占地 73 000 m²，经过多年的高速发展，已形成每年 20 000 台的再制造能力。济南复强动力以斯太尔发动机及其零部件为主要产品。通过产学研探索创新，济南复强动力将自主研发的先进表面工程、无损检测和剩余寿命评估等先进的再制造关键技术应用于再制造生产，大大提升了再制造产品的品质。达到节约成本 50%、节约原材料 70%、降低能耗 60% 以上且产品整体性能不低于原型新品的要求。因此，本研究选取其中一个畅销型号再制造产品斯太尔 336 马力发动机为一个典型的产品来检验前文所建立的模型。

通过先前 Zhu 等（2016）的研究工作发现客户间不同的环境偏好可以被定义为接受再制造产品质保期限的长短和对再制造产品的购买意愿。现阶段再制造斯太尔发动机的销售价格是 44 000 元，约略多于新产品销售价格 70 000 元的 60%。再制造产品的质保期限和新产品的质保期限相同，为 6 个月。通过在济南复强动力的调研访谈，本章提出了四种不同的质保期限延长方案即 9 个月、

12个月、15个月和18个月,并提出了六种不同的再制造产品的销售价格,分别为47 000元、50 000元、53 000元、56 000、59 000元和62 000元。

为了进一步了解客户(重型载货汽车驾驶人)对于不同质保期限和销售价格产品的潜在购买意愿,面向16家4S店分发590份问卷,最终收回387份有效问卷。问卷发放情况见表2-1。

表2-1 特约维修站的再制造问卷发放情况

地区	城市	维修站	地区	城市	维修站
华中	河南郑州	宏基	华北	天津	赢信
华东	山东菏泽	鑫洲	华东	浙江杭州	冶金
华北	河北衡水	安华	华东	安徽合肥	华奥
华中	河南南阳	众帮	华中	湖北武汉	洪山
华中	河南洛阳	烨伟	华中	湖南长沙	德畅
华中	河南开封	相通	华东	江西九江	通伟
华北	山西朔州	华鑫	西北	陕西西安	瑞通
华北	山西吕梁	交运	东北	辽宁大连	华亿

所有的387份有效问卷均显示在价格44 000元时重型载货汽车驾驶人有购买该型号再制造发动机的意愿。因此,可将销售价格在44 000元时的销量记为387台,即 $D\vert_{p_r=44\,000\mathrm{CNY}}=387$ 台。通过调查发现,在延长至18个月质保期时重型载货汽车驾驶人的购买意愿可以分割为六部分。在387名重型载货汽车驾驶人中,愿意在原销售价格44 000元的基础上加价3 000元、6 000元、9 000元、12 000元、15 000元和18 000元的人数分别为7人、12人、15人、317人、26人和10人。显然,这六个客户群体在面对该型号再制造发动机时具有不同的PED。由本研究的线性需求假设,可得

$$\boldsymbol{\beta}=(\beta_1,\beta_2,\beta_3,\beta_4,\beta_5,\beta_6)=\left(\frac{1}{62\,000},\frac{1}{59\,000},\frac{1}{56\,000},\frac{1}{53\,000},\frac{1}{50\,000},\frac{1}{47\,000}\right)$$

同时可知

$$\boldsymbol{\alpha}=(\alpha_1,\alpha_2,\alpha_3,\alpha_4,\alpha_5,\alpha_6)=\left(\frac{10}{387},\frac{26}{387},\frac{317}{387},\frac{15}{387},\frac{12}{387},\frac{7}{387}\right)$$

通过 $D\vert_{p_r=44\,000\mathrm{CNY}}=387$,$(\alpha_i,\beta_i)_{i=1,2,3,4,5,6}$ 和式(2-2),可得 $\Delta=1\,829$。

再制造一台斯太尔336马力发动机的平均单位成本为25 000元,因此 $c_r=25\,000$ 元。该型号再制造发动机的旧件获取的单位平均费用为12 500元,运输成本每台为500元,因此 $c_t=13\,000$ 元。现阶段再制造发动机的政府补贴为每台再制造产品2 000元,因此 $G_s=2\,000$ 元。

2.4.2 现阶段环境偏好下的最优补贴分配比例和最优定价

图 2-3 展示了济南复强动力斯太尔 336 马力再制造发动机的利润函数曲面。由于单位产品的再制造成本为 25 000 元，再制造旧件获取和运输成本为 13 000 元，因此再制造产品销售价格至少要在 38 000 元以上才能获得利润。另外，由于客户对再制造产品的性能仍有疑虑，因此再制造产品现阶段的销售价格仍不可能超过甚至很难接近新产品的价格，即 70 000 元。因此图 2-3 中斯太尔 336 马力发动机的销售价格范围从 38 000 元到 65 000 元。同时，政府补贴分配给客户的比例范围为 0～100%。

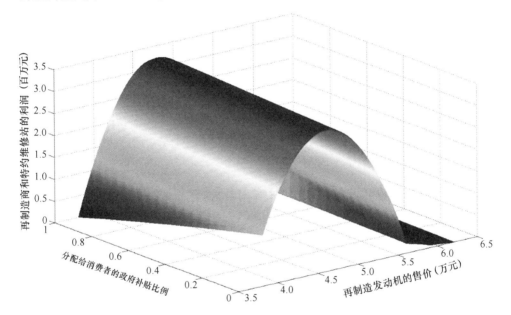

图 2-3 济南复强动力斯太尔 336 马力再制造发动机的利润函数曲面

在图 2-3 中，济南复强动力的利润曲面有几条"折痕"。这几条"折痕"是由限制条件 $\beta_i < \dfrac{1}{p_r - \theta G_s}$ 所引起的。也就是说，济南复强动力的利润曲面是一个关于独立变量 p_r 和 θ 的分段可微的连续函数，限制条件 $\beta_i < \dfrac{1}{p_r - \theta G_s}$ 导致了函数曲面可微性的分段，但未破坏函数曲面的连续性。

济南复强动力在现阶段的客户环境偏好情形下可以获得的最大期望利润为 $3.214\ 4 \times 10^6$ 元。该最大期望利润在利润曲面的如下 11 个点得到：

$\{(p_r^*, \theta^*)\} = \{(46\ 000, 4.8\%),\ (46\ 100, 9.8\%),\ (46\ 200, 14.8\%),$
$(46\ 300, 19.8\%),\ (46\ 400, 24.8\%),\ (46\ 500, 29.8\%),\ (46\ 600, 34.8\%),$

(46 700,39.8%),(46 800,44.8%),(46 900,49.8%),(47 000,54.8%)}。

对再制造商济南复强动力而言，斯太尔 336 马力再制造发动机的最优定价范围为 46 000 ~ 47 000 元，相应的，其分配给客户的最优的政府补贴比例范围为 4.8% ~ 54.8%。对比现在该型产品的销售价格 44 000 元，最优的产品销售价格要稍微高一些；对比现阶段再制造商和零售商分配给客户的政府补贴（即 0），给予客户的最优的政府补贴分配比例要高一些。

对比上述 11 个最优取值点，可知对于再制造供应链中各利益相关方而言，一个易操作的解决办法是在现有基础上增加销售价格大约每台 2 900 元，同时分配政府补贴的一半给予客户，即最优取值点 (46 900, 49.8%)。

进一步的，可以通过该再制造案例考察本研究的定理 2.4 是否成立。观察所得到的含有 11 个最优取值的解集，发现所有最优取值点均满足等式 $p_r^* + (1-\theta^*) \times 2\ 000 \equiv 47\ 904$ 恒成立。因此，此与定理 2.4 结果相一致的恒等式证实了定理 2.4 的正确性。

图 2-3 同时证明了若再制造发动机的销售价格较低（大约为 40 000 元）时，济南复强动力的利润随着再制造补贴分配给客户比例 θ 的提高而降低。若再制造产品的销售价格较高（大约 55 000 元），则济南复强动力的利润随着再制造补贴分配给客户比例 θ 的提高而增加。

2.4.3 客户环境偏好的变化对济南复强动力利润的影响

本小节分析客户环境偏好的变化对再制造供应链中再制造商，即济南复强动力利润的影响。

图 2-4 的客户环境偏好 $(\alpha_i, \beta_i)_{i=1,2,3,\cdots,n}$ 的前提假设与图 2-3 所示的相同，但是为了更容易检视客户群体的分类对济南复强动力利润的影响，将图 2-3 转换了一个视角，得到图 2-4。图 2-4 更清晰地反映了客户群体的限制条件 $\beta_i \leq \dfrac{1}{p_r - \theta G_s}$ 所产生的济南复强动力利润曲面的"折痕"。

从图 2-4 中可以看到，当再制造产品的销售价格 p_r 在区间 (38 000, 46 000) 元内增长时，济南复强动力的利润是增加的，这主要是因为：①单件再制造品的利润增加；②相对此时的销售价格，客户整体的 PED 较低导致购买再制造产品的客户减少的数量相对较少。然而，当再制造产品的销售价格 p_r 继续增加，进入区间 (47 000, 56 000) 元内，济南复强动力的利润是降低的，这主要是因为：①客户中的一部分非绿色客户即 PED 较高的客户退出了购买导致购买再制造产品的客户数量的减少相对较多；②单件再制造产品利润的增加不足以弥补购买再制造产品客户数量的急剧减少。但是，当再制造产品的销售价格继续增加到约 56 000 元时，济南复强动力的利润曲面遇到了第一个"折痕"。此时,济南复强动力之前利润的"急剧"下降速度变得比较"平缓"。这个利润下降速度的改变归因于绿色客户群体的"贡献"。绿色客户群体具有很低的 PED,绿色客户对再制造产品的销售价格相对普通客户而言不敏感。随着再制造产品销售价格的继续增加,济南复强动力的利润函数曲面会依次遇到其他"折痕",直到所有的客户群体均退出再制造产品市场。通过图 2-4 可以看到大约在 $p_r = 62\,000$ 元时已没有客户购买再制造产品,济南复强动力此时的利润为零。

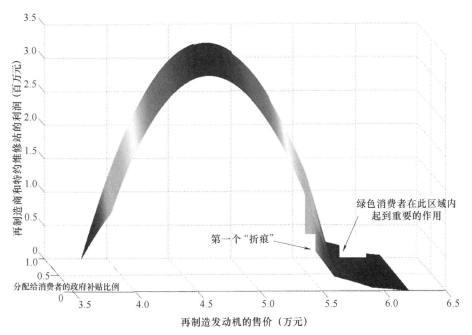

图 2-4 客户群体的分类对济南复强动力利润的影响

上述分析均是在现阶段的客户环境偏好的假定下进行的,为了检视客户群体环境偏好的改变对济南复强动力利润的影响,假定各个客户群体的 PED 发生了变化,以下介绍此时济南复强动力的应对措施。

各个客户群体的 PED 的变化分为如下两种情形:

情形 1,$\boldsymbol{\beta} = \boldsymbol{\beta}'$:

$$\boldsymbol{\beta}' = \left(\frac{1}{65\,000}, \frac{1}{62\,000}, \frac{1}{59\,000}, \frac{1}{56\,000}, \frac{1}{54\,000}, \frac{1}{50\,000}\right) \tag{2-13}$$

情形 2,$\boldsymbol{\beta} = \boldsymbol{\beta}''$:

$$\boldsymbol{\beta}'' = \left(\frac{1}{67\,000}, \frac{1}{64\,000}, \frac{1}{61\,000}, \frac{1}{58\,000}, \frac{1}{55\,000}, \frac{1}{52\,000}\right) \tag{2-14}$$

为了简化分析，假定再制造补贴分配给客户的比例为 $\theta = \frac{1}{2}$。情形1和情形2均具有比原有情形更高的客户环境偏好。图2-5展示了上述两种情形与原来情形的利润函数对比。函数曲线的迁移表明了客户环境偏好的变化对济南复强动力利润的影响。

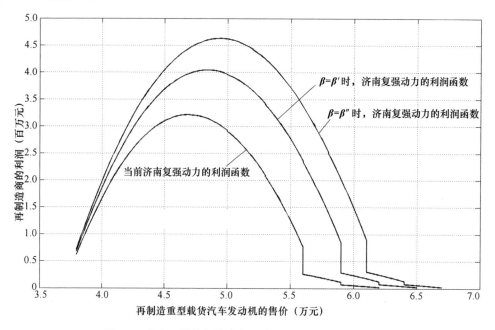

图2-5　客户环境偏好的变化对济南复强动力利润的影响

图2-5表明了当各个客户群体的PED（β）降低同时各个客户群体所占的百分比相对稳定时，济南复强动力利润的变化情况。当β降低时，各个分割群体的客户有了更高的环境偏好，此时济南复强动力可以选择更高的销售价格从而获得更多的利润。此结果与定理2.3的结果一致。

当$\beta = \beta'$情形的环境偏好迁移发生时，济南复强动力可以获得最高$4.045\,7 \times 10^6$元的利润，此时再制造产品的最优销售价格为$p_r^* = 48\,400$元，这意味着相较于以前，济南复强动力的期望利润可以增加25.86%。

当$\beta = \beta''$情形的环境偏好迁移发生时，济南复强动力可以获得最高$4.629\,7 \times 10^6$元的利润，此时再制造产品的最优销售价格为$p_r^* = 49\,400$元，这意味着济南复强动力的期望利润可以增加44.03%。

对比上述两种情形与原来情形的最大期望利润，发现客户群体的环境偏好的迁移对济南复强动力的利润有显著的影响。因此，再制造商和零售商应该认真对待客户群体的环境偏好。

2.5 管理启示

基于对再制造供应链决策模型和济南复强动力实际案例的分析，本书研究的内容在管理方面的启示总结如下：

1) 对机械装备产品的再制造商和零售商而言，识别、区分愿意使用在再制造产品的客户或者潜在客户，以及了解其购买再制造产品决策的影响因素（如政府对再制造产品的补贴政策等）是非常重要的。一些环保意识比较高的客户（如央企、跨国公司等），或者一些对产品价格敏感的客户（小企业），可能愿意率先购买再制造产品。除此以外，再制造商和零售商需要进一步了解各个客户群体的价格弹性，以及这些价格弹性参数未来的变化趋势。通过对斯太尔 336 马力再制造发动机的实际调研，重型载货汽车驾驶人的环境偏好可以被定义为对不同质保期和价格的再制造产品的购买意愿。本研究依照重型载货汽车发动机驾驶人环境偏好将客户分为六个部分，发现总共有 11 个最优值可以使济南复强动力获得最大的期望利润。在这 11 个最优值组成的最优解集中，最优的再制造产品的销售价格和政府补贴的分配比例均高于现阶段的实际情况。特别地，从实际运营中的简捷性考虑，济南复强动力可以选择分享其获得的一半政府补贴给予客户，同时将其斯太尔 336 马力再制造发动机销售价格从 44 000 元提高到 46 900 元。这些结果可以在实践中被很容易地应用。

2) 定理 2.1 和定理 2.2 表明所有满足一定限制条件的客户群体的"PED 的权重和"在影响现阶段的客户环境偏好方面起着重要的衡量指标的作用。事实上，"PED 的权重和"可以反映在再制造供应链的最优销售价格 p_r^* 和最优补贴分配比例 θ^* 的表达式中。对于再制造商例如济南复强动力而言，为了研究客户群体的"PED 的权重和"这一指标，不仅需要探究各个客户群体所占的比例以及研究各个客户群体关于再制造产品的 PED，更重要的是要把握该指标未来的变化趋势，以及采取措施（例如对再制造产品性能和环保特质的宣传等）来积极影响该指标以利于自身的发展。在研究各个客户群体的需求价格弹性时，必须要有一定的关于客户的准确且有说服力的市场调研。

3) 对于政府而言，一些切实可行的努力措施（如针对再制造的宣传推介、补贴激励措施、政府采购时对再制造产品的优先考虑等）是转变非绿色客户为绿色客户、转变低环境偏好客户群体为相对较高环境偏好客户群体所必须实施的。定理 2.3 论述了若客户有环境偏好变动趋势时，再制造产品的最优销售价格和最优的政府补贴比例如何相应地变化。通过对济南复强动力的斯太尔 336 马力再制造发动机的调查研究，若六个客户群体的 PED 变小时，$\beta = \beta'$ 情形下济南复强动力的期望利润会增加 25.86% 至 $4.045\ 7 \times 10^6$ 元，相应的再制造产品的

销售价格须增加至 $p_r^* = 48\,400$ 元；$\boldsymbol{\beta} = \boldsymbol{\beta}''$ 情形下济南复强动力的期望利润会增加 44.03% 至 $4.629\,7 \times 10^6$ 元，相应的再制造产品的销售价格须增加至 $p_r^* = 49\,400$ 元。伴随着政府、再制造商以及零售商的宣传和客户自身环境保护意识的提高，客户在将来对于再制造产品的价格会"愈加不敏感"。

在本章中，再制造供应链在面对政府补贴政策和客户具有不同环境偏好的现状时，需要权衡再制造产品定价和分配给客户的政府补贴间的关系，从本质上说这是一个再制造供应链的优化问题。本章运用调查研究和数学优化的相关方法研究了再制造商面临的多重决策问题，对该问题建立了一个决策模型，综合考虑到了再制造产品的销售价格、政府补贴分配给客户的比例、客户群体内部的环境偏好以及彼此间的相互影响。该模型是在考虑到不同客户拥有不同的环境偏好及再制造供应链面临政府外部的补贴的背景下建立的，模型的目标为最大化再制造供应链的期望利润。该模型的适应性被一个业界领先的重型载货汽车发动机再制造产品的案例所诠释。通过对利润损失和补贴激励二者间的权衡，同时兼顾外部客户环境偏好不同所带来的影响，本节给出了再制造商和零售商的关于补贴分配比例和再制造产品价格的最优决策。得到以下结论：

1）最优的再制造产品销售价格和最优的政府补贴分配比例均反比于各个客户群体的"PED 的权重和"。因此，再制造商和零售商可将"PED 的权重和"作为客户环境偏好的一个衡量指标。若该指标增加，整个客户群体表现为有对再制造产品价格不敏感的变动趋势，此时再制造商和零售商可以提高再制造产品的销售价格同时降低再制造补贴分配给客户的比例而不用担心自身利润的损失。

2）分配一定比例的政府补贴给客户对再制造供应链利润率的提升有益。而分配给客户的政府补贴分配比例与再制造产品的销售价格密切相关。在决定再制造产品销售价格和给客户的政府补贴分配比例两个变量时，再制造商需要考虑两个变量相互间的作用，并在客户环境偏好给定的前提下使两者满足一定的规则。特别地，在一个再制造重型载货汽车发动机的实际案例中，本研究提供了一个方案，该方案建议再制造商可以分配一半的政府补贴给客户同时制定略高于现有再制造产品销售价格的定价，这既满足再制造供应链期望利润最大化的前提条件又简便易操作。

3）再制造商和零售商不应仅仅局限于关注当前的客户群体的 PED，同时也要把控客户未来环境偏好的变化趋势。再制造商和零售商一旦认知到绿色客户群体的比例在扩张，或者各客户群体的 PED 在降低，则可以通过调高再制造产品的销售价格并调低给客户的再制造补贴的分配比例的措施以增加期望利润，这些措施并不会造成再制造商和零售商利润的损失反而会增加其利润。除此以外，对政府而言，可以主动要求再制造商和零售商分配一定比例的补贴给客户来促进客户需求的改变。进一步，政府和再制造商以及零售商需要采取切实的努力措施（例如再制造产品推介、补贴激励、税收减免等）来尽可能地转换非绿色客户为更具环境偏好的绿色客户。更多的客户选择采用节能、环保、价廉质优的再制造产品会使所有利益相关方获益。

参 考 文 献

[1] KERR W, RYAN C. Eco-efficiency gains from remanufacturing: a case study of photocopier remanufacturing at Fuji Xerox Australia [J]. Journal of Cleaner Production, 2001, 9 (1): 75-81.

[2] SUNDIN E, BRAS B. Making functional sales environmentally and economically beneficial through product remanufacturing [J]. Journal of Cleaner Production, 2005, 13 (9): 913-925.

[3] ZHU Q, SARKIS J, LAI K H. Supply chain-based barriers for truck-engine remanufacturing in China [J]. Transportation Research Part E: Logistics and Transportation Review, 2015, 68: 103-117.

[4] ATASU A, SARVARY M, VAN WASSENHOVE L N. Remanufacturing as a marketing strategy [J]. Management Science, 2008, 54 (10): 1731-1746.

[5] GILG A, BARR S, FORD N. Green consumption or sustainable lifestyles? Identifying the sustainable consumer [J]. Futures, 2005, 37 (6): 481-504.

[6] GINSBERG J M, BLOOM P N. Choosing the right green marketing strategy [J]. MIT Sloan Management Review, 2004, 46 (1): 78-84.

[7] WANG Y, CHANG X, CHEN Z, et al. Impact of subsidy policies on recycling and remanufacturing using system dynamics methodology: a case of auto parts in China [J]. Journal of Cleaner Production, 2014, 74: 161-171.

[8] ZHAO S, ZHU Q. Remanufacturing supply chain coordination under the stochastic remanufacturability rate and the random demand [J]. Annals of Operations Research, 2015, 237 (1-2): 661-695.

[9] LI J, DU W, YANG F, et al. Evolutionary game analysis of remanufacturing closed-loop supply chain with asymmetric Information [J]. Sustainability, 2014, 6 (9): 6312-6324.

[10] WEI J, GOVINDAN K, LI Y, et al. Pricing and collecting decisions in a closed-loop supply chain with symmetric and asymmetric information [J]. Computers & Operations Research, 2015, 54: 257-265.

[11] FERRER G, SWAMINATHAN J M. Managing new and remanufactured products [J]. Management Science, 2006, 52 (1): 15-26.

[12] FERRER G, SWAMINATHAN J M. Managing new and differentiated remanufactured products [J]. European Journal of Operational Research, 2010, 203 (2): 370-379.

[13] WU C H. Price and service competition between new and remanufactured products in a two-echelon supply chain [J]. International Journal of Production Economics, 2012, 140 (1): 496-

507.

[14] ABBEY J D, BLACKBURN J D, GUIDE V D R. Optimal pricing for new and remanufactured products [J]. Journal of Operations Management, 2015, 36: 130-146.

[15] YENIPAZARLI A. Managing new and remanufactured products to mitigate environmental damage under emissions regulation [J]. European Journal of Operational Research, 2016, 249 (1): 117-130.

[16] WEI J, ZHAO J. Reverse channel decisions for a fuzzy closed-loop supply chain [J]. Applied Mathematical Modelling, 2013, 37 (3): 1502-1513.

[17] MA W M, ZHAO Z, KE H. Dual-channel closed-loop supply chain with government consumption-subsidy [J]. European Journal of Operational Research, 2013, 226 (2): 221-227.

[18] WANG K Z, ZHAO Y X, CHENG Y H, et al. Cooperation or competition? Channel choice for a remanufacturing fashion supply chain with government subsidy [J]. Sustainability, 2014, 6 (10): 7292-7310.

[19] COHEN M C, LOBEL R, PERAKIS G. The impact of demand uncertainty on consumer subsidies for green technology adoption [J]. Management Science, 2016, 62 (5): 1235-1258.

[20] SHI W B, MIN K J. Remanufacturing decisions and implications under material cost uncertainty [J]. International Journal of Production Research, 2015, 53 (21): 6421-6435.

[21] MITRA S, WEBSTER S. Competition in remanufacturing and the effects of government subsidies [J]. International Journal of Production Economics, 2008, 111 (2): 287-298.

[22] CHEN C L. Design for the environment: a quality-based model for green product development [J]. Management Science, 2001, 47 (2): 250-263.

[23] DO PAÇO A M, RAPOSO M. "Green" segmentation: an application to the Portuguese consumer market [J]. Marketing Intelligence & Planning, 2009, 27 (3): 364-379.

[24] DO PAÇO A M, RAPOSO M. Green consumer market segmentation: empirical findings from Portugal [J]. International Journal of Consumer Studies, 2010, 34 (4): 429-436.

[25] WU C H. Product-design and pricing strategies with remanufacturing [J]. European Journal of Operational Research, 2012, 222 (2): 204-215.

[26] COSKUN S, OZGUR L, POLAT O, et al. A model proposal for green supply chain network design based on consumer segmentation [J]. Journal of Cleaner Production, 2016, 110: 149-157.

[27] TELLIS G J. The price elasticity of selective demand: a meta-analysis of economic models of sales [J]. Journal of Marketing Research, 1988, 25 (4), 331-341.

[28] SAMUELSON P A. Using full duality to show that simultaneously additive direct and indirect utilities implies unitary price elasticity of demand [J]. Econometrica: Journal of the Econometric Society, 1965, 33 (4): 781-796.

[29] THIMMAPURAM P R, KIM J. Consumers' price elasticity of demand modeling with economic effects on electricity markets using an agent-based model [J]. IEEE Transactions on Smart Grid, 2013, 4 (1): 390-397.

[30] GALBRETH M R, BLACKBURN J D. Optimal acquisition and sorting policies for remanufac-

turing [J]. Production and Operations Management, 2006, 15 (3): 384-392.
[31] CAI X, LAI M, LI X, et al. Optimal acquisition and production policy in a hybrid manufacturing/remanufacturing system with core acquisition at different quality levels [J]. European Journal of Operational Research, 2014, 233 (2): 374-382.
[32] XIONG Y, ZHAO Q, ZHOU Y. Manufacturer-remanufacturing vs supplier-remanufacturing in a closed-loop supply chain [J]. International Journal of Production Economics, 2016, 176: 21-28.
[33] BENASSI C, CASTELLANI M, MUSSONI M. Price equilibrium and willingness to pay in a vertically differentiated mixed duopoly [J]. Journal of Economic Behavior & Organization, 2016, 125: 86-96.
[34] DEBO L G, TOKTAY L B, VAN WASSENHOVE L N. Market segmentation and product technology selection for remanufacturable products [J]. Management Science, 2005, 51 (8): 1193-1205.
[35] ZHU Q, LI H, ZHAO S, et al. Redesign of service modes for remanufactured products and its financial benefits [J]. International Journal of Production Economics, 2016, 171: 231-240.

第 3 章

基于博弈分析的三种再制造模式对比研究

3.1 问题描述及模型框架

进入 21 世纪，资源短缺和环境污染问题日益突出，使世界各国政府和企业越来越重视循环经济的发展。而实现报废汽车再利用和材料回收，最有效的方式是实现汽车零部件的再制造。

但是，原始制造商（新产品制造商）在考虑再制造时，由于缺乏再制造设备和专业技术，或者由于与新产品相比再制造产品的收益较低，许多原始制造商不愿意进行再制造。此外，原始制造商又通过知识产权对第三方的再制造活动进行限制，阻碍再制造产业的发展。这时，就会出现一种困局：一方面是政府利用各种政策法规促进再制造产业的发展，另一方面是原始制造商限制再制造产业的发展。如何有效促进再制造产业发展以及如何在促进再制造产业发展的同时，又不损害原始制造商的利益，这是现实的问题，也是本章即将解决的问题。

企业在进行再制造时，根据原始制造商是否采取知识产权保护，存在三种再制造模式：①第三方独立再制造，即原始制造商与再制造商相互独立，再制造商不受原始制造商任何限制；②外包再制造，即原始制造商把废旧产品的再制造外包给再制造商进行，再制造产品销售由原始制造商负责；③授权再制造，即原始制造商基于知识产权把废旧产品授权给再制造商进行再制造。现实中，如何选择正确的再制造模式，是原始制造商面临的困难。因此，研究不同再制造模式对原始制造商的影响，不仅可以解决上述困局，还可以为原始制造商选择再制造模式提供科学的决策依据，促进再制造产业的发展。

目前，国内外针对三种再制造模式已经开展了一系列的研究，并取得了一定的成果。

针对第三方独立再制造的研究主要有：Wu（2015）、Bulmus 等人（2014）基于博弈模型，研究独立再制造模式下原始制造商与再制造商联合销售和回收，研究得到原始制造商为保护新产品的市场份额会刻意降低新产品的供给量；Subramanian 等人（2013）研究了独立再制造模式下，原始制造商如何运用零部件通用性提高自己的利润，降低再制造商的利润；黄宗盛等人（2013）进一步研究原始制造商如何运用技术创新提高再制造商的进入门槛，以降低再制造产品市场需求和再制造商的收益，增加新产品的市场需求；更进一步，Oersdemir 等人（2014）研究原始制造商如何运用新产品的质量降低再制造产品的市场竞争力。

针对外包再制造的研究主要有：Atasu 等人（2005）基于生命周期理论，研究了企业在战略层面和操作层面如何进行外包再制造策略的管理问题；Ordoobadi（2009）通过构建多阶段博弈模型，对比分析外包再制造与原始制造商自行再制造，该研究为决策人员提供了一个有效的决策方法；Tsai 等人（2007）基于收益管理法、作业成本法和非竞争理论讨论了外包再制造决策的必要条件，研究得到在市场运营具有不确定性时应选择外包再制造；Li 等人（2009）利用遗传算法，通过对外包再制造的仿真分析，解决了外包再制造生产决策问题；王能民等人（2011）对单个产品的生产企业建立了再制造与外包再制造优化模型，研究了外包再制造与再制造的比例；Zou 等人（2016）研究了原始制造商如何通过产品质量影响外包再制造；Karakayali 等人（2007）针对汽车零部件再制造领域中废旧产品和再制造业务外包给第三方构建了两个分散模型，研究了两个分散模型如何通过契约达到协调的问题；Cai 等人（2010）基于一个制造商和一个外包再制造商构建两级供应链模型，研究了外包再制造的比例系数，并基于该系数得到协调契约。

针对授权再制造的研究主要有：熊中楷等人（2012）通过对比再制造三种方式（无再制造、原始制造商从事再制造、原始制造商授权再制造）的利润变化，研究得到了只有再制造节约成本较明显时，原始制造商才会选择授权再制造。

综上可知，目前针对三种再制造模式的研究主要集中在以下三个方面：①第三方独立再制造下，原始制造商如何降低再制造产品的市场竞争力；②外包再制造下，原始制造商如何决策外包数量和契约，使制造/再制造供应链达到最优；③授权再制造下，授权再制造对制造/再制造供应链的影响以及如何选择授权再制造条件。

现有研究取得了较多成果，但缺少针对三种再制造模式的对比分析，因此无法为原始制造商的再制造模式选择提供有效的决策支持。基于此，本章针对三种再制造模式，构建制造/再制造博弈模型，分析在不同的情况下，原始制造商会采取何种再制造模式。进一步对比分析三种再制造模式对两种产品单位销售价格、销售量、销售利润和环境的影响。本章研究主要得到了：①原始制造商通过外包再制造或授权再制造可以转移再制造收益，增加自己的收益，将再制造对其的威胁变成对其收益的增加；②当单位再制造产品销售价格相对于单位新产品销售价格客户最低接受度（本章简称折价）大于某一阈值时，原始制造商选择授权再制造对其最优，且当折价居于某一区间时，原始制造商选择授权再制造对双方都有利；③当单位再制造产品与单位新产品对环境造成的影响比小于某一阈值时，再制造才有利于降低对环境造成的影响。

本章基于第三方独立再制造、外包再制造、授权再制造构建由一个原始制造商和一个再制造商组成的博弈模型。其中，在第三方独立再制造下，原始制造商只生产新产品，决策变量为单位新产品的销售价格。但是，授权再制造下，原始制造商还需要决策单位再制造产品的授权费用（本章中用专利费用表示），再制造商需要决策单位再制造产品的销售价格。在外包再制造下，原始制造商决策单位新产品和单位再制造产品的销售价格，再制造商决策单位再制造产品的外包再制造费用。

决策顺序：

第三方独立再制造时，原始制造商与再制造商在完全市场竞争下，分别决策单位新产品和单位再制造产品的销售价格（本章为了便于求解，利用需求函数与单位销售价格的关系，转化为求解两种产品的需求量）。

授权再制造时，原始制造商首先决策单位再制造产品的授权费用（一般通过收取专利费用来实现授权再制造），然后原始制造商与再制造商根据市场竞争关系决策两种产品的单位销售价格。

外包再制造时，再制造商首先决策单位再制造产品的外包再制造费用，然后原始制造商根据单位再制造产品的外包再制造费用和市场竞争关系决策两种产品的单位销售价格。

根据博弈论的求解顺序可知，在授权再制造时，先求解两种产品的单位销售价格，再根据两种产品最优单位销售价格求解专利费用；在外包再制造时，先求解两种产品的单位销售价格，再根据两种产品最优单位销售价格求解单位再制造产品的外包再制造费用。

三种再制造模式博弈如图 3-1 所示。

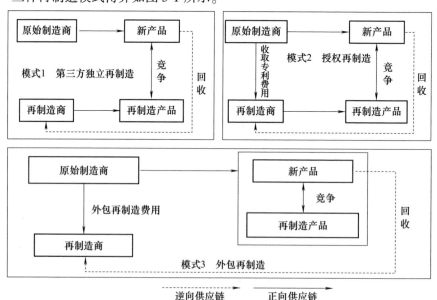

图 3-1 三种再制造模式博弈

3.2 模型符号与模型函数介绍

3.2.1 模型符号

n：原始制造商。
r：再制造商。
c：单位新产品制造成本。
s：制造单位再制造产品与制造单位新产品相比节约的成本。
τ：废旧产品的回收率。
d：第三方独立再制造模式。
s：授权再制造模式。
w：外包再制造模式。
e_n：生产单位新产品对环境造成的影响。
e_r：生产单位再制造产品对环境造成的影响（$e_n > e_r$）。
z：单位再制造产品的授权费用，即专利费用。
w：单位再制造产品的外包费用。
p_{in}：单位新产品的销售价格，其中 $i \in \{d, s, w\}$。
q_{in}：新产品的需求量，其中 $i \in \{d, s, w\}$。
p_{ir}：单位再制造产品的销售价格，其中 $i \in \{d, s, w\}$。
q_{ir}：再制造产品的需求量，其中 $i \in \{d, s, w\}$。
π_{in}：原始制造商的收益，其中 $i \in \{d, s, w\}$。
π_{ir}：再制造商的收益，其中 $i \in \{d, s, w\}$。

3.2.2 模型函数介绍

本章借鉴 Oersdemir 等人（2014）的研究，设 θ 为购买单位产品的客户支付意愿，且 θ 服从 $[0, 1]$ 的均匀分布，即 $\theta \sim U[0, 1]$。记 δ 为折价，则购买单位新产品的客户剩余为：$U_n = \theta - p_n$，购买单位再制造产品的客户剩余为：$U_r = \delta\theta - p_r$。只有当购买单位新产品的客户剩余大于购买单位再制造产品的客户剩余，即 $U_n > U_r$ 时，客户才购买新产品，则购买新产品的意愿区间为：$\Theta_n = \{\theta | U_n > \max\{U_r, 0\}\}$。类似可知，客户购买再制造产品的意愿区间为：$\Theta_r = \{\theta | U_r > \max\{U_n, 0\}\}$。进而可以计算求得新产品和再制造产品的市场需求量分别为

$$\begin{cases} q_n = \int_{\theta \in \Theta_n} f(\theta) \mathrm{d}\theta = \dfrac{1 - \delta - p_n + p_r}{1 - \delta} \\ q_r = \int_{\theta \in \Theta_r} f(\theta) \mathrm{d}\theta = \dfrac{\delta p_n - p_r}{\delta(1 - \delta)} \end{cases}$$

最终可得

$$\begin{cases} p_n = 1 - q_n - \delta q_r \\ p_r = \delta(1 - q_n - q_r) \end{cases}$$

3.3 模型构建与求解

3.3.1 第三方独立再制造

当再制造产品进入市场时，原始制造商与再制造商销售单位产品获得的利润分别为 $p_{dn} - c = 1 - q_{dn} - \delta q_{dr} - c$、$p_{dr} - c + s = \delta(1 - q_{dn} - q_{dr}) - c + s$，进而可得原始制造商与再制造商的销售利润为 $(1 - q_{dn} - \delta q_{dr} - c)q_{dn}$、$[\delta(1 - q_{dn} - q_{dr}) - c + s]q_{dr}$。由此，可得原始制造商与再制造商的决策函数为

$$\max_{q_{dn}} \pi_{dn} = (1 - q_{dn} - \delta q_{dr} - c)q_{dn} \tag{3-1}$$

$$\max_{q_{dr}} \pi_{dr} = [\delta(1 - q_{dn} - q_{dr}) - c + s]q_{dr} \tag{3-2}$$

s.t. $\quad q_{dr} \leq \tau q_{dn}$

3.3.2 授权再制造

当再制造产品进入市场时，原始制造商与再制造商销售单位产品获得的利润分别为 $1 - q_{sn} - \delta q_{sr} - c$、$\delta(1 - q_{sn} - q_{sr}) - c - z + s$，进而可得原始制造商与再制造商的销售利润为 $(1 - q_{sn} - \delta q_{sr} - c)q_{sn}$、$[\delta(1 - q_{sn} - q_{sr}) - c - z + s]q_{sr}$。但是，原始制造商利润还需要加上再制造商向新产品制造商交纳的专利费用 zq_{sr}。由此，可得原始制造商与再制造商的决策函数为

$$\max_{q_{sn}} \pi_{sn} = (1 - q_{sn} - \delta q_{sr} - c)q_{sn} + zq_{sr} \tag{3-3}$$

$$\max_{q_{sr}} \pi_{sr} = [\delta(1 - q_{sn} - q_{sr}) - c - z + s]q_{sr} \tag{3-4}$$

s.t. $\quad q_{sr} \leq \tau q_{sn}$

3.3.3 外包再制造

当再制造产品进入市场时，原始制造商销售单位新产品和单位再制造产品获得的利润分别为 $1 - q_{wn} - \delta q_{wr} - c$、$\delta(1 - q_{wn} - q_{wr}) - w$，再制造商制造单位再制造产品获得的收益为 $w - c + s$，进而可得原始制造商与再制造商的销售利润为 $(1 - q_{wn} - \delta q_{wr} - c)q_{wn} + [\delta(1 - q_{wn} - q_{wr}) - w]q_{wr}$、$(w - c + s)q_{wr}$。由此，可得原始制造商与再制造商的决策函数为

$$\max_{q_{wn}, q_{wr}} \pi_{wn} = (1 - q_{wn} - \delta q_{wr} - c)q_{wn} + [\delta(1 - q_{wn} - q_{wr}) - w]q_{wr} \tag{3-5}$$

s. t. $\quad q_{wr} \leqslant \tau q_{wn}$

$$\max_{w} \pi_{wr} = (w - c + s) q_{wr} \tag{3-6}$$

为了获得三种再制造模式下的纳什均衡解，下面给出结论 3.1。

结论 3.1 三种再制造模式下，决策函数与变量之间关系如下：

1）式（3-1）和式（3-2）分别关于 q_{dn}、q_{dr} 是凹函数。

2）式（3-3）和式（3-4）分别关于 q_{sn}、q_{sr} 是凹函数，由式（3-3）和式（3-4）得到的纳什均衡解 q_{sn}^*，q_{sr}^* 代入式（3-4），式（3-4）关于 z 是凹函数。

3）式（3-5）关于 q_{wn}，q_{wr} 是凹函数，由式（3-5）得到的纳什均衡解 q_{wn}^*，q_{wr}^* 代入式（3-6），式（3-6）关于 w 是凹函数。

证明：1）至 3）证明过程类似，且 3）的证明过程最复杂，在此，只给出 3）的具体证明过程，1）和 2）的证明类似可得。证明要分两种情况：①情况 1，再制造产品需求量不受废旧产品回收量限制（这时，$q_{wr} \leqslant \tau q_{wn}$）；②情况 2，再制造产品需求量受废旧产品回收量限制（这时，$q_{wr} > \tau q_{wn}$）。

情况 1：再制造产品需求量不受废旧产品回收量限制。证明过程如下：

对式（3-5）关于 q_{wn}、q_{wr} 求一阶和二阶偏导数可得

$$\frac{\partial \pi_{wn}}{\partial q_{wn}} = 1 - 2q_{wn} - 2\delta q_{wr} - c \tag{3-7}$$

$$\frac{\partial \pi_{wn}}{\partial q_{wr}} = -2\delta q_{wn} - 2\delta q_{wr} + \delta - w \tag{3-8}$$

$$\frac{\partial^2 \pi_{wn}}{\partial q_{wn}^2} = -2, \frac{\partial^2 \pi_{wn}}{\partial q_{wr} \partial q_{wn}} = -2\delta, \frac{\partial^2 \pi_{wn}}{\partial q_{wn} \partial q_{wr}} = -2\delta, \frac{\partial^2 \pi_{wn}}{\partial q_{wr}^2} = -2\delta$$

由此可得式（3-5）关于 q_{wn}、q_{wr} 的海森（Hessian）矩阵为

$$H = \begin{pmatrix} -2 & -2\delta \\ -2\delta & -2\delta \end{pmatrix}$$

由此可知 $|H| = 4\delta(1 - \delta) > 0$ 且主对角线元素都小于零，故式（3-5）关于 q_{wn}、q_{wr} 是凹函数。

令式（3-7）和式（3-8）等于零，并联立方程可得纳什均衡解为

$$\begin{cases} q_{wn}^* = \dfrac{1 - \delta - c + w}{2(1 - \delta)} \\ q_{wr}^* = \dfrac{\delta c - w}{2\delta(1 - \delta)} \end{cases}$$

把 q_{wn}、q_{wr} 代入式（3-6）可得

$$\max_{w} \pi_{wr} = (w - c + s) \frac{\delta c - w}{2\delta(1 - \delta)} \tag{3-9}$$

易知式（3-9）关于 w 的二阶导数为 $-\dfrac{1}{\delta(1 - \delta)} < 0$，故式（3-9）关于 w 是凹函数。

情况2：再制造产品需求量受废旧产品回收量限制。证明过程如下：
根据式 (3-5) 可得其拉格朗日函数为

$$L(q_{wn}, q_{wr}, \lambda) = (1 - q_{wn} - \delta q_{wr} - c) q_{wn} + [\delta(1 - q_{wn} - q_{wr}) - w] q_{wr} + \lambda(q_{wr} - \tau q_{wn})$$

式中，λ 为拉格朗日系数，且 $\lambda > 0$。

由 K-K-T 条件，可得

$$\begin{cases} \dfrac{\partial L(q_{wn}, q_{wr}, \lambda)}{\partial q_{wn}} = 0 \\ \dfrac{\partial L(q_{wn}, q_{wr}, \lambda)}{\partial q_{wr}} = 0 \\ \dfrac{\partial L(q_{wn}, q_{wr}, \lambda)}{\partial \lambda} = q_{wr} - \tau q_{wn} = 0 \end{cases} \quad (3\text{-}10)$$

由（式3-10）可知，$q_{wr} = \tau q_{wn}$，由此可知式 (3-5) 变为

$$\max_{q_{wn}, q_{wr}} \pi_{wn} = (1 - q_{wn} - \delta \tau q_{wn} - c) q_{wn} + [\delta(1 - q_{wn} - \tau q_{wn}) - w] \tau q_{wn} \quad (3\text{-}11)$$

式 (3-11) 关于 q_{wn} 的二阶导数为：$-2(1 + 2\delta \tau + \delta \tau^2) < 0$，即式 (3-5) 关于 q_{wn} 是凹函数。

通过式 (3-11) 可以求得纳什均衡解为

$$\begin{cases} q_{wn}^* = \dfrac{1 + \delta \tau - \tau w - c}{2(\delta \tau^2 + 2\delta \tau + 1)} \\ q_{wr}^* = \tau \left[\dfrac{1 + \delta \tau - \tau w - c}{2(\delta \tau^2 + 2\delta \tau + 1)} \right] \end{cases}$$

把 q_{wn}^*、q_{wr}^* 代入式 (3-6) 可得

$$\max_w \pi_{wr} = \tau(w - c + s) \frac{1 + \delta \tau - c - w\tau}{2(1 + 2\delta \tau + \delta \tau^2)} \quad (3\text{-}12)$$

易知式 (3-12) 关于 w 的二阶导数为 $-\dfrac{\tau^2}{(1 + 2\delta \tau + \delta \tau^2)} < 0$，故式 (3-6) 关于 w 是凹函数。

结论 3.1 证毕。

为了便于给出结论，把三种边界回收率记为

$$\tau_d = \frac{\delta(1 - c) + 2(\delta c + s - c)}{\delta[(2 - \delta)(1 - c) - (\delta c + s - c)]}$$

$$\tau_s = \frac{4(\delta c + s - c)}{\delta[(8 - 3\delta)(1 - c) - 2(\delta c + s - c)]}$$

$$\tau_w = \frac{\delta c + s - c}{\delta[(2 - c)(1 - \delta) - s]}$$

由结论 3.1 可得三种再制造模式纳什均衡解，具体见结论 3.2。

结论 3.2 三种再制造模式下的纳什均衡解具体见表 3-1 和表 3-2。

表 3-1 情况 1 下的纳什均衡解

变量	d 模式	s 模式	w 模式
p_{in}^*	$\dfrac{(2-\delta)(1+c)-(s-c)}{4-\delta}$	$\dfrac{(8-3\delta)(1+c)-2(\delta c+s-c)}{2(8-3\delta)}$	$\dfrac{1+c}{2}$
p_{ir}^*	$\dfrac{(3-\delta)\delta c+\delta-(2-\delta)(\delta c+s-c)}{4-\delta}$	$\dfrac{(8-3\delta)(\delta+c-s)+(4-\delta)(\delta c+s-c)}{2(8-3\delta)}$	$\dfrac{\delta(1+c)+(\delta-s+c)}{4}$
q_{in}^*	$\dfrac{(2-\delta)(1-c)-(\delta c+s-c)}{4-\delta}$	$\dfrac{(8-3\delta)(1-c)-2(\delta c+s-c)}{2(8-3\delta)}$	$\dfrac{(2-\delta)(1-c)-s}{4(1-\delta)}$
q_{ir}^*	$\dfrac{\delta(1-c)+2(\delta c+s-c)}{\delta(4-\delta)}$	$\dfrac{2(\delta c+s-c)}{\delta(8-3\delta)}$	$\dfrac{\delta c+s-c}{4\delta(1-\delta)}$
π_{in}^*	$\dfrac{[(2-\delta)(1-c)-(\delta c+s-c)]^2}{(4-\delta)^2}$	$\dfrac{(1-c)^2}{4}+\dfrac{(\delta c+s-c)^2}{\delta(8-3\delta)}$	$\dfrac{(1-c)^2}{4}+\dfrac{(\delta c+s-c)^2}{16\delta(1-\delta)}$
π_{ir}^*	$\dfrac{[\delta(1-c)+2(\delta c+s-c)]^2}{\delta(4-\delta)^2}$	$\dfrac{4(\delta c+s-c)^2}{\delta(8-3\delta)}$	$\dfrac{(\delta c+s-c)^2}{8\delta(1-\delta)}$
z^*	—	$\dfrac{\delta(8-3\delta-\delta c)+4(2-\delta)(s-c)}{2(8-3\delta)}$	—
w^*	—	—	$\dfrac{(1+\delta)c-s}{2}$

注:情况 1 为 $\tau>\max\{\tau_{\text{d}},\tau_{\text{s}},\tau_{\text{w}}\}$。

表 3-2 情况 2 下的纳什均衡解

变量	d 模式	s 模式	w 模式
p_{in}^*	$\dfrac{\delta+2\tau-(1+\delta\tau)(1-c)}{\delta+2\tau}$	$\dfrac{\delta+2\tau-(1+\delta\tau)(1-c)}{\delta+2\tau}$	$\dfrac{(1+\delta\tau)(3-c)+\tau[4\delta(1+\tau)-(1+\delta\tau)(\delta-c+s)]}{4(1+2\delta\tau+\delta\tau^2)}$
p_{ir}^*	$\dfrac{\delta[\delta+2\tau-(1+\tau)(1-c)]}{\delta+2\tau}$		$\delta\left[1-\dfrac{(1+\tau)(1-c)-\tau(1+\tau)(\delta-c+s)}{4(1+2\delta\tau+\delta\tau^2)}\right]$
q_{in}^*	$\dfrac{1-c}{\delta+2\tau}$		$\dfrac{1+\delta\tau-c-w\tau}{2(1+2\delta\tau+\delta\tau^2)}$
q_{ir}^*	$\tau\dfrac{1-c}{\delta+2\tau}$		$\tau\dfrac{1+\delta\tau-c-w\tau}{2(1+2\delta\tau+\delta\tau^2)}$
π_{in}^*	$\dfrac{(1-c)^2[\tau-(1-\delta)(1-\tau)]}{(\delta+2\tau)^2}$	$\dfrac{[(2c+\delta-2)\delta\tau+(1+c)\delta+2(s-c)](1-c)\tau+(\delta+2\tau-1-\delta\tau)(1-c)^2}{(2+\delta\tau)(\delta+2\tau)}$	$(p_{wn}^*-c)q_{wn}^*+(p_{wr}^*-w^*)q_{wr}^*$
π_{ir}^*	$\dfrac{\tau(1-c)[(\delta+2\tau)(\delta+s-c)-\delta(1+\tau)(1-c)]}{(\delta+2\tau)^2}$	$(p_{sn}^*-c-z^*+s)q_{sr}^*$	$(w^*-c+s)q_{wr}^*$
z^*	—	—	—
w^*	—	$\dfrac{(2c+\delta-2)\delta\tau+(1+c)\delta+2(s-c)}{2+\delta\tau}$	$\dfrac{1-c+\tau(\delta+c-s)}{2\tau}$

注：情况 2 为 $\tau < \min\{\tau_d, \tau_s, \tau_w\}$。

证明：三种再制造模式求解过程都比较类似，在此，只给出外包再制造下纳什均衡解求解过程。在情况 1 下，由一阶偏导数等于零可得纳什均衡解

$$w^* = \frac{(1+\delta)c - s}{2}$$

把 w^* 代入 $\begin{cases} q_{wn}^* = \dfrac{1-\delta-c+w}{2(1-\delta)} \\ q_{wr}^* = \dfrac{\delta c - w}{2\delta(1-\delta)} \end{cases}$

可得最优值为 $\begin{cases} q_{wn}^* = \dfrac{(2-\delta)(1-c) - s}{4(1-\delta)} \\ q_{wr}^* = \dfrac{\delta c + s - c}{4\delta(1-\delta)} \end{cases}$

再由 $p_{wn}^* = 1 - q_{wn}^* - \delta q_{wr}^*$，$p_{wr}^* = \delta(1 - q_{wn}^* - q_{wr}^*)$ 可得

$$\begin{cases} p_{wn}^* = \dfrac{1+c}{2} \\ p_{wr}^* = \dfrac{\delta(1+c) + (\delta - s + c)}{4} \end{cases}$$

把上述最优值代入决策模型，可得其最优利润为

$$\begin{cases} \pi_{wn}^* = \dfrac{(1-c)^2}{4} + \dfrac{(\delta c + s - c)^2}{16\delta(1-\delta)} \\ \pi_{wr}^* = \dfrac{(\delta c + s - c)^2}{8\delta(1-\delta)} \end{cases}$$

情况 1 得证，类似可证情况 2。

结论 3.2 证毕。

3.4 模型分析

根据结论 3.2，可得结论 3.3 至结论 3.6。

结论 3.3 授权再制造与外包再制造对原始制造商的影响：

1）当原始制造商不采取授权再制造或外包再制造时，再制造商进入市场对原始制造商是一种威胁，即 $\pi_n^* > \pi_{dn}^*$。

2）当 $\tau > \max\{\tau_s, \tau_w\}$ 时，原始制造商可以通过授权再制造或外包再制造获得再制造带来的收益，即 $\pi_n^* < \pi_{sn}^*$，$\pi_n^* < \pi_{wn}^*$。

证明：为了便于证明，首先给出再制造产品不进入市场时，原始制造商的纳什均衡解。

当再制造产品不进入市场时，市场上只存在新产品。销售单位新产品获得的利润为 $p_n - c = 1 - q_n - c$，进而可得新产品制造商的销售利润为 $(1 - q_n - c)q_n$。

由此，可得新产品制造商的决策函数为

$$\max_{q_n} \pi_n = (1 - q_n - c) q_n \tag{3-13}$$

易证式（3-13）是关于 q_n 的凹函数。对式（3-13）关于 q_n 求一阶偏导数，可得纳什均衡解 $p_n^* = \dfrac{1-c}{2}$，$\pi_n^* = \dfrac{(1-c)^2}{4}$。

1）情况 1 下：

$$\pi_n^* - \pi_{dn}^* = \frac{\delta}{2}\left[\frac{1-c}{2} + \frac{(2-\delta)(1-c)-(\delta c + s - c)}{4-\delta}\right] q_{dn}^* > 0$$

情况 2 下：

$$\pi_n^* - \pi_{dn}^* = \frac{(1-c)^2}{4}\left[1 - \frac{(2-\delta\tau)^2}{4}\right] = \frac{\delta\tau(4-\delta\tau)(1-c)^2}{16} > 0$$

2）当 $\tau > \max\{\tau_s, \tau_w\}$ 时，$\pi_{sn}^* - \pi_n^* = \dfrac{(\delta c + s - c)^2}{\delta(8-3\delta)} > 0$；$\pi_{wn}^* - \pi_n^* = \dfrac{(\delta c + s - c)^2}{16\delta(1-\delta)} > 0$。

结论 3.3 证毕。

结论 3.3 说明，原始制造商不进行授权再制造或外包再制造时，再制造产品进入市场会减少原始制造商的销售利润，即由于再制造产品单位销售价格要低于新产品的单位销售价格，不仅导致单位新产品的销售价格下降，还导致新产品的销售量下降，最终导致新产品销售利润减少。原始制造商通过进行授权再制造或外包再制造，虽然单位新产品的销售价格减少且新产品的销售量下降，但是，由于原始制造商通过授权再制造或外包再制造向单位再制造产品收取产品专利费用或外包再制造费用，增加自己收益，即原始制造商通过授权再制造或外包再制造不仅可以降低再制造带来的威胁，还可以增加自己的收益，改变自己在市场竞争中的不利地位。

管理启示：再制造在市场上的出现是一种不可避免的趋势，原始制造商通过利用知识产权，选择授权再制造或外包再制造转移再制造带来的收益，进而转变市场竞争不利地位。同时，再制造收益越大，原始制造商的收益也会增加（主要通过提高单位产品专利费用或降低单位再制造产品外包费用），因此，原始制造商可以选择再制造设计方式，降低单位再制造产品的成本，达到降低单位再制造外包费用的目标，最终增加自身的收益。

由上述分析可知，原始制造商通过授权再制造或外包再制造增加收益，但是原始制造商采取哪种策略才能对自己更有利？该问题的答案见结论 3.4。

结论 3.4 当 $\tau > \max\{\tau_s, \tau_w\}$ 时，原始制造商授权再制造或外包再制造的策略选择如下：

1）当 $\delta > \dfrac{8}{13}$ 时，原始制造商选择外包再制造，即 $\pi_{sn}^* < \pi_{wn}^*$。

2）当 $\delta < \dfrac{8}{13}$ 时，原始制造商选择授权再制造，即 $\pi_{sn}^* > \pi_{wn}^*$。

3）当 $\delta = \dfrac{8}{13}$ 时，原始制造商选择授权再制造与外包再制造没有差别，即 $\pi_{sn}^* = \pi_{wn}^*$。

证明：由 $\pi_{sn}^* - \pi_{wn}^* = \dfrac{(\delta c + s - c)^2}{16\delta(1-\delta)(8-3\delta)}(8-13\delta)$ 可知：

当 $\delta < \dfrac{8}{13}$ 时，$\pi_{sn}^* > \pi_{wn}^*$；当 $\delta > \dfrac{8}{13}$ 时，$\pi_{sn}^* < \pi_{wn}^*$；当 $\delta = \dfrac{8}{13}$ 时，$\pi_{sn}^* = \pi_{wn}^*$。

结论 3.4 证毕。

结论 3.4 说明：当 $\delta > \dfrac{8}{13}$ 时，也即当客户对再制造产品的折价大于某一阈值时，原始制造商选择进行外包再制造，主要原因是当折价大于某一阈值时，说明客户对再制造产品比较认可，购买再制造产品的意愿比较大；当 $\delta < \dfrac{8}{13}$ 时，原始制造商选择进行授权再制造，主要原因是，当折价较小时，说明客户购买再制造产品积极性不高，再制造产品对新产品造成的威胁比较小；当 $\delta = \dfrac{8}{13}$ 时，原始制造商采取授权再制造或外包再制造对自己的影响一样。

管理启示：原始制造商可以通过市场调研，获得客户对再制造产品的认可度，如果客户对再制造产品比较认可或购买再制造产品的积极性比较高，则原始制造商可以选择外包再制造，也即自己负责销售再制造产品，这样可以获取更多的再制造收益；如果客户对再制造产品不认可或购买再制造产品积极性不高，则原始制造商选择授权再制造来获取再制造收益。

结论 3.5 情况 1 下，三种再制造模式纳什均衡解对比分析

1）$p_{dn}^* < p_{sn}^* < p_{wn}^*$，$p_{dr}^* < p_{wr}^* < p_{sr}^*$。

2）$q_{wn}^* < q_{dn}^* < q_{sn}^*$，$q_{sr}^* < q_{dr}^* < q_{wr}^*$。

3）当 $\delta < \dfrac{24}{29}$ 时，$\pi_{wr}^* < \pi_{sr}^* < \pi_{dr}^*$；当 $\delta > \dfrac{24}{29}$ 时，$\pi_{sr}^* < \pi_{wr}^* < \pi_{dr}^*$。

证明：由表 3-1 可知：

已知 $0 < c < 1$，$0 < s < 1$，$c > s$，$0 \leqslant \delta \leqslant 1$

$$p_{dn}^* - p_{sn}^* = \dfrac{\delta(-8+3\delta+\delta c+4s-4c)}{2(4-\delta)(8-3\delta)} + \dfrac{8c-8s}{2(4-\delta)(8-3\delta)}$$

$$= \dfrac{8c-8s+(-8-4c+4s)\delta+(3+c)\delta^2}{2(4-\delta)(8-3\delta)}$$

首先，判断分母。因为 $0 \leqslant \delta \leqslant 1$，所以分母 $2(4-\delta)(8-3\delta) > 0$。

其次，判断分子。令 $\Psi(\delta) = 8c - 8s + (-8-4c+4s)\delta + (3+c)\delta^2$。

当 $\Psi(\delta) \leq 0$ 时，δ 范围为：$\dfrac{2(2+c-s-\sqrt{4-c(2+c)+s(2+s)})}{3+c} \leq$
$\delta \leq \dfrac{2(2+c-s+\sqrt{4-c(2+c)+s(2+s)})}{3+c}$

注：$\sqrt{4-c(2+c)+s(2+s)} > \sqrt{4-c(2+c)} > 0$，$2+c-s > 0$

由于
$$\left(\sqrt{4-c(2+c)+s(2+s)}\right)^2 - (2+c-s)^2 = 2(3+c)(s-c) < 0,$$

因此
$$\sqrt{4-c(2+c)+s(2+s)} < 2+c-s$$

因此
$$\dfrac{2(2+c-s-\sqrt{4-c(2+c)+s(2+s)})}{3+c} > 0$$

而
$$\dfrac{2(2+c-s+\sqrt{4-c(2+c)+s(2+s)})}{3+c} - 1 =$$
$$\dfrac{(1-s)+(c-s)+2\sqrt{4-c(2+c)+s(2+s)}}{3+c} > 0$$

因此
$$\dfrac{2(2+c-s+\sqrt{4-c(2+c)+s(2+s)})}{3+c} > 1$$

而已知：$0 \leq \delta \leq 1$，所以分子 $\Psi(\delta) < 0$，所以 $p_{dn}^* - p_{sn}^* < 0$
类似可证其他结论成立。

结论 3.5 证毕。

三种再制造模式对两种产品单位销售价格的影响为：第三方独立再制造下，两种产品的单位销售价格最低，这是由市场竞争造成的；在授权再制造下，单位新产品销售价格次之，主要原因是，虽然原始制造商通过专利费用降低再制造产品的竞争优势，但是，再制造产品是由再制造商负责销售，对原始制造商造成的竞争影响要大于外包再制造下对原始制造商造成的竞争影响（外包再制造下，原始制造商负责新产品与再制造产品的销售）；针对再制造产品，外包再制造下单位再制造产品销售价格次低，主要原因是，外包再制造下，原始制造商为了获得更多的利润，不仅通过提高单位新产品销售价格，还可以通过降低单位再制造产品销售价格来增加再制造产品销售量。

三种再制造模式对两种产品销售量影响为：外包再制造下，新产品的销售量最小，再制造产品销售量最大，主要是因为，外包再制造下单位新产品的销售价格最大，单位再制造产品销售价格居于三种再制造模式中间，最终导致新产品销售量减少，再制造产品销售量增加；授权再制造下，新产品销售量最大，再制造产品的销售量最小，主要是因为，授权再制造下，单位再制造产品销售价格最大，单位新产品销售价格居于三种再制造模式中间，最终导致再制造产品销售量减少，新产品销售量增加，即授权再制造可以使原始制造商竞争优势最大。

三种再制造模式对销售利润影响为：结合结论 3.5 可知，当 $\frac{8}{13} < \delta < \frac{24}{29}$ 时，原始制造商选择授权再制造，不仅对原始制造商有利，还对再制造商有利，即授权再制造下原始制造商和再制造商的收益大于外包再制造时两者的收益；当 $\delta > \frac{24}{29}$ 时，原始制造商选择外包再制造对再制造商较有利。

管理启示：客户折价影响原始制造商选择再制造模式，由上述分析可知，再制造要想获得市场竞争有利地位，要想办法把客户折价控制在某一区间内，这时的再制造模式对原始制造商与再制造商都有利。当折价小于这一区间下限时，再制造商可以通过广告宣传或延长再制造产品的保质期，来提高客户的认可度。当折价大于这一区间的上限时，再制造商可以通过提高单位再制造产品外包费用，让原始制造商选择授权再制造。

结论 3.6 单位再制造产品节约成本对纳什均衡解的影响，具体见表 3-3。

表 3-3 单位再制造产品节约成本对纳什均衡解的影响

情况	各个参数的变化趋势
情况 1	$\frac{\partial p_{dn}^*}{\partial s} < 0$, $\frac{\partial p_{sn}^*}{\partial s} < 0$, $\frac{\partial p_{wn}^*}{\partial s} = 0$, $\frac{\partial p_{dr}^*}{\partial s} < 0$, $\frac{\partial p_{sr}^*}{\partial s} < 0$, $\frac{\partial p_{wr}^*}{\partial s} < 0$ $\frac{\partial q_{dn}^*}{\partial s} < 0$, $\frac{\partial q_{sn}^*}{\partial s} < 0$, $\frac{\partial q_{wn}^*}{\partial s} < 0$, $\frac{\partial q_{dr}^*}{\partial s} > 0$, $\frac{\partial q_{sr}^*}{\partial s} > 0$, $\frac{\partial q_{wr}^*}{\partial s} > 0$ $\frac{\partial \pi_{dn}^*}{\partial s} < 0$, $\frac{\partial \pi_{sn}^*}{\partial s} > 0$, $\frac{\partial \pi_{wn}^*}{\partial s} > 0$, $\frac{\partial \pi_{dr}^*}{\partial s} > 0$, $\frac{\partial \pi_{sr}^*}{\partial s} > 0$, $\frac{\partial \pi_{wr}^*}{\partial s} > 0$ $\frac{\partial z^*}{\partial s} > 0$, $\frac{\partial w^*}{\partial s} < 0$
情况 2	$\frac{\partial p_{dn}^*}{\partial s} = \frac{\partial p_{sn}^*}{\partial s} = 0$, $\frac{\partial p_{wn}^*}{\partial s} > 0$, $\frac{\partial p_{dr}^*}{\partial s} = \frac{\partial p_{sr}^*}{\partial s} = 0$, $\frac{\partial p_{wr}^*}{\partial s} > 0$ $\frac{\partial q_{dn}^*}{\partial s} = \frac{\partial q_{sn}^*}{\partial s} = 0$, $\frac{\partial q_{wn}^*}{\partial s} > 0$, $\frac{\partial q_{dr}^*}{\partial s} = \frac{\partial q_{sr}^*}{\partial s} = 0$, $\frac{\partial q_{wr}^*}{\partial s} > 0$ $\frac{\partial \pi_{dn}^*}{\partial s} = 0$, $\frac{\partial \pi_{sn}^*}{\partial s} > 0$, $\frac{\partial \pi_{wn}^*}{\partial s} > 0$, $\frac{\partial \pi_{dr}^*}{\partial s} > 0$, $\frac{\partial \pi_{sr}^*}{\partial s} > 0$, $\frac{\partial \pi_{wr}^*}{\partial s} > 0$ $\frac{\partial z^*}{\partial s} > 0$, $\frac{\partial w^*}{\partial s} < 0$

证明：情况 1 下，$\frac{\partial p_{\text{dn}}^*}{\partial s} = -\frac{1}{4-\delta} < 0$；$\frac{\partial p_{\text{sn}}^*}{\partial s} = -\frac{1}{8-3\delta} < 0$；$\frac{\partial p_{\text{wn}}^*}{\partial s} = 0$；$\frac{\partial p_{\text{dr}}^*}{\partial s} = -\frac{2-\delta}{4-\delta} < 0$；$\frac{\partial p_{\text{sr}}^*}{\partial s} = -\frac{2-\delta}{8-3\delta} < 0$；$\frac{\partial p_{\text{wr}}^*}{\partial s} = -\frac{1}{4} < 0$。

类似可证其他结论成立。

结论 3.6 证毕。

结论 3.6 说明，在情况 1 下：在第三方独立再制造或授权再制造时，单位再制造节约成本与两种产品单位销售价格负相关，这一现象是因为单位再制造节约成本越多，单位再制造产品的成本越小，最终促使单位再制造产品销售价格下降，由于在市场上新产品与再制造产品存在竞争关系，原始制造商为了保持新产品的原有市场份额，也会采取降低单位新产品销售价格的策略；而在外包再制造时，由于再制造产品的销售是由原始制造商负责，单位再制造产品节约成本越多，同样也会促进单位再制造产品销售价格下降，但是再制造产品销售是由原始制造商负责，再制造产品销售价格降低，虽然促进再制造产品销售量的增加，减少新产品的销售量，但是销售单位再制造产品获得的收益要大于销售单位新产品的收益，这时，原始制造商会采取不改变单位新产品销售价格的策略，即在外包再制造时，单位再制造产品的销售价格降低，而单位新产品销售价格保持不变。

在情况 1 下：第三方独立再制造时，单位再制造节约成本越多，原始制造商收益越少，通过上述分析可知，当再制造节约成本越多时，单位再制造产品单位销售价格越低，间接促进单位新产品的单位销售价格降低得越多，同时，虽然单位新产品的销售价格下降，但是其销售量由于再制造产品竞争，还是出现减少，最终导致其销售利润的减少。在情况 2 下，第三方独立再制造时，单位再制造节约成本与原始制造商收益无关，主要是因为，在情况 2 下，再制造产品不能满足市场需求，只能通过购买新产品才能满足其市场需求，这时，单位再制造产品节约的成本对新产品的影响可以忽略。

无论在情况 1 还是情况 2 下，采取授权再制造或外包再制造，单位再制造产品节约成本对原始制造商与再制造商的销售利润影响都是正的。通过结论 3.3 和结论 3.4 分析可知，原始制造商可以通过授权再制造或外包再制造增加自己的收益，且这种转移的再制造收益随单位再制造产品节约成本的增加而增加。因此，原始制造商在授权再制造或外包再制造时，应想办法降低单位再制造产品的再制造成本，比如再制造设计，因为，这样不仅可以增加自己的收益，还可以提高再制造商再制造的积极性，促进再制造产业的发展。

无论在情况 1 还是情况 2 下：① 在授权再制造下，单位再制造产品的专利费用与单位再制造产品节约成本正相关，主要原因是单位再制造产品节约成本越大，再制造产品的单位销售价格越低，这时，原始制造商为了降低再制造产品的市场竞争优势，就会增加单位再制造产品的专利费用，这样一是可以降低再制造产品竞争优势，二是增加单位再制造产品专利费用转移再制造收益，增加其收益。② 在外包再制造下，单位再制造产品的外包费用与单位再制造产品节约成本负相关，主要原因是单位再制造产品节约成本越大，再制造商为了获得更多的外包再制造收益，就会降低单位再制造产品的外包费用，间接促使单位再制造产品的销售价格降低，增加再制造产品的销售量。

管理启示：降低单位再制造产品节约成本对原始制造商与再制造商都有利。因此，原始制造商可以通过再制造设计（因为新产品的初始设计可以决定产品生命周期末端 $\frac{2}{3}$ 的可再制造性）而获利。而影响再制造设计程度的主要因素是再制造设计成本，为了促进再制造设计，再制造商可以降低单位再制造产品的外包费用或增加单位再制造产品的专利费用。

为了便于分析，记 $e_d = e_n q_{dn}^* + e_r q_{dr}^*$，$e_s = e_n q_{sn}^* + e_r q_{sr}^*$，$e_w = e_n q_{wn}^* + e_r q_{wr}^*$，$A = -4(1-\delta)^2 c - (4+\delta)s + \delta(8-3\delta)(1-c)$，$B = 4(1-\delta)s$。

结论 3.7 在情况 1 下，三种再制造模式对环境造成的影响如下：

1) 当 $\frac{e_r}{e_n} > \max\{\frac{\delta}{2}, \frac{\delta A}{A+B}\}$ 时，$e_d > e_s > e_w$。

2) 当 $\frac{e_r}{e_n} < \min\{\frac{\delta}{2}, \frac{\delta A}{A+B}\}$ 时，$e_d < e_s < e_w$。

证明：在情况 1 下，由表 3-1 可知：

$$e_d - e_s = \frac{\delta(8-3\delta)(1-c) + 4(2-\delta)(\delta c + s - c)}{2\delta(4-\delta)(8-3\delta)}(2e_r - \delta e_n)$$

$$e_s - e_w = \frac{1}{4\delta(1-\delta)(8-3\delta)}[(A+B)e_r - \delta A e_n]$$

故当 $\frac{e_r}{e_n} > \frac{\delta}{2}$ 时，$e_d > e_s$，否则，$e_d \leq e_s$；当 $\frac{e_r}{e_n} > \frac{\delta A}{A+B}$ 时，$e_s > e_w$，否则，$e_s \leq e_w$。综合可知 1) 和 2) 结论成立。

结论 3.7 证毕。

结论 3.7 说明，虽然再制造有利于保护环境，但是，当单位再制造产品对环境造成的影响与单位新产品对环境造成的影响比小于某一阈值时，这时，再制造对环境造成的影响是负面的，也就是说再制造不利于保护环境，造成这一现象的原因主要是：通过表 3-1 可知，再制造产品销售量增加和新产品销售量减少，使新产品对环境造成的影响减小，再制造产品对环境造成的影响增大，且当单位再制造产品与单位新产品对环境造成的影响比小于某一阈值，新产品对环境造成的影响减小量小于再制造产品对环境造成影响增大量，最终使两种产品对环境造成的影响增加，也即不利于环境保护。

管理启示：要想有利于环境保护，不仅依靠协调再制造商与原始制造商之间关系，还需要政府参与。这是因为由结论 3.4 可知，当折价小于某一阈值时，原始制造商选取授权再制造，如果这时，两种产品单位环境影响比小于某一阈值，再制造就不利于环境保护，这时，政府可以通过提高客户环保意识或政府采购再制造产品，增加客户折价，改变原始制造商的策略选择，最终减少两种产品对环境造成的影响，即政府要通过政策确保再制造产业朝着有利于环境保护的方面发展。

3.5 研究结论

本章基于三种再制造模式，构建制造/再制造博弈模型，对比分析三种再制造模式对两种产品单位销售价格、销售量、销售利润和环境的影响。研究主要得到如下结论：

1）原始制造商不进行授权再制造或外包再制造时，再制造产品进入市场会减少原始制造商的销售利润；原始制造商通过进行授权再制造或外包再制造，不仅可以降低再制造带来的威胁，还可以增加自己的收益，改变自己在市场竞争中的不利地位。

2）当 $\delta > \frac{24}{29}$ 时，原始制造商选择采取外包再制造；但当 $\delta < \frac{8}{13}$ 时，原始制造商选择采取授权再制造；但当 $\frac{8}{13} < \delta < \frac{24}{29}$ 时，原始制造商选择授权再制造，不仅对原始制造商有利，还对再制造商有利。

3）在授权再制造下，单位再制造产品的专利费用与单位再制造产品节约成本正相关，主要原因是单位再制造产品节约成本越大，原始制造商为了降低再制造产品的市场竞争优势，就会通过增加单位再制造产品的专利费用来降低再制造产品竞争优势和转移再制造收益，增加其收益。在外包再制造下，单位再制造产品的外包费用与单位再制造产品节约成本负相关，主要原因是再制造商为了获得更多外包再制造收益，就会降低单位再制造产品外包费用，间接促使单位再制造产品的销售价格降低，增加再制造产品销售量。

4）当折价小于某一阈值时，原始制造商选取授权再制造，如果这时，两种产品单位环境影响比小于某一阈值，再制造就不利于环境保护。就需要政府通过提高客户环保意识或政府采购再制造产品来增加折价，改变原始制造商的策略选择，最终减少两种产品对环境造成的影响。

参考文献

[1] 徐滨士, 刘世参, 史佩京, 等. 汽车发动机再制造效益分析及对循环经济贡献研究 [J]. 中国表面工程, 2005 (1): 1-7.

[2] 徐滨士, 刘世参, 史佩京. 再制造工程和表面工程对循环经济贡献分析 [J]. 中国表面工程, 2006, 19 (1): 1-6.

[3] ZOU Z B, WANG J J, DENG G S, et al. Third-party remanufacturing mode selection: outsourcing or authorization? [J]. Transportation Research Part E: logistics and Transportation Review, 2016, 87: 1-19.

[4] ZHU Q, LI H, ZHAO S, et al. Redesign of service modes for remanufactured products and its financial benefits [J]. International Journal of Production Economics, 2016, 171: 231-240.

[5] WU C H. Strategic and operational decisions under sales competition and collection competition for end-of-use products in remanufacturing [J]. International Journal of Production Economics, 2015, 169: 11-20.

[6] BULMUS S C, ZHU S X, TEUNTER R. Competition for cores in remanufacturing [J]. European Journal of Operational Research, 2014, 233 (1): 105-113.

[7] SUBRAMANIAN R, FERGUSON M E, TOKTAY L B. Remanufacturing and the component commonality decision [J]. Production and Operations Management, 2013, 22 (1): 36-53.

[8] 黄宗盛, 聂佳佳, 胡培. 制造商应对再制造商进入的技术创新策略 [J]. 管理评论, 2013, 25 (7): 78-87.

[9] OERSDEMIR A, KEMAHLIONLU-ZIYA E, PARLAKTURK A K. Competitive quality choice and remanufacturing [J]. Production and Operations Management, 2014, 23 (1): 48-64.

[10] ATASU A, VAN WASSENHOVE L N. Outsourcing remanufacturing under finite life cycles: operational and tactical issues [J]. Zeitschrift für Betriebswirtschaft, 2005, SI (3): 77-94.

[11] ORDOOBADI S M. Outsourcing reverse logistics and remanufacturing functions: a conceptual strategic model [J]. Management Research News, 2009, 32 (9): 831-845.

[12] TSAI W H, HSU J L, CHEN C H. Integrating activity-based costing and revenue management approaches to analyse the remanufacturing outsourcing decision with qualitative factors [J]. International Journal of Revenue Management, 2007, 1 (4): 367-387.

[13] LI J, GONZÁLEZ M, ZHU Y. A hybrid simulation optimization method for production planning of dedicated remanufacturing [J]. International Journal of Production Economics, 2009, 117 (2): 286-301.

[14] 王能民, 孙青林, 孙林岩. 考虑外包的单产品再制造批量决策 [J]. 运筹与管理, 2011, 20 (5): 162-168.

[15] KARAKAYALI L, EMIR-FARINAS H, AKCALI E. An analysis of decentralized collection and processing of end-of-life products [J]. Journal of Operations Management, 2007, 25 (6): 1161-1183.

[16] CAI M, FAN T, ZHOU H, et al. Research on supply chain coordination model of green remanufacturing with outsourcing [C]. Shanghai: International Symposium on Information science, 2010.

[17] 熊中楷,申成然,彭志强. 专利保护下闭环供应链的再制造策略研究 [J]. 管理工程学报, 2012, 26 (3): 159-165.

[18] 熊中楷,申成然,彭志强. 专利保护下再制造闭环供应链协调机制研究 [J]. 管理科学学报, 2011, 14 (6): 76-85.

第 3 篇

机械装备再制造供应链风险管理问题

第 4 章

多源不确定性下机械装备再制造供应链契约协调问题

4.1 问题描述及数学模型假设

4.1.1 问题描述

在第1章的研究评述中关于再制造供应链的相关文献表明，再制造供应链相关方在推进再制造行业发展的行动中面临两大问题。首先，再制造供应链面临供需不确定性的问题，这一方面是由于回收废旧产品质量参差不齐导致期望回收数量的废旧产品的可再制造性不确定，另一方面是由于客户的可接受程度差异导致的市场需求的不确定性。其次，实际运营的再制造供应链各个相关方现阶段是独立决策的，各自的利益和掌握的信息各不相同，缺乏风险共担意识，这会使其自身的决策行为（例如废旧产品回收价格、再制造产品数量）与再制造供应链整体的目标有冲突，此时缺乏合理的协调机制。基于此，面向再制造供应链中供需不确定性同时存在的问题，如何设计有效的可具操作性的契约，来协调实际运营中再制造供应链上各相关方的决策行为，提高各个相关方和整体再制造供应链的效益，将会具有非常重要的理论和现实意义。本章将综合运用供应链契约理论、Newton-Raphson 迭代算法、博弈论中的逆向归纳法和优化理论等相关理论和方法来建立基于供需多源不确定性下的再制造供应链契约协调模型，研究再制造供应链相关方间的协调问题。

本章以再制造商和零售商（即特约维修站）组成的再制造供应链为研究对象，由于再制造供应链中各个相关方均是独立决策的，因此各个相关方会以最大化各自期望利润为考量，并各自进行相应的决策。作为一种资源再利用的有效方式，再制造在循环经济领域被学术界和实践者极为重视。但是考虑到现今复杂的运营环境，单一考虑一种不确定性因素不能有效地解决问题，需要同时考虑多种不确定性因素。考虑到随机的废旧产品可再制造率和随机的再制造产品市场需求两种不确定性因素同时存在并干扰的现实问题，这会影响到再制造供应链的稳定运营，由此产生"双重边际效应"问题。

本章以再制造斯太尔336马力（1马力=735.5W）发动机为例来展示一个通用的再制造供应链。斯太尔336马力发动机再制造供应链如图4-1所示。与正向供应链不同，再制造供应链包含的流程有：废旧产品获取，废旧产品检测，再制造，废弃物处置和再制造产品市场营销。

根据前面的问题描述，假设再制造商收集的再制造废旧产品的产品工况是不同的，关于产品工况不同的假设见于 Galbreth 等人（2010）的研究。因此，本章假设再制造商获得产品的可再制造率是不确定的，这种不确定的可再制造率会影响再制造商的回收定价及其他供应链决策行为，关于此类假设见于 Bakal

和 Akcali（2006）的研究。此外，由于客户，即更换斯太尔发动机的重型载货汽车驾驶人对再制造产品性能的疑虑和重型载货汽车消费市场的波动性，再制造商面临再制造产品市场营销的风险，即不确定性再市场需求下的再制造产品的滞销和短缺问题。这两种不确定性同时干扰给斯太尔再制造发动机供应链的运营管理带来了显著的困难。

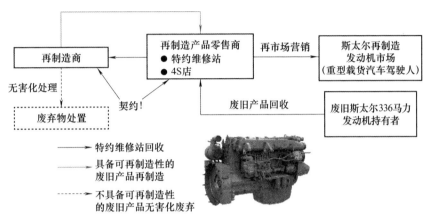

图4-1　斯太尔336马力发动机再制造供应链

进一步，各个再制造供应链相关方致力于最优化自身的期望利润。这种不一样甚至是彼此间有冲突的目标同样给再制造供应链带来了挑战。这种供应链内部的目标不一致的现象，学术界一般称为"双重边际效应"问题。"双重边际效应"问题会恶化整个再制造供应链的绩效。因此，一种协调机制，例如契约机制设计，成为此多源不确定性环境下的再制造供应链急需的。

为了设计面向多源不确定性的契约模型，本章做出如下假设并框限了该契约模型所研究的范围：

1）本章的再制造供应链为双层供应链。因此，该再制造供应链包括了一家再制造商和一家零售商。再制造商面临废旧产品获取时的不确定的可再制造率，同时，零售商亦面临着再制造产品市场营销时的不确定性。对市场营销的不确定性本章考虑均匀分布和非均匀分布两种需求。

2）由于本章研究的是再制造供应链，为了便于分析，新产品没有被考虑。

3）有研究表明，相较于再制造商直接回收和通过第三方间接回收，零售商可以获得更高的回收效率。因此，在该再制造供应链中，本章假定再制造废旧产品由零售商从客户处获取。这也与斯太尔336马力发动机回收实际情况一致。在实际中，特约维修站和4S店负责回收重型载货汽车驾驶人持有的废旧产品。

4）该再制造供应链起始于零售商的废旧产品获取行为，结束于再制造产品的再市场营销。在再制造产品的再市场营销时，本章同时考虑了再制造产品的缺货和滞销所带来的影响。

5) 面向多源不确定性的市场环境，再制造商和零售商均为风险中性的，且各自的利润是独立的，它们均致力于最大化自身的期望利润。

6) 收集的再制造废旧产品具有不同的工况。因此，本章假设这些废旧产品的可再制造率是随机的，但该可再制造率满足给定的均值与方差。

7) 零售商面临随机的再制造产品市场需求，该需求满足给定的均值与方差。

8) 未被满足的需求被认为是一种损失，且单位产品的缺货损失是相等的。

9) 销售未完的库存拥有剩余残值，且在销售周期期末可以以折扣形式售出。

10) 在收益共享契约模式下，再制造商和零售商可以获得一定百分比的分成收入。

11) 库存的增加是随时间线性增长的。本章考虑再制造产品的库存和废旧产品的库存。

12) 作为再制造行业的支持者，政府为再制造供应链提供补贴。本章假定再制造商获得补贴资金，且补贴资金与生产的再制造产品数量相关。

本章依次描述再制造供应链的决策过程如下：首先，再制造商提供给零售商一个再制造废旧产品的回收价格 w^d 来激励零售商回收。依据再制造商提供的废旧产品回收价格，零售商从客户处以价格 p_r 回收废旧产品，且 $p_r < w^d$。然后，所有的废旧产品被送往再制造商处进行拆解和性能的检测。经拆解后，一部分废旧产品被用于再制造，另一部分被恰当地处置，例如被送往无害化填埋场或粉碎成原材料再利用。被处置的废旧产品带来很小的利润或没有利润。显然，废旧产品的再制造率是随机的。经过再制造过程，所有的再制造产品被送往零售商处销售。最后，由于再制造产品市场的随机需求问题，再制造供应链面临缺货和滞销风险。该风险主要来自于由于牛鞭效应所导致的再制造产品需求和供给的不匹配，这种不匹配在实践中常常发生。

由上述给定的假设带来的诸多问题和因素需要在本章考虑。随机的可再制造率和随机的市场需求影响了再制造商和零售商的利润以及各自的决策。此外，由于政府是依据再制造产品的数量给予再制造商补贴资金的，因此这两种随机因素影响了再制造商获取的补贴资金量。最后，若再制造供应链没有契约机制设计来协调只关注自身利益的再制造供应链利益相关方，"双重边际效应"问题会使再制造供应链的整体利润显著恶化。

4.1.2 模型符号

本章采用的模型符号如下：

(1) 随机变量

ξ：回收的废旧产品可再制造率，是回收废旧产品数量的一个随机的百分比。

$E(\xi)$：ξ 的期望。

D：再制造产品的市场需求，市场需求随机，该连续性随机变量的概率密度函数（probability density function，PDF）为 $f(x)$，累积分布函数（cumulative destribution function，CDF）为 $F(x)$，期望为 $E(D) = \mu$。

$F^{-1}(x)$：再制造产品市场需求 D 的累积分布函数的反函数。

(2) 零售商

p_r：废旧发动机的回收价格。

p_r^D：分散式决策情形下废旧发动机的最优回收价格。

p_r^C：集中式决策情形下废旧发动机的最优回收价格。

w^d：针对每台废旧发动机，再制造商向零售商的转移支付。

c_{ri}：零售商处的单位库存成本。

c_{rf}：零售商到再制造商的单位运输费用。

Q：零售商回收的废旧产品数量。

q：再制造商向零售商运送的再制造产品数量，依赖于 ξ。

c_{rh}：零售商处的单位再制造品的营销及处理成本。

(3) 再制造商

$S(q)$：再制造产品的期望销售数量，考虑到再制造需求为随机变量 D，则可知 $S(q) = q - \int_0^q F(y) \mathrm{d}y$。

l：滞销时平均每台再制造产品的残值。

s：产品短缺时平均每台再制造产品的机会损失成本。

P：再制造品的销售价格。

c_{me}：再制造商处平均每台废旧产品的检测费用，当收到废旧产品时，再制造商需要检测其可再制造性。

c_{ms}：平均每台废旧产品的拆解分类费用。

c_{mr}：再制造产品从再制造商处到零售商的运输成本。

c_{md}：不可再制造的零部件的无害化处置费用。

c_{mi}：再制造商处平均每台再制造产品的库存费用。

c_{mf}：再制造产品的成本。

k_s：平均每台再制造产品获得的政府补贴。

(4) 收益共享契约参数

(w_r, ϕ)：一对关于转移支付价格和收益分配比例的契约内的参数。

w_r：收益共享契约情形下从再制造商到零售商平均每台废旧产品的转移支付。

ϕ：收益共享契约情形下再制造商从零售商拿到的收益分配比例。

T：零售商和再制造商间的转移支付，有 $T=T(w_r,\phi)$。

w_r^{max}：使再制造供应链达到协调的 w_r 的最大值。

ϕ^{max}：使再制造供应链达到协调的 ϕ 的最大值。

（5）期望利润

$E(\Pi_r^D)$：分散式决策情形下零售商的期望利润。

$E(\Pi_m^D)$：分散式决策情形下再制造商的期望利润。

$E(\Pi_{SC}^D)$：分散式决策情形下再制造供应链的期望利润。

$E(\Pi_r^C)$：集中式决策情形下零售商的期望利润。

$E(\Pi_m^C)$：集中式决策情形下再制造商的期望利润。

$E(\Pi_{SC}^C)$：集中式决策情形下再制造供应链的期望利润。

$E(\Pi_r^{RS})$：收益共享契约情形下零售商的期望利润。

$E(\Pi_m^{RS})$：收益共享契约情形下再制造商的期望利润。

$E(\Pi_{SC}^{RS})$：收益共享契约情形下再制造供应链的期望利润。

4.2 机械装备再制造契约模型设计

在上节给出了多源不确定性下再制造供应链的研究假设和问题描述后，本节致力于设计一个两种随机因素下的收益共享契约。

本节首先介绍分散式决策情形下的再制造供应链模型，它是一个Stackelberg博弈问题。然后，对比分散式决策情形，说明在集中式决策情形下所有的再制造供应链相关方的决策行为表现得像一个决策企业，此时，再制造供应链做出了系统最优决策，这有效避免了"双重边际效应"问题。本章把集中式决策的再制造供应链的表现设定为再制造供应链达到协调的标准。但是由于再制造供应链利益相关方的自私自利，或是利益相关方间的利益冲突，集中式决策的情形是理想化的。由于不存在一个企业对其利益相关方有强制影响力，因此在实践中集中式决策很难施行。针对相关方间的自私现象或其目标函数有冲突的问题，通过建立促使各个再制造供应链利益相关方的期望利润变成整个供应链目标利润的仿射函数是一种解决方案。因此，本章最后设计了一个恰当的收益共享契约来提升再制造供应链的期望利润，并对比三种情形下再制造供应链的期望利润以及回收数量。同时，考虑到政府补贴介入时再制造供应链期望利润的增加量会有变化，本章对比分析并讨论了在三种情形下政府补贴资金介入时的补贴资金使用效率问题。

供需不确定性下再制造供应链协调模型构建框架如图 4-2 所示。

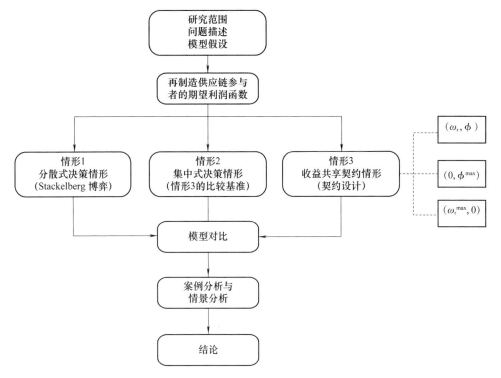

图 4-2 供需不确定性下再制造供应链协调模型构建框架

4.2.1 分散式决策情形模型设计

由于批发价格契约相较于其他形式的契约拥有更低的管理和行政成本，因此这一契约机制在实践中被广泛使用。在分散式决策情形下，再制造供应链各个利益相关方分析自身的收益与损失，且致力于最大化自身的期望利润。分散式决策情形下没有供应链利益相关方间的彼此协调。通过对再制造废旧产品的回收价格 p_r 的讨价还价，转移支付是再制造商和零售商间的唯一"连接"。在实践中，批发价格的确定一般由双方的议价能力（议价能力体现在对转移支付价格 w_r 的主导权）和其在供应链里所处的地位所决定。

1. 零售商提供给客户的最优回收价格

在批发价格契约中，从再制造商到零售商的转移支付为 $w^d Q$，即对每一个销售的再制造产品，零售商会从再制造商处获得补偿 w^d 用于激励废旧产品的回收，且 $w^d > p_r$ 保证零售商利润为正。转移支付数值的确定由双方的议价能力决定，是一个零和博弈。分散式决策情形下的再制造供应链各个参与方的期望利润函数如下：

（1）再制造商的期望利润

再制造商的成本为检测成本、分类成本、再制造成本、废弃物无害化处置成本、库存成本、再制造产品的运输成本、给予零售商的转移支付成本、缺货时的期望机会损失成本，收入为期望销售收入、滞销时的期望再制造产品残值收入。

再制造商的期望利润函数为

$$E(\Pi_m^D) = -c_{me}Q - c_{ms}Q - c_{mr}Q\xi - c_{md}Q(1-\xi) - \frac{c_{mi}Q}{2} - c_{mf}Q\xi - w^dQ +$$
$$P\left[q - \int_0^q F(x)dx\right] + l\int_0^q F(x)dx - s\left[\int_q^{+\infty}(x-q)f(x)dx + \int_0^q F(x)dx\right]$$

(4-1)

式中，$P\left[q - \int_0^q F(x)dx\right] = PS(q)$ 是再制造商的期望销售收入；$l\int_0^q F(x)dx = l[q - S(q)]$ 是再制造商的期望再制造产品残值收入，$s\left[\int_q^{+\infty}(x-q)f(x)dx + \int_0^q F(x)dx\right] = s[E(D) - S(q)]$ 是再制造商的期望机会损失成本。

（2）零售商的期望利润

零售商的成本为给予客户的转移支付用于获取废旧产品的成本、废旧产品的库存成本、废旧产品的运输成本、再制造产品销售时的库存成本、再制造产品的处理成本，收入为从再制造商获得的转移支付收入。

零售商的期望利润函数为

$$E(\Pi_r^D) = -p_rQ - \frac{c_{ri}Q}{2} - c_{rf}Q - \frac{c_{ri}Q\xi}{2} - c_{rh}Q\xi + w^dQ \quad (4-2)$$

本章假定废旧产品的回收数量是线性依赖于提供给废旧产品持有者的回收价格的，即 $Q = ap_r$。这种废旧产品获取的函数假设亦见于之前诸多的研究者，例如 Guide 等人、Savaskan 和 Van Wassenhove、Govindan 和 Popiuc 等的研究工作之中。因此，可得 $q = Q\xi = ap_r\xi$。把此式代入式（4-2），可得再制造商给定转移支付价格 w^d 时的零售商期望利润为

$$E(\Pi_r^D) = ap_r\left(-p_r - \frac{c_{ri}}{2} - c_{rf} - \frac{c_{ri}\xi}{2} - c_{rh}\xi + w^d\right) \quad (4-3)$$

通过分析自身的边际利润，零售商可以最大化自身的利润。式（4-3）是关于 p_r 的连续可微函数，且 $\frac{\partial^2 E(\Pi_r^D)}{\partial p_r^2} = -2a < 0$。因此，式（4-3）是关于再制造废旧品的回收价格 p_r 的凹函数，且最优值唯一。

对式（4-3）关于 p_r 求一阶偏导，令 $\dfrac{\partial E(\Pi_r^D)}{\partial p_r}=0$，得

$$a\left(-2p_r-\dfrac{c_{ri}}{2}-c_{rf}-\dfrac{c_{ri}\xi}{2}-c_{rh}\xi+w^d\right)=0 \tag{4-4}$$

或

$$p_r=\dfrac{1}{2}\left(w^d-\dfrac{c_{ri}}{2}-c_{rf}-\dfrac{c_{ri}\xi}{2}-c_{rh}\xi\right) \tag{4-5}$$

即再制造商给予零售商的转移支付 w^d 是零售商关于再制造废旧产品的回收价格 p_r 的函数，为

$$w^d(p_r)=2p_r+\dfrac{c_{ri}}{2}+c_{rf}+\dfrac{c_{ri}\xi}{2}+c_{rh}\xi \tag{4-6}$$

再制造商观察到在给予零售商转移支付 w^d 时，零售商关于再制造废旧产品的回收价格 $p_r=\dfrac{1}{2}\left(w^d-\dfrac{c_{ri}}{2}-c_{rf}-\dfrac{c_{ri}\xi}{2}-c_{rh}\xi\right)$，将式（4-6）代入再制造商利润函数。因此，再制造商的应对策略为最大化如下期望利润函数：

$$\begin{aligned}E(\Pi_m^D)=&\,ap_r\Big[-c_{me}-c_{ms}-c_{mr}\xi-c_{md}(1-\xi)-\dfrac{c_{mi}}{2}-c_{mf}\xi-\\&\left(2p_r+\dfrac{c_{ri}}{2}+c_{rf}+\dfrac{c_{ri}\xi}{2}+c_{rh}\xi\right)\Big]+\\&P\left[ap_r\xi-\int_0^{ap_r\xi}F(x)\,dx\right]+l\int_0^{ap_r\xi}F(x)\,dx-\\&s\left[\int_0^{+\infty}(x-ap_r\xi)f(x)\,dx+\int_0^{ap_r\xi}F(x)\,dx\right]\end{aligned} \tag{4-7}$$

进一步，再制造商考察式（4-7）的边际利润，然后最大化自身的利润。类似可知，式（4-7）是关于 p_r 的连续可微函数，且由于已知 $f(x)>0$ 对任意 x 均成立，因此

$$\dfrac{\partial^2 E(\Pi_m^D)}{\partial p_r^2}=-2a-a^2\xi^2 f(a\xi p_r)<0 \tag{4-8}$$

恒成立。式（4-8）为关于 p_r 的凹函数且最优值唯一。考察 $E(\Pi_m^D)$ 关于 p_r 的一阶偏导 $\dfrac{\partial E(\Pi_m^D)}{\partial p_r}=0$，可得

$$\begin{aligned}0=&\,a\Big[-c_{me}-c_{ms}-c_{mr}\xi-c_{md}(1-\xi)-\dfrac{c_{mi}}{2}-\\&c_{mf}\xi-\left(4p_r+\dfrac{c_{ri}}{2}+c_{rf}+\dfrac{c_{ri}\xi}{2}+c_{rh}\xi\right)\Big]+\\&a\xi(P+s-l)(1-F(a\xi p_r))+a\xi l\end{aligned} \tag{4-9}$$

由式（4-9）可得分散式决策情形下再制造废旧产品的回收价格 p_r 的最优值 p_r^D 满足下列两个迭代公式：

迭代公式1

$$p_r^D = \frac{1}{4}\left[-c_{me} - c_{ms} - c_{mr}\xi - c_{md}(1-\xi) - \frac{c_{mi}}{2} - c_{mf}\xi - \frac{c_{ri}}{2} - c_{rf} - \frac{c_{ri}\xi}{2} - c_{rh}\xi \right] + \xi(P+s-l)\left[1 - F(a\xi p_r^D)\right] + \xi l \quad (4-10)$$

迭代公式2

$$p_r^D = \frac{1}{a\xi}F^{-1}\times \left[1 - \frac{4p_r^D + \frac{c_{ri}}{2} + c_{rf} + \frac{c_{ri}\xi}{2} + c_{rh}\xi + c_{me} + c_{ms} + c_{mr}\xi + c_{md}(1-\xi) + \frac{c_{mi}}{2} + c_{mf}\xi - \xi l}{\xi(P+s-l)}\right] \quad (4-11)$$

式（4-10）和式（4-11）其实是关于再制造废旧产品的回收价格 p_r^D 的隐函数。因此，不能直观地分析其与各个模型参数间的关系。

在此分散式决策情形中，再制造商和零售商间订立了一个关于废旧产品转移支付价格的批发价格契约。由于"双重边际效应"问题的影响，该契约不能使再制造供应链达到供应链协调。原因是零售商不能回收"足够"的废旧产品以最大化整个再制造供应链的期望利润，且零售商忽视了自身行为对再制造商的影响。因此本章希望通过恰当的收益共享契约的建立，为零售商提供一种激励来增加零售商的回收努力。

▶ 2. 再制造产品的市场需求为均匀分布的情形

由于式（4-10）和式（4-11）其实是关于再制造废旧产品的回收价格 p_r^D 的隐函数，为了便于分析，本小节假设再制造产品的市场需求 D 在区间 $[A,B]$ 上均匀分布，则

$$F(x) = \frac{x-A}{B-A}, \quad A < x < B \quad (4-12)$$

$$f(x) = \frac{1}{B-A}, \quad A < x < B \quad (4-13)$$

由式（4-12），$F(a\xi p_r) = \dfrac{a\xi p_r - A}{B-A}$。因此式（4-10）更新为式（4-14）

$$p_r^D = \frac{1}{4}\left[-c_{me} - c_{ms} - c_{mr}\xi - c_{md}(1-\xi) - \frac{c_{mi}}{2} - c_{mf}\xi - \frac{c_{ri}}{2} - c_{rf} - \frac{c_{ri}\xi}{2} - c_{rh}\xi \right] + \xi(P+s-l)\left(1 - \frac{a\xi p_r^D - A}{B-A}\right) + \xi l \quad (4-14)$$

又由于 $F^{-1}(y)=(B-A)y+A$，因此由式（4-11）可得

$$p_r^D = B - \frac{(B-A)\left[4p_r^D + \frac{c_{ri}}{2} + c_{rf} + \frac{c_{ri}\xi}{2} + c_{rh}\xi + c_{me} + c_{ms} + c_{mr}\xi + c_{md}(1-\xi) + \frac{c_{mi}}{2} + c_{mf}\xi - \xi l\right]}{\xi(P+s-l)}$$
$$\ \ a\xi$$

(4-15)

通过式（4-14）和式（4-15），整理可得定理 4.1。

定理 4.1 当再制造产品的市场需求 D 服从区间 $[A,B]$ 上的均匀分布且废旧产品的可再制造率服从一个随机的分布时，若再制造商和零售商分散式决策订立一个批发价格契约，则该批发价格契约由式（4-16）给出。式（4-18）给出了此时可再制造商的最大利润。该契约可最大化分散式决策情形下再制造商和零售商的期望利润。

1）零售商和再制造商间关于废旧产品的最优转移支付价格 w^d 由下式给出：

$$w^d = 2p_r^D + \frac{c_{ri}}{2} + c_{rf} + \frac{c_{ri}\xi}{2} + c_{rh}\xi \tag{4-16}$$

式中

$$p_r^D = \frac{(B-A)\left\{\begin{array}{l}-c_{me}-c_{ms}-c_{mr}E(\xi)-c_{md}[1-E(\xi)]-\frac{c_{mi}}{2}-\\ c_{mf}E(\xi)-\frac{c_{ri}}{2}-c_{rf}-\frac{c_{ri}E(\xi)}{2}-c_{rh}E(\xi)\end{array}\right\} + E(\xi)[(P+s)B-lA]}{4(B-A)+a(P+s-l)[E(\xi)]^2}$$

(4-17)

2）分散式决策情形下可再制造的废旧产品数量为 $aE(\xi)p_r^D$，此时再制造商的最大利润为

$$(\Pi_m^D)_{\max} =$$

$$ap_r^D\left[-2p_r^D - c_{me} - c_{ms} - c_{mr}\xi - c_{md}(1-\xi) - \frac{c_{mi}}{2} - c_{mf}\xi - \frac{c_{ri}}{2} - c_{rf} - \frac{c_{ri}\xi}{2} - c_{rh}\xi\right] +$$

$$P\left[ap_r^D\xi - \int_0^{ap_r^D\xi} F(x)\mathrm{d}x\right] + l\int_0^{ap_r^D\xi} F(x)\mathrm{d}x - s\left[\int_{ap_r^D\xi}^{+\infty}(x-ap_r^D\xi)f(x)\mathrm{d}x + \int_0^{ap_r^D\xi} F(x)\mathrm{d}x\right]$$

(4-18)

3）p_r^D 随着转移支付价格 w_r 的增加而增加。

证明：

1）在式 4-15 中以 p_r^D 为未知变量即可得证。

2）通过式 $Q = ap_r$ 即可得证。

3）显然成立。

证毕。

定理 4.1 表明给予废旧产品持有者的收购价格 p_r^D 和再制造商和零售商间的转移支付价格 w^d 有正的影响关系，即再制造商给予的转移支付价格越高，零售商提供给废旧产品持有者的收购价格越高，但收购价格的增量仅为转移支付价格增量的一半。定理 4.1 给出了再制造产品为均匀分布时最大化再制造商利润的回收量。可以看到，随着转移支付价格 w^d 的增加，再制造商的利润函数单调递减。最后，由于分散式决策情形下再制造供应链双方均聚焦于自身利润，转移支付价格 w^d 是衡量双方议价能力的指标。事实上，由结论 3）可知，在分散式决策情形下零售商的议价能力越强，就意味着越多的废旧产品得以回收，所以分散式决策情形下占支配地位的零售商是有利于再制造进程的。

3. 再制造产品的市场需求为非均匀分布的情形

由于此情形市场需求 D 是非均匀分布，且 $F(\cdot)$ 依赖于 D 的分布，式（4-10）和式（4-11）变为关于 p_r 的隐函数。

定理 4.2 当废旧产品可再制造率和再制造产品市场需求均为非均匀分布时，零售商和再制造商独立决策的给予旧件持有者的最优回收价格 p_r^D 为

$$p_r^D = \frac{2w^d - (c_{ri} + 2c_{rf} + c_{ri}\xi + 2c_{rh}\xi)}{4} \quad (4\text{-}19)$$

式中，w^d 为式（4-20）的根。

$$w^d = \frac{1}{2}\left\{\xi(P+s-l)\left[1 - F\left(a\xi\frac{2w^d - (c_{ri} + 2c_{rf} + c_{ri}\xi + 2c_{rh}\xi)}{4}\right)\right] + \left[-c_{me} - c_{ms} - c_{mr}\xi - c_{md}(1-\xi) - \frac{c_{mi}}{2} - c_{mf}\xi + \frac{c_{ri}}{2} + \frac{c_{ri}\xi}{2} + \xi l + c_{rf} + c_{rh}\xi\right]\right\}$$

$$(4\text{-}20)$$

证明：由式（4-15），可知定理中的结论成立。

证毕。

由限制条件 $0 < p_r < P$，同时考虑到式（4-20）为关于 w^d 的连续可微函数，通过迭代算法（如 Newton-Raphson 迭代算法），废旧产品持有者的最优回收价格 $p_r^D \in [0, P]$ 的近似值可以较易给出。以下本章以再制造产品需求 D 为指数分布（非均匀分布）时为例，阐述利用迭代算法逐步逼近最优值的步骤。

例 4.1 市场需求 D 为指数分布时最优回收价格的确定。当再制造产品市场需求 D 为指数分布时，有

$$F(x,\lambda) = \begin{cases} 1 - e^{-\lambda x}, & x \geq 0 \\ 0, & x < 0 \end{cases} \quad (4\text{-}21)$$

$$f(x,\lambda)=\begin{cases}\lambda e^{-\lambda x}, & x\geqslant 0\\ 0, & x<0\end{cases} \quad (4\text{-}22)$$

Newton-Raphson 迭代算法具体步骤如下：

假设问题为寻找方程 $f(x,\lambda)=\begin{cases}\lambda e^{-\lambda x}, & x\geqslant 0\\ 0, & x<0\end{cases}=0$, $x\in[A,B]$ 在区间 (A,B) 内的根，其中函数 $f(x,\lambda)=\begin{cases}\lambda e^{-\lambda x}, & x\geqslant 0\\ 0, & x<0\end{cases}$ 为开区间连续可微函数。选取 x_n 为方程的根的近似值，它与准确值的误差为 h。显然 x_n+h 为方程的根。函数 $f(x,\lambda)=\begin{cases}\lambda e^{-\lambda x}, & x\geqslant 0\\ 0, & x<0\end{cases}$ 在点 x_n+h 的泰勒展开式为

$$f(x_n+h)=f(x_n)+hf'(x_n)+o(h^2)$$

函数 $f(x,\lambda)=\begin{cases}\lambda e^{-\lambda x}, & x\geqslant 0\\ 0, & x<0\end{cases}$ 在点 x_n+h 的值近似等于函数 $f(x,\lambda)=\begin{cases}\lambda e^{-\lambda x}, & x\geqslant 0\\ 0, & x<0\end{cases}$ 在点 x_n 的值加上函数 $f(x,\lambda)=\begin{cases}\lambda e^{-\lambda x}, & x\geqslant 0\\ 0, & x<0\end{cases}$ 在点 x_n 的梯度乘以 x_n+h 和 x_n 两点间的距离，误差为 h 的二阶小量。考虑到点 x_n+h 为函数 $f(x,\lambda)=\begin{cases}\lambda e^{-\lambda x}, & x\geqslant 0\\ 0, & x<0\end{cases}$ 的根，因此 $f(x_n+h)=0$。舍弃高阶的项 $o(h^2)$，可得

$$h\approx -\frac{f(x_n)}{f'(x_n)}$$

由此可得下一个迭代点为

$$x_{n+1}=x_n-\frac{f(x_n)}{f'(x_n)}, \quad n=0,1,2,\cdots$$

以下本章以再制造产品需求 D 为指数分布时为例，给出 $p_r^D\in[0,P]$ 近似值求解的 MATLAB 代码。

给予废旧产品持有者的最优回收价格 p_r^D 可通过下列迭代公式给出：

$$\begin{cases}\dfrac{\partial E_r(p_r^D)}{\partial p_r^D}=1+\dfrac{1}{2}aE^2(\xi)(P+s-l)e^{aE(\xi)p_r^D}\\ (p_r^D)_{n+1}=(p_r^D)_n-\dfrac{E_r((p_r^D)_n)}{\dfrac{\partial E_r((p_r^D)_n)}{\partial p_r^D}}, \quad n=0,1,2,\cdots\\ \|(p_r^D)_{n+1}-(p_r^D)_n\|<10^{-6}\end{cases} \quad (4\text{-}23)$$

给出市场需求为指数分布时确定最优回收价格迭代公式（4-23）中的MATLAB代码如下：

```
%
% Newton_Raphson_Method.m
    % The iterative method in solving optimal recovery price with exponential distribution
    % demand.m
%
x = input("Starting from one guess point:")
tolerance = 1e-6;
iterations = 0;
while (iterations<100) & (abs(func(x))>tolerance)
   x = x-func(x)./func_prime(x);
   iterations = iterations + 1;
end
if iterations = =100
   disp('No rootis found')
else
   disp(['The Root of function = ' num2str(x,10) 'is found in ' int2str(iterations)' iterations.'])
end
% below is the functionfunc_prime(x)
%
% func_prime.m
%
function [derivative] = func_prime(x)
% "derivative" will change based on your function, for example f(x) = e^x+7x^2-17, then
   % derivative =e.^x +14.*x;
a = 387/44000;
E =80;
s =6000;
l =38000;
derivative =1 + (a.* E.^2.* (P+s-l).* e.^(a.* E.* x));
```

4.2.2 集中式决策情形模型设计

本小节在供应链集中式决策情形下,给出再制造供应链各参数的最优值。

1. 再制造供应链集中式决策情形下可提供给客户的最优回收价格

在集中式决策情形下,零售商和再制造商通过合作最大化再制造供应链的期望利润。在此时,零售商和再制造商的转移支付随之消失。

集中式决策情形下再制造供应链如图 4-3 所示。

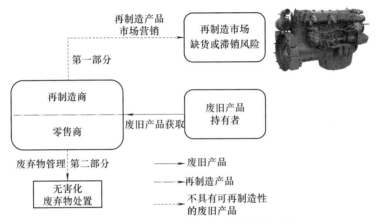

图 4-3 集中式决策情形下再制造供应链

通过式(4-1)和式(4-2)的再制造商和零售商的利润函数,可知再制造商和零售商作为一个"整体企业"时的期望利润函数为

$$E(\Pi_{SC}^{C}) = E(\Pi_{r}^{C}) + E(\Pi_{m}^{C}) \tag{4-24}$$

再制造供应链整体的期望利润分析如下:

再制造供应链的成本为给予客户的旧件收购成本、旧件/再制造产品库存成本、旧件/再制造产品运输成本、再制造产品处理成本、缺货时的期望机会损失成本、检测成本、分类成本、再制造成本、废弃物无害化处置成本,收入为期望销售收入、滞销时的期望再制造产品残值收入。

再制造供应链的期望利润函数为

$$E(\Pi_{SC}^{C}) = -p_r Q - \frac{c_{ri}Q}{2} - c_{rf}Q - \frac{c_{ri}Q\xi}{2} - c_{rh}Q\xi + P\left[q - \int_0^q F(x)\,\mathrm{d}x\right] +$$

$$l\int_0^q F(x)\,\mathrm{d}x - s\left[\int_0^{+\infty}(x-q)f(x)\,\mathrm{d}x + \int_0^q F(x)\,\mathrm{d}x\right] -$$

$$c_{me}Q - c_{ms}Q - c_{mr}Q\xi - c_{md}Q(1-\xi) - \frac{c_{mi}Q}{2} - c_{mf}Q\xi$$

$$\tag{4-25}$$

依次替换 Q 和 q，可得再制造供应链关于 p_r 的期望利润函数为

$$E(\Pi_{SC}^C) = ap_r\left(-p_r - \frac{c_{ri}+c_{mi}}{2} - c_{rf} - c_{me} - c_{ms} - c_{md} - \frac{c_{ri}\xi}{2} - c_{rh}\xi - c_{mr}\xi - c_{mf}\xi + c_{md}\xi\right) +$$
$$P\left[ap_r\xi - \int_0^{ap_r\xi} F(x)\mathrm{d}x\right] + l\int_0^{ap_r\xi} F(x)\mathrm{d}x - s\left[\int_0^{+\infty}(x-ap_r\xi)f(x)\mathrm{d}x + \int_0^{ap_r\xi} F(x)\mathrm{d}x\right]$$
(4-26)

由于已知 $f(x) > 0$ 对任意 x 均成立，且 $\dfrac{\partial^2 E(\Pi_r^D)}{\partial p_r^2} = -2a - a^2\xi^2 f(a\xi p_r) < 0$，因此式（4-26）关于 p_r 是一个凹函数，有唯一极值点。又由于式（4-26）关于 p_r 连续可微，考察该期望利润函数关于 p_r 的一阶偏导，令偏导为零，即

$$\frac{\partial E(\Pi_{SC}^C)}{\partial p_r} = 0$$
(4-27)

推出

$$a\left(-2p_r - \frac{c_{ri}+c_{mi}}{2} - c_{rf} - c_{me} - c_{ms} - c_{md} - \frac{c_{ri}\xi}{2} - c_{rh}\xi - c_{mr}\xi - c_{mf}\xi + c_{md}\xi\right) +$$
$$a\xi(P+s-l)[1-F(a\xi p_r)] + a\xi l = 0$$
(4-28)

得到在集中式决策情形下关于 p_r 的最优值 p_r^C 的迭代公式为

$$p_r^C = \frac{\xi(P+s-l)[1-F(a\xi p_r^C)]}{2} + \frac{\xi l}{2} +$$
$$\frac{1}{2}\left(-\frac{c_{ri}+c_{mi}}{2} - c_{rf} - c_{me} - c_{ms} - c_{md} - \frac{c_{ri}\xi}{2} - c_{rh}\xi - c_{mr}\xi - c_{mf}\xi + c_{md}\xi\right)$$
(4-29)

对比式（4-29）与式（4-10），可以概括出观察 4.1。

观察 4.1 当废旧产品的可再制造率和再制造产品的市场需求均为随机分布时，集中式决策比分散式决策提供了更高的废旧件回收价格，从而回收了更多的废旧产品。

证明：由 $\dfrac{p_r^C}{p_r^D} > \dfrac{4(B-A)+a(P+s-l)[E(\xi)]^2}{2(B-A)+a(P+s-l)[E(\xi)]^2} > 1$，可得 $p_r^C > p_r^D$。

证毕。

观察 4.1 表明相较于集中式决策情形，分散式决策废旧产品回收量较少，这影响了再制造供应链的期望利润，利润率的不足表明再制造供应链面临"双重边际效应"问题。再制造供应链相关方的集中式决策能使再制造供应链提供给废旧产品持有者更高的回收价格。

2. 再制造产品市场需求为均匀分布时的情形

当再制造产品市场需求 D 在区间 $[A,B]$ 上均匀分布时，有

$$F(a\xi p_r) = \frac{a\xi p_r - A}{B - A} \tag{4-30}$$

$$p_r^C = \frac{1}{2}\left(-\frac{c_{ri}+c_{mi}}{2} - c_{rf} - c_{me} - c_{ms} - c_{md} - \frac{c_{ri}\xi}{2} - c_{rh}\xi - c_{mr}\xi - c_{mf}\xi + c_{md}\xi\right) +$$

$$\frac{\xi(P+s-l)\left(1 - \dfrac{a\xi p_r^C - A}{B-A}\right) + \xi l}{2} \tag{4-31}$$

定理 4.3 给出了市场需求 D 为均匀分布时的集中式决策情形下的最优回收价格。

定理 4.3 当回收的废旧产品的可再制造率为随机分布但再制造产品市场需求在区间 $[A,B]$ 上均匀分布时，有如下结论：

1）集中式决策下可使再制造供应链期望利润最大化的最优回收价格为

$$p_r^C = \frac{(B-A)\left(-\dfrac{c_{ri}+c_{mi}}{2} - c_{rf} - c_{me} - c_{ms} - c_{md} - \dfrac{c_{ri}\xi}{2} - c_{rh}\xi - c_{mr}\xi - c_{mf}\xi + c_{md}\xi\right) + \xi[B(P+s) - lA]}{2(B-A) + a\xi^2(P+s-l)} \tag{4-32}$$

2）集中式决策情形下的再制造供应链最大化期望利润为

$$(\Pi_{SC}^C)_{max} =$$

$$ap_r^C\left(-p_r^C - \frac{c_{ri}+c_{mi}}{2} - c_{rf} - c_{me} - c_{ms} - c_{md} - \frac{c_{ri}\xi}{2} - c_{rh}\xi - c_{mr}\xi - c_{mf}\xi + c_{md}\xi\right) +$$

$$P\left[ap_r^C\xi - \int_0^{ap_r^C\xi} F(x)\,dx\right] + l\int_0^{ap_r^C\xi} F(x)\,dx - s\left[\int_0^{+\infty}(x - ap_r^C\xi)f(x)\,dx + \int_0^{ap_r^C\xi} F(x)\,dx\right] \tag{4-33}$$

废旧产品的最优回收量为 $aE(\xi)p_r^C$，其中 p_r^C 由结论 1）决定。

证明：在式（4-31）中以 p_r^C 为未知量且考虑到 $Q = ap_r$ 整理可得。
证毕。

3. 再制造产品市场需求为非均匀分布时的情形

类似定理 4.2，可以推出集中式决策情形下的最优回收价格迭代公式，即定理 4.4。

定理 4.4 再制造产品市场需求和废旧产品可再制造率均为随机分布时，集中式决策情形下的最优回收价格为

$$p_r^C = \frac{1}{2}\left[-\frac{c_{ri}+c_{mi}}{2} - c_{rf} - c_{me} - c_{ms} - c_{md} - \left(\frac{c_{ri}}{2} + c_{rh} + c_{mr} + c_{mf} - c_{md}\right)E(\xi)\right] +$$
$$\frac{E(\xi)(P+s-l)[1 - F(aE(\xi)p_r^C)] + E(\xi)l}{2} \quad (4\text{-}34)$$

证明：与定理 4.2 证明过程类似。
证毕。

通过式（4-34），可以得到再制造供应链获得最大化期望利润时提供给废旧产品持有者的最优回收价格 p_r^C 的近似值。迭代算法代码与定理 4.2 所给出的 MATLAB 代码类似，此处省略。

4.3 多源不确定性环境下机械装备再制造供应链的收益共享契约协调

本节设计一个收益共享契约协调多源不确定性环境下的再制造供应链，并探讨契约中参数间的关系。收益共享契约可以使制造商以低于生产成本的批发价格供应零售商产品，同时从零售商的销售收入中分配一部分收益来抵消自身的损失。在再制造供应链中，再制造商提供给零售商一定的废旧产品回收价格激励零售商回收废旧产品，然后分配一部分比例的再制造产品的销售收入给予零售商。

将 (w_r, ϕ) 作为收益共享契约中的参数，则从再制造商转移给零售商的转移支付 T 为

$$T(q, w_r, \phi, \xi, D) = w_r Q + (1-\phi)PS(q) + (1-\phi)l[q - S(q)] \quad (4\text{-}35)$$

在式（4-35）中，$(1-\phi)PS(q)$ 是给零售商的销售收入分成，$(1-\phi)l[q-S(q)]$ 是销售周期期末滞销情形下给予零售商的再制造产品残值分成。

将转移支付 T 代入再制造商的期望利润函数中，得到

$$E(\Pi_m^{RS}) = -c_{me}Q - c_{ms}Q - c_{mr}Q\xi - c_{md}Q(1-\xi) - \frac{c_{mi}Q}{2} - c_{mf}Q\xi -$$
$$s\left[\int_0^{+\infty}(x-q)f(x)\mathrm{d}x + \int_0^q F(x)\mathrm{d}x\right] + \underbrace{\{-w_r Q + \phi PS(q) + \phi l[q - S(q)]\}}_{T}$$

$$(4\text{-}36)$$

对比式（4-36）和式（4-25），使各供应链相关方的目标期望利润函数等于整个再制造供应链的目标期望利润函数的一个仿射函数为

$$E(\Pi_{\mathrm{m}}^{\mathrm{RS}}) = \lambda E(\Pi_{\mathrm{SC}}^{\mathrm{C}}) \qquad (0 \leq \lambda \leq 1) \qquad (4\text{-}37)$$

$$E(\Pi_{\mathrm{r}}^{\mathrm{RS}}) = (1-\lambda) E(\Pi_{\mathrm{SC}}^{\mathrm{C}}) \qquad (0 \leq \lambda \leq 1) \qquad (4\text{-}38)$$

通过整理式（4-37）和式（4-38），可以得到定理4.5。

定理4.5 在废旧产品可再制造率和再制造产品的市场销量为随机分布时，再制造商和零售商可以订立一个收益共享契约协调该多源不确定性下的再制造供应链。契约中的参数对 (w_{r}, ϕ) 满足下式条件时，再制造供应链可以消除"双重边际效应"并达到供应链协调：

$$\begin{aligned} w_{\mathrm{r}} = & -\frac{\phi(P-l)+s}{P+s-l}\left\{-p_{\mathrm{r}} - \frac{c_{\mathrm{ri}}}{2} - c_{\mathrm{rf}} - \frac{c_{\mathrm{ri}}\xi}{2} - c_{\mathrm{rh}}\xi + P\xi - c_{\mathrm{me}} - c_{\mathrm{ms}} - c_{\mathrm{mr}}\xi - \right. \\ & \left. c_{\mathrm{md}}(1-\xi) - \frac{c_{\mathrm{mi}}}{2} - c_{\mathrm{mf}}\xi - s\left[\frac{E(D)}{Q} - \xi\right]\right\} + \\ & \phi P\xi - c_{\mathrm{me}} - c_{\mathrm{ms}} - c_{\mathrm{mr}}\xi - c_{\mathrm{md}}(1-\xi) - \frac{c_{\mathrm{mi}}}{2} - c_{\mathrm{mf}}\xi - s\left[\frac{E(D)}{Q} - \xi\right] \end{aligned}$$

(4-39)

当参数对 (w_{r}, ϕ) 满足式（4-39）时，有如下结论：

1）$E(\Pi_{\mathrm{m}}^{\mathrm{RS}}) = \lambda E(\Pi_{\mathrm{SC}}^{\mathrm{RS}})$ 且 $E(\Pi_{\mathrm{r}}^{\mathrm{RS}}) = (1-\lambda) E(\Pi_{\mathrm{SC}}^{\mathrm{RS}})$，$(0 \leq \lambda \leq 1)$。$\lambda$ 随着 w_{r} 的增大而减小。

2）$E(\Pi_{\mathrm{SC}}^{\mathrm{RS}}) = E(\Pi_{\mathrm{SC}}^{\mathrm{C}})$，即再制造供应链在收益共享契约情形下的期望利润与集中式决策情形下的期望利润相等。

证明： 由式（4-36）和式（4-25），结合已知结论 $S(q) = q - \int_0^q F(y) \mathrm{d}y$，可得

$$\begin{aligned} E(\Pi_{\mathrm{SC}}^{\mathrm{C}}) = & -p_{\mathrm{r}}Q - \frac{c_{\mathrm{ri}}Q}{2} - c_{\mathrm{rf}}Q - \frac{c_{\mathrm{ri}}Q\xi}{2} - c_{\mathrm{rh}}Q\xi + Pq - c_{\mathrm{me}}Q - c_{\mathrm{ms}}Q - c_{\mathrm{mr}}Q\xi - \\ & c_{\mathrm{md}}Q(1-\xi) - \frac{c_{\mathrm{mi}}Q}{2} - c_{\mathrm{mf}}Q\xi - (P+s-l)\int_0^q F(x)\mathrm{d}x - s[E(D)-q] \end{aligned}$$

(4-40)

$$\begin{aligned} E(\Pi_{\mathrm{m}}^{\mathrm{RS}}) = & -c_{\mathrm{me}}Q - c_{\mathrm{ms}}Q - c_{\mathrm{mr}}Q\xi - c_{\mathrm{md}}Q(1-\xi) - \frac{c_{\mathrm{mi}}Q}{2} - c_{\mathrm{mf}}Q\xi - w_{\mathrm{r}}Q + \\ & \phi Pq - [\phi(P-l)+s]\int_0^q F(x)\mathrm{d}x - s[E(D)-q] \end{aligned}$$

(4-41)

将式（4-40）和式（4-41）代入假设的等式 $E(\Pi_{\mathrm{m}}^{\mathrm{RS}}) = \lambda E(\Pi_{\mathrm{SC}}^{\mathrm{C}})$，$0 \leq \lambda \leq 1$。为使此假设的等式恒成立，须使下边两个公式同时成立：

$$\lambda\left\{-p_rQ-\frac{c_{ri}Q}{2}-c_{rf}Q-\frac{c_{ri}Q\xi}{2}-c_{rh}Q\xi+Pq-c_{me}Q-c_{ms}Q-\right.$$
$$\left.c_{mr}Q\xi-c_{md}Q(1-\xi)-\frac{c_{mi}Q}{2}-c_{mf}Q\xi-s[E(D)-q]\right\}$$
$$=-c_{me}Q-c_{ms}Q-c_{mr}Q\xi-c_{md}Q(1-\xi)-\frac{c_{mi}Q}{2}-c_{mf}Q\xi-w_rQ+\phi Pq-s[E(D)-q] \tag{4-42}$$

且

$$\lambda(P+s-l)\int_0^q F(x)\mathrm{d}x=[\phi(P-l)+s]\int_0^q F(x)\mathrm{d}x \tag{4-43}$$

联立式（4-42）和式（4-43），消去 $\int_0^q F(x)\mathrm{d}x$，则有

$$\begin{cases}\lambda(P+s-l)=\phi(P-l)+s\lambda\left\{-p_rQ-\frac{c_{ri}Q}{2}-c_{rf}Q-\frac{c_{ri}Q\xi}{2}-\right.\\ \left.c_{rh}Q\xi+Pq-c_{me}Q-c_{ms}Q-c_{mr}Q\xi-c_{md}Q(1-\xi)-\right.\\ \left.\frac{c_{mi}Q}{2}-c_{mf}Q\xi-s[E(D)-q]\right\}\\ =-c_{me}Q-c_{ms}Q-c_{mr}Q\xi-c_{md}Q(1-\xi)-\\ \frac{c_{mi}Q}{2}-c_{mf}Q\xi-w_rQ+\phi Pq-s[E(D)-q]\end{cases} \tag{4-44}$$

消去 λ，可得收益共享契约参数间的关系为

$$w_r=-\frac{\phi(P-l)+s}{P+s-l}\left\{-p_r-\frac{c_{ri}}{2}-c_{rf}-\frac{c_{ri}\xi}{2}-c_{rh}\xi+P\xi-c_{me}-c_{ms}-c_{mr}\xi-\right.$$
$$\left.c_{md}(1-\xi)-\frac{c_{mi}}{2}-c_{mf}\xi-s\left[\frac{E(D)}{Q}-\xi\right]\right\}+\phi P\xi-c_{me}-c_{ms}-c_{mr}\xi-$$
$$c_{md}(1-\xi)-\frac{c_{mi}}{2}-c_{mf}\xi-s\left[\frac{E(D)}{Q}-\xi\right] \tag{4-45}$$

通过假设，有 $E(\Pi_m^{RS})=\lambda E(\Pi_{SC}^{C})$，$0\leq\lambda\leq 1$。可以看到，此时收益共享契约情形下的目标期望利润函数与集中式决策情形下的目标期望利润函数一致，因此，有 $E(\Pi_{SC}^{RS})=E(\Pi_{SC}^{C})$ 成立。

证毕。

定理 4.5 为再制造商和零售商提供了一个多源不确定性环境下的收益共享契约来达到再制造供应链的协调。

由于 $\frac{\partial^2 w_r}{\partial\phi^2}=0$，且 $\frac{\partial w_r}{\partial\phi}=P\xi-\frac{(P-l)}{P+s-l}\left[-p_r-\frac{c_{ri}}{2}-c_{rf}-\frac{c_{ri}\xi}{2}-c_{rh}\xi+P\xi-c_{me}-c_{ms}-\right.$

$$c_{mr}\xi - c_{md}(1-\xi) - \frac{c_{mi}}{2} - c_{mf}\xi - s\left(\frac{E(D)}{Q} - \xi\right)\Big]$$ 为一个定值，又由于 w_r 关于 ϕ 连续可微，因此 w_r 是一个关于 ϕ 的线性函数，整理后可得斜率为

$$\frac{\partial w_r}{\partial \phi} = \frac{(P-l)}{P+s-l}\left\{\frac{s}{P-l}P\xi - p_r - \frac{c_{ri}}{2} - c_{rf} - \frac{c_{ri}\xi}{2} - c_{rh}\xi - c_{me} - c_{ms} - c_{mr}\xi - c_{md}(1-\xi) - \frac{c_{mi}}{2} - c_{mf}\xi - s\left[\frac{E(D)}{Q} - \xi\right]\right\} \quad (4\text{-}46)$$

通过式（4-46），可得观察4.2。

观察 4.2 当再制造产品销售价格 $P < \Lambda$ 时，收益共享契约中的参数 w_r 随着 ϕ 的增加而增加；当 $P > \Lambda$ 时，w_r 随着 ϕ 的增加而减少，其中

$$\Lambda = \frac{l\Omega}{\Omega - s\xi} \quad (4\text{-}47)$$

$$\Omega = \left\{p_r + \frac{c_{ri}}{2} + c_{rf} + \frac{c_{ri}\xi}{2} + c_{rh}\xi + c_{me} + c_{ms} + c_{mr}\xi + c_{md}(1-\xi) + \frac{c_{mi}}{2} + c_{mf}\xi + s\left[\frac{E(D)}{Q} - \xi\right]\right\} \quad (4\text{-}48)$$

证明： $P < \Lambda$

$\Leftrightarrow$

$$\frac{s\xi}{P-l}P > \Omega = \left\{p_r + \frac{c_{ri}}{2} + c_{rf} + \frac{c_{ri}\xi}{2} + c_{rh}\xi + c_{me} + c_{ms} + c_{mr}\xi + c_{md}(1-\xi) + \frac{c_{mi}}{2} + c_{mf}\xi + s\left[\frac{E(D)}{Q} - \xi\right]\right\}$$

$\Leftrightarrow$

$$\frac{\partial w_r}{\partial \phi} = \frac{(P-l)}{P+s-l}\left\{\frac{s}{P-l}P\xi - p_r - \frac{c_{ri}}{2} - c_{rf} - \frac{c_{ri}\xi}{2} - c_{rh}\xi - c_{me} - c_{ms} - c_{mr}\xi - c_{md}(1-\xi) - \frac{c_{mi}}{2} - c_{mf}\xi - s\left[\frac{E(D)}{Q} - \xi\right]\right\} > 0$$

证毕。

当 $P > \Lambda$ 时，证明过程类似，此处略去。

观察 4.2 表明再制造产品的销售价格 P 的大小影响了收益共享契约中两个参数的关系。当 $P > \Lambda$ 时，为了使再制造供应链达到协调，再制造商在提高给予零售商的废旧产品收购价格 w_r 时，需要相应降低给予零售商的销售收入分成。当 $P < \Lambda$ 时，伴随着废旧产品收购价格 w_r 的增长，零售商可以向再制造商要求更多的销售收入分成。

图 4-4 表示 $P > \Lambda$ 情形下收益共享契约中的两个参数的函数关系 $w_r = w_r(\phi)$。通过图 4-4 和定理 4.5，直线 $w_r = w_r(\phi)$ 中任意一点均代表一种契约，且直线 $w_r = w_r(\phi)$ 的连续性表明契约集可以任意分割利润，这意味着直线 $w_r = w_r(\phi)$ 给予了再制造商和零售商分配利润方面的灵活性。

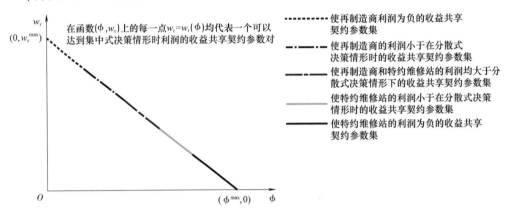

图 4-4　再制造商和特约维修站间收益共享契约中的两个参数的函数关系 $w_r = w_r(\phi)$

事实上，对任意 $\lambda' \in [0,1]$ 代表的一种利润分配比例，总有唯一的一个直线 $w_r' = w_r(\phi')$ 上的点 (ϕ', w_r') 满足公式 $E(\Pi_m^{RS}) = \lambda' E(\Pi_{SC}^C)$。反过来，对任意 $w_r'' \in w_r'' = w_r(\phi'')$，总存在唯一一个 $\lambda'' \in [0,1]$，满足公式 $E(\Pi_m^{RS}) = \lambda'' E(\Pi_{SC}^C)$。

通过调整契约 (w_r, ϕ) 的参数值，再制造商和零售商完成"讨价还价"过程。收益共享契约在分割利润方面有充分的灵活性（从图 4-4 可以看出：点集是连续地分布于一条直线的）。由于此收益共享契约分配利润的灵活性，容易得出，在直线 $w_r = w_r(\phi)$ 上总是存在至少一点满足再制造商和零售商增加分散式决策情形下各自的期望利润的目的，即各方均比分散式决策情形下获得相等或更多的期望利润，并且至少有一方严格地比分散式决策情形下获得更多的期望利润。

但是需要指出，基于分散式决策下的 Stackelberg 博弈，具备强力"讨价还价"能力的一方（例如再制造商），需要给予另外一方不少于其在分散式决策情形下的期望利润，以使其参与到收益共享契约中来。

观察 4.3 和观察 4.4 给出了 $P > \Lambda$ 条件下的两种收益共享契约的极端情形。其中第一种是零售商不获得共享收益，第二种是零售商免费向再制造商提供废旧产品。两种情形均可以达到再制造供应链协调且容易在实践中实施。

观察 4.3　当 $P > \Lambda$，且零售商从再制造商处未获得共享收益时，再制造供应链仍可消除"双重边际效应"达到协调，此时再制造商提供给零售商的转移支付价格 $w_r^{\max}$ 须满足

$$w_{\rm r}^{\max} = \frac{s}{P+s-l}\left\{p_{\rm r} + \frac{c_{\rm ri}}{2} + c_{\rm rf} + \frac{c_{\rm ri}\xi}{2} + c_{\rm rh}\xi - P\xi + c_{\rm me} + c_{\rm ms} + \right.$$

$$\left. c_{\rm mr}\xi + c_{\rm md}(1-\xi) + \frac{c_{\rm mi}}{2} + c_{\rm mf}\xi + s\left[\frac{E(D)}{Q} - \xi\right]\right\} -$$

$$c_{\rm me} - c_{\rm ms} - c_{\rm mr}\xi - c_{\rm md}(1-\xi) - \frac{c_{\rm mi}}{2} - c_{\rm mf}\xi - s\left[\frac{E(D)}{Q} - \xi\right] \quad (4-49)$$

证明：通过定理 4.5，考察 $w_{\rm r}$ 和 ϕ 的关系，可知式（4-49）成立。

事实上，若此情形时 $w_{\rm r}^{\max} > 0$，再制造商和零售商通过收益共享契约 $\{w_{\rm r}^{\max}, 0\}$ 可以获得正的期望利润。观察 4.3 表明存在一个特殊的收益共享契约参数对，此时零售商仅仅获得转移支付，其中 $w_{\rm r} = w_{\rm r}^{\max}$，而未参与再制造商的利润分配。此时收益共享契约退化为一个批发价格契约。

观察 4.4 当 $P > \Lambda$，且零售商向再制造商免费提供所回收的废旧产品时，再制造供应链仍可消除"双重边际效应"达到再制造供应链协调，此时 $\phi^{\max}$ 须满足

$$\phi^{\max} = \frac{-s\Delta - c_{\rm me} - c_{\rm ms} - c_{\rm mr}\xi - c_{\rm md}(1-\xi) - \frac{c_{\rm mi}}{2} - c_{\rm mf}\xi - s\left[\frac{E(D)}{Q} - \xi\right]}{(P-l)\Delta - P\xi(P+s-l)}(P+s-l)$$

(4-50)

式中

$$\Delta = -p_{\rm r} - \frac{c_{\rm ri}}{2} - c_{\rm rf} - \frac{c_{\rm ri}\xi}{2} - c_{\rm rh}\xi + P\xi - c_{\rm me} - c_{\rm ms} - c_{\rm mr}\xi - c_{\rm md}(1-\xi) - \frac{c_{\rm mi}}{2} - c_{\rm mf}\xi - s\left[\frac{E(D)}{Q} - \xi\right] \quad (4-51)$$

证明：通过定理 4.5，考察 $w_{\rm r}$ 和 ϕ 的关系，可知式（4-50）和（4-51）成立。

事实上，若此情形时 $\phi^{\max} < 1$，再制造商和零售商通过收益共享契约 $\{0, \phi^{\max}\}$ 可以获得正的期望利润。

观察 4.3 和观察 4.4 给出了所研究的再制造供应链收益共享契约的参数"边界"。

进一步，本章研究该收益共享契约的适用性问题，即是否一定存在一个收益共享契约参数对 $\{w_{\rm r}, \phi\}$ 使再制造商和零售商的利润均大于各自在分散式决策情形下的期望利润？考虑到契约的订立须使双方均同意遵守契约，任何一方均可退出契约再退回到分散式决策的情形下，若有一方具有强大的议价能力，可以在分散式决策情形下拿到远多于另一方的利润，那它是否有意愿与另一方订立契约？定理 4.6 给出了多源不确定性环境影响下的再制造供应链收益共享契约的适用性。该定理阐明了契约的订立不依赖于议价能力悬殊而存在。

定理 4.6 不论多源不确定性环境影响下的再制造供应链在分散式决策情形时的各个参与方拥有多悬殊的议价能力，定理 4.5 所提出的收益共享契约参数集中至少存在一个参数对 (w_r, ϕ) 同时满足下列两个条件：

1) 再制造供应链双方均获得不少于分散式决策情形下的期望利润。
2) 整个再制造供应链仍然达到最优的期望利润。

换言之，图 4-4 中的直线 $w_r = w_r(\phi)$ $(0 \leq \phi \leq 1)$ 中至少存在一个点满足下列三种情况中的一种：

$$\Pi_m^{RS} > \Pi_m^d \text{ 且 } \Pi_r^{RS} = \Pi_r^d$$

or

$$\Pi_m^{RS} = \Pi_m^d \text{ 且 } \Pi_r^{RS} > \Pi_r^d$$

or

$$\Pi_m^{RS} > \Pi_m^d \text{ 且 } \Pi_r^{RS} > \Pi_r^d$$

证明： 在分散式决策情形下，假定 $w = w_r$，$\Pi_m^d \geq 0$，$\Pi_r^d \geq 0$ 且 $\Pi_{SC}^d = \Pi_m^d + \Pi_r^d$，由于分散式决策的"双重边际效应"，再制造供应链未获得集中式决策的期望利润。而集中式决策情形下的再制造供应链的期望利润函数与收益共享契约情形下的期望利润函数相同，所以有 $\Pi_{SC}^{RS} \geq \Pi_{SC}^d$，从而有 $\Pi_m^{RS} + \Pi_r^{RS} \geq \Pi_m^d + \Pi_r^d$。所以图 4-4 中所有的参数对均有 $\Pi_m^{RS} + \Pi_r^{RS} \geq \Pi_m^d + \Pi_r^d$。考虑到图 4-4 中收益共享契约参数对的连续性，因此至少有一点满足下列三种情况中的一种：

$$\Pi_m^{RS} > \Pi_m^d \text{ 且 } \Pi_r^{RS} = \Pi_r^d$$

or

$$\Pi_m^{RS} = \Pi_m^d \text{ 且 } \Pi_r^{RS} > \Pi_r^d$$

or

$$\Pi_m^{RS} > \Pi_m^d \text{ 且 } \Pi_r^{RS} > \Pi_r^d$$

证毕。

在实践中，一方对议价能力的统治力是由双方不相等的地位所确定的。当双方地位悬殊时，在分散式决策情形下，一方拥有整个再制造供应链利润的绝大部分，而另外一方拥有剩下的一小部分利润，这在实践中是常见的现象（例如沃尔玛作为订货商和我国的上游供应商间的利润分配）。根据定理 4.6，无论其中一位利益相关方在分散式决策情形下拥有多强的议价支配力量，定理 4.5 所提出的收益共享契约在面向再制造供应链的多源不确定性环境时，仍然可以使该垄断性的利益相关方获得更多的额外期望利润，此时该垄断性的利益相关方仍有意愿与另一方参与制定收益共享契约。

4.4 各情形下政府补贴资金效率分析

作为绿色低碳节材环保行业的支持者，政府非常希望通过政策激励和行政补贴等手段支持再制造产业的发展。考虑到在很多发展中国家（例如我国），政府的介入具有重要的影响，本小节讨论在再制造商和零售商达成收益共享契约后，政府补贴资金在再制造供应链各个利益相关方间的分配情况，并对比分析分散式决策、集中式决策和收益共享契约三种情形下，政府补贴资金对再制造供应链所回收的废旧产品数量和期望利润的影响。

假设再制造商在分散式决策情形下从政府方面获得单位再制造产品 k_s 的政府补贴，则定理 4.7 揭示了政府补贴对所订立的收益共享契约的影响。

定理 4.7 同定理 4.5 的假设，在单位再制造产品获得政府补贴 k_s 的情形下，收益共享契约的参数对 (w_r, ϕ) 的关系被改变为

$$w_r = -\frac{\phi(P-l)+s}{P+s-l}\left\{-p_r - \frac{c_{ri}}{2} - c_{rf} - \frac{c_{rh}\xi}{2} - c_{rh}\xi + P\xi - c_{me} - c_{ms} - c_{mr}\xi - \underbrace{k_s\xi}_{\text{Subsidy}} - c_{md}(1-\xi) - \frac{c_{mi}}{2} - c_{mh}\xi - s\left[\frac{E(D)}{Q} - \xi\right]\right\} + \phi P\xi -$$

$$c_{me} - c_{ms} - c_{mr}\xi - c_{md}(1-\xi) - \frac{c_{mi}}{2} - c_{mf}\xi - s\left[\frac{E(D)}{Q} - \xi\right] \quad (4-52)$$

此时再制造供应链达到供应链协调且"双重边际效应"得以消弭。

在此帕累托最优情形下，有

（1）$E(\Pi_m^{RS}) = \lambda E(\Pi_{SC}^{RS})$，$E(\Pi_r^{RS}) = (1-\lambda)E(\Pi_{SC}^{RS})$，$0 \leq \lambda \leq 1$，并且 λ 随着 w_r 的增加而递减。

（2）$E(\Pi_{SC}^{RS}) = E(\Pi_{SC}^{C})$。

证明：证明过程类似于定理 4.5 的证明。

给定一个确定的 ϕ，通过定理 4.7，可以发现政府补贴资金 k_s 的系数 $-\frac{\phi(P-l)+s}{P+s-l}(-\xi) > 0$，因此 $(w_r)_{\text{with\_subsidy}}$ 要大于 $(w_r)_{\text{without\_subsidy}}$。这表明，通过政府补贴资金的投入，再制造商可以有意愿和能力提供更高的废旧产品转移支付价格给零售商。由于 $p_r = \frac{1}{2}\left(w^d - \frac{c_{ri}}{2} - c_{rf} - \frac{c_{rh}\xi}{2} - c_{rh}\xi\right)$，所以零售商可以提供更高的废旧产品回收价格给予客户。

由于在分散式决策情形下，再制造商方面获得的总的政府补贴资金量为 $k_s Q\xi$。可以看出，资金投入量受回收数量的影响。分散式决策情形下政府补贴对再制造供应链的回收数量以及期望利润的影响可以总结为定理 4.8。

定理4.8 在分散式决策情形下，当单位再制造产品从政府方面获得补贴 k_s 且再制造产品的市场需求服从均匀分布 $U[A,B]$ 时，较之无政府补贴的情形，再制造供应链可回收更多的废旧产品，且有 $Q_\text{with\_subsidy} - Q_\text{without\_subsidy} = \dfrac{a(B-A)k_s\xi}{4(B-A)+a\xi^2(P+s-l)}$。此时，再制造供应链的期望利润由于政府补贴而增加，增加量为

$$E_\text{with\_subsidy}(\Pi_\text{SC}^\text{D}) - E_\text{without\_subsidy}(\Pi_\text{SC}^\text{D}) = \dfrac{a(B-A)k_s^2\xi^2}{4(B-A)+a\xi^2(P+s-l)}$$

证明：通过定理4.1的分散式决策情形的结果并考虑政府补贴引入后的回收数量差别，有 $Q_\text{with\_subsidy} - Q_\text{without\_subsidy} = a[(p_r^\text{D})_\text{with\_subsidy} - (p_r^\text{D})_\text{without\_subsidy}]$，可知 $Q_\text{with\_subsidy} - Q_\text{without\_subsidy} = \dfrac{a(B-A)k_s\xi}{4(B-A)+a\xi^2(P+s-l)}$。

另外由 $E_\text{with\_subsidy}(\Pi_\text{SC}^\text{D}) - E_\text{without\_subsidy}(\Pi_\text{SC}^\text{D}) = k_s\xi\Delta Q$，可得 $E_\text{with\_subsidy}(\Pi_\text{SC}^\text{D}) - E_\text{without\_subsidy}(\Pi_\text{SC}^\text{D}) = k_s\xi\dfrac{a(B-A)k_s\xi}{4(B-A)+a\xi^2(P+s-l)}$。

证毕。

定理4.8表明在市场需求服从均匀分布时，政府补贴有助于回收更多的废旧产品，增加再制造供应链的期望利润。但是在市场需求服从非均匀分布时，回收数量存在于一个隐函数之中不易观察，但再制造供应链仍可以增加期望利润并回收更多的废旧产品。

进一步通过定理4.9可以得知，一旦再制造供应链达到了供应链协调，则同样的政府补贴政策情形下，收益共享契约会获得更多的政府补贴资金，并回收更多的废旧产品。

定理4.9 在收益共享契约情形和集中式决策情形下，当单位再制造产品从政府方面获得补贴 k_s 且再制造产品的市场需求服从均匀分布 $U[A,B]$ 时，较之无政府补贴情形，再制造供应链可以回收更多的废旧产品，且有

$$Q_\text{with\_subsidy} - Q_\text{without\_subsidy} = \dfrac{a(B-A)k_s\xi}{2(B-A)+a\xi^2(P+s-l)}$$

。此时，再制造供应链的期望利润由于政府补贴而增加，增加量为

$$E_\text{with\_subsidy}(\Pi_\text{SC}^\text{RS}) - E_\text{without\_subsidy}(\Pi_\text{SC}^\text{RS}) = \dfrac{a(B-A)k_s^2\xi^2}{2(B-A)+a\xi^2(P+s-l)}$$

证明：证明过程类似定理4.8的证明。

由 $E_\text{with\_subsidy}(\Pi_\text{SC}^\text{D}) - E_\text{without\_subsidy}(\Pi_\text{SC}^\text{D}) < E_\text{with\_subsidy}(\Pi_\text{SC}^\text{RS}) - E_\text{without\_subsidy}(\Pi_\text{SC}^\text{RS})$ 可知，再制造供应链在收益共享契约情形下比在分散式决策情形下获得更多的额外利润，这些额外利润均为政府补贴投入。换言之，政府补贴作为一个正向的

激励因素在三种情形下均可以增加再制造供应链的期望利润且回收更多的废旧产品，但对比定理 4.8 和定理 4.9，再制造供应链在收益共享契约情形下期望利润的增加量要大于分散式决策情形下期望利润的增加量。

4.5 契约协调问题的案例分析

在框限了再制造商和零售商的期望利润函数和设计了再制造供应链的收益共享契约之后，下一步结合实际案例来对该收益共享契约进行模型检测。本节采用一个国内领先的重型载货汽车发动机再制造企业的实际数据来获得更深入的管理启示。由于再制造载货汽车或家用轿车发动机是发达国家和发展中国家重点推广的再制造产品，因此本节以斯太尔 336 马力再制造重型载货汽车发动机为研究对象。本节关于再制造重型载货汽车发动机的研究结果证明了前文所提出的具有可操作性的收益共享契约对再制造商和零售商的利润率的提高是有益的。

在本节中，首先介绍从再制造企业济南复强动力和其零售商郑州特约维修站所收集的数据，其次给出基于所收集数据的定量化的分析，最后对比分析基于分散式决策情形、集中式决策情形和收益共享契约情形下再制造供应链的期望利润，指出收益共享契约可以通过将再制造商和零售商的期望利润函数与整个再制造供应链的期望利润函数在数学含义下"仿射一致"的手段来最大化两者的期望利润。由于政府需要在补贴资金投入方面做出决策，通过对比同等强度的政府补贴资金投入下三种情形的"利润增长率"，本节还探讨了当政府补贴资金量变化时的再制造供应链的利润增长率的变化情景。

▶▶ 4.5.1 数据收集——以再制造重型载货汽车发动机为例

我国近些年来激增的基础设施建设带来了对重型载货汽车的巨大需求。济南复强动力是一家国内领先的重型载货汽车发动机再制造企业，它是本研究中的再制造商。在本章中，河南郑州的一个重型载货汽车特约维修站被选为再制造发动机的零售商。此外本研究选取一种再制造重型载货汽车发动机畅销型号，即斯太尔 336 马力重型载货汽车发动机作为案例进行分析。济南复强动力将不能再制造的发动机零部件按照报废钢材进行处理。

基于对济南复强动力和郑州重型载货汽车特约维修站的实地调研，所收集的数据如下：

1）再制造斯太尔 336 马力重型载货汽车发动机的销售价格为 44 000 元，新品价格为 70 000 元。

2）运输成本为 0.73 元/（台·km）。考虑到济南复强动力与郑州重型载货汽车特约维修站的距离，每台再制造或废旧发动机的运输成本为 500 元。因此

$c_{mr} = c_{rf} = 500$ 元。

3）郑州重型载货汽车特约维修站平均每台重型载货汽车发动机的库存成本为 100 元。因此 $c_{ri} = 100$ 元。但实际情况是为了促进再制造产品的销售，此库存成本由济南复强动力承担。济南复强动力平均每台重型载货汽车发动机的库存成本为 17 元，因此 $c_{mi} = 17$ 元。

4）2013 年，大约有 80 台再制造斯太尔 336 马力重型载货汽车发动机在该特约维修站售出。需求被记为 $D \sim U(40,120)$。

5）平均每台废旧再制造重型载货汽车发动机的折价为 12 500 元，则 $Q = 80/12\,500 \times p_r$。

6）平均每台再制造重型载货汽车发动机获得的政府补贴是 2 000 元，因此 $k_s = 2\,000$ 元。k_s 是一个外部因素，在此时可以看作对济南复强动力再制造成本的抵减。

7）图 4-5 给出了济南复强动力在斯太尔 336 马力重型载货汽车发动机的再制造流程内各个环节的成本。在图中，每一个被回收的废旧发动机都需要经过拆解、清洗、检测、加工修复再制造和装配等主要操作环节。废旧发动机首先被拆解为多个主要零部件。该斯太尔 336 马力重型载货汽车发动机的零部件主要有曲轴、缸体、缸盖、连杆、齿轮室、飞轮壳和其他部件。在对其主要零部件进行检测后，被判断为磨损、表面龟裂（裂纹）、变形和断裂情形的零部件可以再制造，剩余的零部件不可再制造。根据图 4-5，ξ 服从分布 $N(0.7,0.09)$。

8）不同于第 4.3 节的模型假设，实际中济南复强动力没有废弃成本；相反，通过将不可再制造的零部件转化为炼钢的原材料，济南复强动力可以获得一部分利润。平均每台斯太尔 336 马力重型载货汽车发动机的重量为 800kg，废弃的钢材的售价为 2 元/kg。因此对于每台不可再制造的发动机，有 $c_{md} = -1\,600$ 元。

4.5.2 数学模拟实验结果——以再制造重型载货汽车发动机为例

本节研究随机的市场需求和随机的废旧发动机可再制造率对再制造供应链的影响。当随机的可再制造率从 0.3 变化到 1.0，随机的市场需求从 40 台变化到 120 台时，图 4-6 给出了再制造供应链在分散式决策、集中式决策和收益共享契约三种情形下的期望利润。

在图 4-6 中，上方的利润曲面表示再制造供应链在集中式决策和收益共享契约情形下的期望利润。这两种情形的利润曲面是重合的，这表明通过收益共享契约，济南复强动力和郑州重型载货汽车特约维修站表现得像一家企业（one-unit-firm）。下方的利润曲面表示再制造供应链在分散式决策情形下的期望利润。通过订立收益共享契约，整个再制造供应链获得了比不合作的分散式决策情形下更高的期望利润。

第 ❹ 章 多源不确定性下机械装备再制造供应链契约协调问题

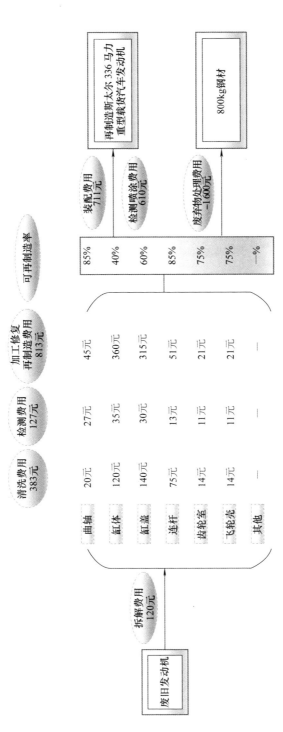

图 4-5 斯太尔 336 马力重型载货汽车发动机的再制造流程内各环节的成本

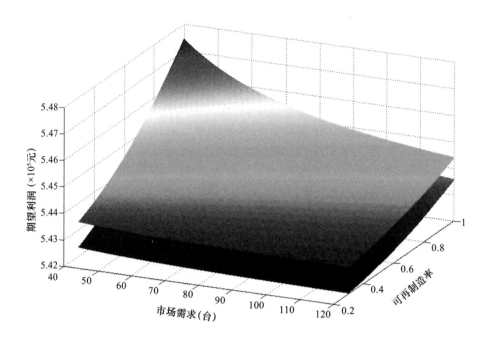

图4-6 三种情形下的再制造供应链的期望利润

显然,当特约维修站回收的废旧发动机的可再制造率增加时,再制造供应链的期望利润增加。当废旧发动机的可再制造率比较低(大约为40%)时,再制造产品的市场需求对期望利润的影响不大;但当可再制造率较高(大约为80%)时,市场需求对再制造供应链的期望利润影响显著。

4.5.3 政府补贴政策情景分析

两种不确定变量会影响整个再制造供应链的期望利润,其他变量会影响给予客户的废旧产品回收价格。然而,很多变量例如再制造成本和运输成本在实际环境中很难轻易发生改变。与之相反的是,政府补贴政策作为一个具有影响力的外部变量,由于可变性而成为影响再制造供应链的关键因素。因此本章对政府补贴政策对再制造供应链期望利润的影响进行情景分析,假定再制造补贴数额从每台再制造发动机0元增加到4 000元。

考虑以下三种情形:

1) 济南复强动力和郑州特约重型载货汽车维修站彼此分散式决策,并获得再制造补贴 k_s/台。

2) 济南复强动力和郑州特约重型载货汽车维修站集中式决策,并获得再制造补贴 k_s/台。

3) 济南复强动力和郑州特约重型载货汽车维修站按照收益共享契约合作,

并获得再制造补贴 k_s/台。

参考 He 和 Zhao 等人（2012）的研究，采用利润增长率（profit increase rate）作为三种情形下再制造供应链绩效增加的指标。

$$\text{A 到 B 的利润增长率} = \left(\frac{\text{情景 B 下的 RSC 利润}}{\text{情景 A 下的 RSC 利润}} - 1\right) \times 100\%$$

三种情形下的政府补贴再制造供应链期望利润增长情况见表 4-1。

表 4-1　三种情形下的政府补贴再制造供应链期望利润增长情况　　（单位：元）

补贴 k_s	分散式决策情形		集中式决策情形		收益共享契约情形	
	利润增长	利润增长率	利润增长	利润增长率	利润增长	利润增长率
0	0	0	0	0	0	0
1 000	45 900	8.44%	49 800	9.15%	49 800	9.15%
2 000	91 800	16.88%	104 100	19.14%	104 100	19.14%
3 000	137 700	25.31%	152 400	28.01%	152 400	28.01%
4 000	183 600	33.75%	201 200	36.99%	201 200	36.99%

在表 4-1 中，$k_s = 0$ 作为政府补贴为零的情形是进行比较的基准。

情景分析结果表明政府补贴影响了三种情形下的利润增长率，但是利润增长和利润增长率在集中式决策情形和收益共享契约情形下是一致的，且高于分散式决策情形下的利润增长率。逐步分析收益共享契约情形下的利润增长原因，可以知道：首先是由于政府补贴，再制造商获得了额外利润，然后零售商在与再制造商围绕废旧产品回收转移支付价格和收益分配比例等契约参数的讨价还价的过程中分得了一部分额外利润，这部分额外利润激励了零售商改变原本的期望收益函数，这进一步提高了面向客户的回收价格，多回收了额外的废旧产品。然后，这部分额外的废旧产品最终经由再制造供应链返回再制造商处，又额外获得了政府补贴（由于政府是按照再制造数量补贴的）。最后由于收益共享契约的存在，零售商又有了分配这部分额外补贴的权利，这进一步增加了零售商的期望利润。但在分散式决策情形下，零售商未能获得足够多的补贴的激励，因而缺乏动力回收更多的废旧产品。这在表 4-1 中三种情形下的期望利润增长情况的差异中可以展现。总之，相较于分散式决策情形，收益共享契约可以调动零售商的积极性来追逐额外的来自政府补贴的收益。

值得指出的是，若政府改变政策，不直接补贴给再制造商，而改为按照回收的废旧产品数量补贴给零售商的话，并不能最终提高零售商的回收数量。这是由于再制造市场需求的制约，再制造商面临再制造产品滞销的忧虑，会通过压低从零售商回收的废旧产品的价格来迫使零售商减少回收废旧产品的数量。这是由二者在分散式契约下利益不一致所决定的。

4.6 管理启示及建议

本章提供了一个再制造重型载货汽车发动机的案例来演示本章提出的收益共享契约如何在多源不确定性因素影响下协调再制造供应链。由此案例获得了关于再制造管理方面的启示。首先，虽然随机的市场需求和所回收废旧发动机随机的可再制造性这两种因素严重影响了供应链的稳定运行，济南复强动力和郑州特约维修站组成的再制造供应链所获得的期望利润结果表明了双方仍可以通过收益共享契约来协调该再制造供应链。相较于分散式决策情形，该收益共享契约可使郑州特约维修站回收更多的废旧产品并使再制造供应链获得额外的期望利润，且该期望利润与集中式决策情形下相同。多源不确定性下再制造供应链契约的订立消除了再制造供应链各个利益相关方分散式决策下的"双重边际效应"带来的效益缺失问题。

其次，再制造商例如济南复强动力可以通过收益共享契约整合整个再制造供应链，这对于分担风险、增加期望利润有所帮助。对于零售商而言，有了与再制造商订立的契约中关于收益共享的激励协议，零售商例如郑州特约维修站有动力从客户处回收更多的废旧产品。这种被激励的回收努力所能达到的"再制造商和零售商的双赢"的结果是由订立收益共享契约使双方利益相一致所促成的。但是，在订立契约的具体操作过程中，由于再制造供应链运营环境的复杂性，在多源不确定环境下照顾到各供应链参与方的利益诉求是必要的。再制造供应链协调状态需要使再制造商和零售商的期望利润"仿射于"整个再制造供应链的期望利润。因此，订立契约时再制造商和零售商均须加强包括再制造废旧产品质量和再制造市场需求等关键信息的交流，共担再制造供应链的风险，达到双赢的局面。

对于政府而言，本章首先指出采用政府补贴的政策手段对于废旧产品回收数量的提高和期望利润的增加是有帮助的。但是对比分散式决策情形和收益共享契约情形可知，该激励措施在后一种情形下得到加强，因此政府应努力促使再制造商和零售商订立合适的收益共享契约来避免政府补贴资金的低效率问题。进一步分析可知，政府补贴政策在短期内是有效的，适合现阶段我国再制造行业的发展现状，但是从长期来看应该着眼于其他政策如制定法律规范来促进再制造行业的健康发展。政府可借鉴发达国家某些成功的政策，例如通过生产者责任延伸制来激励制造商在产品设计阶段就考虑产品废弃后的再制造问题。

本章以再制造商和零售商组成的再制造供应链为研究对象，针对随机的废旧产品可再制造率和随机的再制造产品市场需求两种不确定性因素同时干扰的环境，研究了再制造供应链的契约协调问题。通过本章的研究可以得到如下 3

点结论：

1）基于再制造供应链中回收废旧产品的可再制造性随机分布以及再制造产品的市场需求随机分布的多源不确定性的现实问题，本章提出了一个再制造商和零售商间的具有操作性的收益共享契约来协调再制造供应链。对比分散式决策情形，收益共享契约情形下再制造供应链可以回收更多的废旧产品，消弭了由于多源不确定性问题所引发的"双重边际效应"问题，使再制造商和零售商均获得了更高的期望利润。同时，再制造供应链通过收益共享契约达到与集中式决策相同的期望利润。

2）分散式决策情形下再制造商和零售商一方可能具有较强的议价能力，这使得再制造供应链契约的订立看起来可能无效，即契约不能使议价主导一方具有比分散式决策情形更高的期望利润。本章证明了收益共享契约总可以找到至少一个收益分配比例和转移支付价格所组成的"参数对"，使再制造供应链中的双方均获得比分散式决策情形下更高的期望利润。这拓展了本章提出的收益共享契约所适用的范围，解决了收益共享契约在契约双方议价能力极度不平等时契约"参数对"的存在性问题。

3）在政府补贴加入到再制造供应链的背景下，本章研究了收益共享契约的参数设定如何受到政府补贴影响的问题。通过对比分析分散式决策情形和收益共享契约情形下同等强度的政府补贴带来的整个再制造供应链的期望利润的增加量和废旧产品回收的增加量，本章发现收益共享契约的订立有助于零售商提高自身回收废旧产品的积极性，这种积极性的提高源于零售商可以通过收益共享契约追逐并分配一部分政府补贴。这部分补贴的引入改变了零售商的期望利润函数，促使其回收更多的废旧产品。而废旧产品回收量的提高可使再制造供应链获得更多的政府补贴。这种互为激励的机制是由订立收益共享契约所达成的。在分散式决策情形下，没有该激励机制的存在，导致再制造供应链期望收益增加量和废旧产品回收的增加量均小于收益共享契约情形。同样，对于政府而言，应促使再制造商和零售商订立收益共享契约，分享各自的信息，共担风险，这会带来补贴资金使用效率的提高。

参 考 文 献

[1] YANG C H, WANG J, JI P. Optimal acquisition policy in remanufacturing under general core quality distributions [J]. International Journal of Production Research, 2015, 53 (5): 1425-1438.

[2] ARSHINDER S, KANDA A, DESHMUKH S G. Supply chain coordination: perspectives, empirical studies and research directions [J]. International Journal of Production Economics,

2008, 115 (2): 316-335.

[3] GOVINDAN K, POPIUC M N, DIABAT A. Overview of coordination contracts within forward and reverse supply chains [J]. Journal of Cleaner Production, 2013, 47: 319-334.

[4] LI X, LI Y J, CAI X Q. Double marginalization and coordination in the supply chain with uncertain supply [J]. European Journal of Operational Research, 2013, 226 (2): 228-236.

[5] DELLAROCAS C. Double marginalization in performance-based advertising: implications and solutions [J]. Management Science, 2012, 58 (6): 1178-1195.

[6] SPENGLER J J. Vertical integration and antitrust policy [J]. The Journal of Political Economy, 1950, 58 (4): 347-352.

[7] CACHON G P. Supply chain coordination with contracts [M]//GRAVES S, DE KOK T. Handbooks in Operations Research and Management Science: supply chain management. Amsterdam: North-Holl and Pabl. Co. , 2003.

[8] CACHON G P, LARIVIERE M A. Supply chain coordination with revenue-sharing contracts: strengths and limitations [J]. Management Science, 2005, 51 (1): 30-44.

[9] GERCHAK Y, WANG Y Z. Revenue-sharing vs. wholesale-price contracts in assembly systems with random demand [J]. Production and operations management, 2004, 13 (1): 23-33.

[10] MAFAKHERI F, NASIRI F. Revenue sharing coordination in reverse logistics [J]. Journal of Cleaner Production, 2013, 59: 185-196.

[11] GOVINDAN K, POPIUC M N. Reverse supply chain coordination by revenue sharing contract: a case for the personal computers industry [J]. European Journal of Operational Research, 2014, 233 (2): 326-336.

[12] DE GIOVANNI P, ROSELLI M. Overcoming the drawbacks of a revenue-sharing contract through a support program [J]. Annals of Operations Research, 2012, 196 (1): 201-222.

[13] DE GIOVANNI P. Environmental collaboration in a closed-loop supply chain with a reverse revenue sharing contract [J]. Annals of Operations Research, 2014, 220 (1): 135-157.

[14] BRESNAHAN T F, REISS P C. Dealer and anufacturer margins [J]. Rand Journal of Economics, 1985, 16 (2): 253-268.

[15] LARIVIERE M A, PORTEUS E L. Selling to the newsvendor: an analysis of price-only contracts [J]. Manufacturing & Service Operations Management, 2001, 3 (4): 293-305.

[16] WANG F, CHOI I C. Optimal decisions in a single-period supply chain with price-sensitive random demand under a buy-back contract [J]. Mathematical Problems in Engineering, 2014: 2275-2279.

[17] ZOU X X, POKHAREL S, PIPLANI R. A two-period supply contract model for a decentralized assembly system [J]. European Journal of Operational Research, 2008, 187 (1): 257-274.

[18] PASTERNACK B A. Optimal pricing and return policies for perishable commodities [J]. Marketing Science, 1985, 4 (2): 166-176.

[19] TSAY A A. The quantity flexibility contract and supplier-customer incentives [J]. Management Science, 1999, 45 (10): 1339-1358.

[20] LIAN Z T, DESHMUKH A. Analysis of supply contracts with quantity flexibility [J]. Europe-

an Journal of Operational Research, 2009, 196 (2): 526-533.

[21] TAYLOR T A. Supply chain coordination under channel rebates with sales effort effects [J]. Management Science, 2002, 48 (8): 992-1007.

[22] ZHANG Q H, DONG M, LOU J, et al. Supply chain coordination with trade credit and quantity discount incorporating default risk [J]. International Journal of Production Economics, 2014, 153: 352-360.

[23] HU F, LIM C C, LU Z D. Coordination of supply chains with a flexible ordering policy under yield and demand uncertainty [J]. International Journal of Production Economics, 2013, 146 (2): 686-693.

[24] OUYANG Y F. Characterization of the bullwhip effect in linear, time-invariant supply chains: some formulae and tests [J]. Management Science, 2006, 52 (10): 1544-1556.

[25] CHOI T M, CHENG T C E. Supply chain coordination under uncertainty [M]. Berlin: Springer, 2011.

[26] LEE C H, RHEE B D, CHENG T C E. Quality uncertainty and quality-compensation contract for supply chain coordination [J]. European Journal of Operational Research, 2013, 228 (3): 582-591.

[27] ANUPINDI R, AKELLA R. Diversification under supply uncertainty [J]. Management Science, 1993, 39 (8): 944-963.

[28] PEIDRO D, MULA J, POLER R, et al. Quantitative models for supply chain planning under uncertainty: a review [J]. International Journal of Advanced Manufacturing Technology, 2009, 43 (3-4): 400-420.

[29] SIMANGUNSONG E, HENDRY L C, STEVENSON M. Supply-chain uncertainty: a review and theoretical foundation for future research [J]. International Journal of Production research, 2012, 50 (16): 4493-4523.

[30] SRIDHARAN U V, CAINES W R, PATTERSON C C. Implementation of supply chain management and its impact on the value of firms [J]. Supply Chain Management-an International Journal, 2005, 10 (3-4): 313-318.

[31] MISHRA B K, RAGHUNATHAN S, YUE X H. Demand forecast sharing in supply chains [J]. Production and Operations Management, 2009, 18 (2): 152-166.

[32] OZELKAN E C, LIM C. Conditions of reverse bullwhip effect in pricing for price-sensitive demand functions [J]. Annals of Operations Research, 2008, 164 (1): 211-227.

[33] CAI X, LAI M, LI X, et al. Optimal acquisition and production policy in a hybrid manufacturing/remanufacturing system with core acquisition at different quality levels [J]. European Journal of Operational Research, 2014, 233 (2): 374-382.

[34] TOMLIN B. On the value of mitigation and contingency strategies for managing supply chain disruption risks [J]. Management Science, 2006, 52 (5): 639-657.

[35] GALBRETH M R, BLACKBURN J D. Optimal acquisition quantities in remanufacturing with condition uncertainty [J]. Production And Operations Management, 2010, 19 (1): 61-69.

[36] ZHANG Y, VOVK V, ZHANG W G. Probability-free solutions to the non-stationary newsven-

dor problem [J]. Annals of Operations Research, 2014, 223 (1): 433-449.

[37] MUKHOPADHYAY S K, MA H F. Joint procurement and production decisions in remanufacturing under quality and demand uncertainty [J]. International Journal of Production Economics, 2009, 120 (1): 5-17.

[38] HE Y, ZHAO X. Coordination in multi-echelon supply chain under supply and demand uncertainty [J]. International Journal of Production Economics, 2012, 139 (1): 106-115.

[39] LI X, LI Y J, CAI X Q. Remanufacturing and pricing decisions with random yield and random demand [J]. Computers & Operations Research, 2015, 54: 195-203.

[40] SAVASKAN R C, BHATTACHARYA S, VAN WASSENHOVE L N. Closed-loop supply chain models with product remanufacturing [J]. Management Science, 2004, 50 (2): 239-252.

[41] GUIDE V D R, VAN WASSENHOVE L N. Managing product returns for remanufacturing [J]. Production and Operations Management, 2001, 10 (2): 142-155.

[42] GALBRETH M R, BLACKBURN J D. Optimal acquisition and sorting policies for remanufacturing [J]. Production and Operations Management, 2006, 15 (3): 384-392.

[43] NENES G, PANAGIOTIDOU S, DEKKER R. Inventory control policies for inspection and remanufacturing of returns: a case study [J]. International Journal of Production Economics, 2010, 125 (2): 300-312.

[44] HASANOV P, JABER M Y, ZOLFAGHARI S. Production, remanufacturing and waste disposal models for the cases of pure and partial backordering [J]. Applied Mathematical Modelling, 2012, 36 (11): 5249-5261.

[45] ZHOU S X, YU Y K. Optimal product acquisition, pricing, and inventory management for systems with remanufacturing [J]. Operations Research, 2011, 59 (2): 514-521.

[46] BAKAL I S, AKCALI E. Effects of random yield in remanufacturing with price-sensitive supply and demand [J]. Production And Operations Management, 2006, 15 (3): 407-420.

[47] ATASU A, SOUZA G C. How does product recovery affect quality choice? [J] Production And Operations Management, 2013, 22 (4): 991-1010.

[48] GUIDE JR V D R, TEUNTER R H, VAN WASSENHOVE L N. Matching demand and supply to maximize profits from remanufacturing [J]. Manufacturing & Service Operations Management, 2003, 5 (4): 303-316.

[49] ZHOU X, HUO J Z. Coordinating ordering and production polices for JIT: bargain power analysis [C]. Harbin: International Conference on Logistics Systems and Intelligent Management, 2010.

[50] SHEU J B. Bargaining framework for competitive green supply chains under governmental financial intervention [J]. Transportation Research Part E-Logistics And Transportation Review, 2011, 47 (5): 573-592.

[51] SAVASKAN R C, VAN WASSENHOVE L N. Reverse channel design: the case of competing retailers [J]. Management Science, 2006, 52 (1): 1-14.

[52] GATILOV S Y. Using low-rank approximation of the Jacobian matrix in the Newton-Raphson method to solve certain singular equations [J]. Journal of Computational and Applied Mathe-

matics, 2014, 272: 8-24.

[53] HECKMANN I, COMES T, NICKEL S. A critical review on supply chain risk - definition, measure and modeling [J]. Omega-International Journal of Management Science, 2015, 52: 119-132.

[54] CHOI T M, LI D, YAN H M. Mean-variance analysis of a single supplier and retailer supply chain under a returns policy [J]. European Journal of Operational Research, 2008, 184 (1): 356-376.

第 5 章

风险规避型再制造供应链利益相关方契约协调问题

第4章分析了再制造商在多源不确定性的影响下与零售商进行收益共享契约机制设计的问题。第4章的研究基于再制造供应链利益相关方为风险中性，然而在具体的实践中，再制造供应链各个利益相关方是具有风险态度的。其风险态度会显著地影响各个利益相关方的决策及其与其他利益相关方间的合作行为，因此风险态度的变化对再制造商以及零售商的影响也是一个不容忽视的问题。基于此，在第4章研究的基础上，本章研究风险规避型再制造利益相关方如何设计再制造供应链契约来协调整个再制造供应链。

5.1 风险规避问题描述

与第4章的研究假设类似，本章研究一个双层的再制造供应链。因此，该再制造供应链包括一个再制造商和一个零售商。再制造商面临废旧产品获取时的不确定的可再制造率，同时，再制造商也面临着再制造产品市场营销时的不确定性。但第4章的研究前提假设是再制造商和零售商为风险中性，其目标函数为自身的期望利润，并未考虑其具有风险规避性时各自是如何决策的。事实上，受我国宏观经济影响，2015年重型载货汽车市场（包括重型载货汽车整车、重型载货汽车非完整车辆和半挂牵引车）销量惨淡，由2014年的318.44万辆大幅下滑到了285.59万辆，跌幅高达10.3%。面对市场的剧烈波动，单一考虑期望利润的决策目标函数需要相应调整，需要将随机不确定性因素的"波动幅度"，即标准差考虑进决策目标函数中。本章研究的风险态度度量为均值-方差度量。

Lau 和 Lau（1999）在一个由单一再制造商和单一零售商组成的单一周期风险规避型再制造供应链上研究了供应链回购政策。他们假定再制造商和零售商均有均值-方差度量定义下的风险规避偏好，两者的风险规避目标函数简单表示为

$$\max\{E(\Pi(q)) - k\sigma(\Pi(q))\}$$

式中，k 为其风险规避的程度，k 值越大其自身越倾向于规避风险。可以看到当 $k=0$ 时，模型退化到风险中性情形。

Lau 和 Lau 通过详细的数值实验分析了零售商和再制造商对于风险的敏感程度。Tsay（1999）在研究风险敏感度对于供应链价格补贴契约的影响时也采用了与 Lau 和 Lau 类似的研究假设，然后发现将供应链相关方的风险敏感性并入到契约的分析步骤中是很重要的。因此面临不确定性因素的干扰，风险规避型再制造供应链各个利益相关方的决策会如何变化，其订立的契约有何不同？按照均值-方差风险度量的定义，不仅要考虑其自身期望利润的最大化，还应考虑决策时不确定性因素导致的期望利润均值和期望利润方差的影响。本章着重研

究再制造商与零售商的风险态度为风险规避型时，关于再制造供应链的最优回收价格、零售商和再制造商间的转移支付价格、再制造废旧产品回收数量以及再制造供应链期望利润等指标的运营情况。

5.2 基本假设和模型符号

5.2.1 基本假设

本章的基本假设如下：

1）本章中研究的再制造供应链系统由一个再制造商和一个零售商组成，零售商从客户处回收废旧产品，将具有可再制造性的废旧产品提供给再制造商。再制造商则进行再制造，再制造商获得再制造销售收入并承担机会损失成本。

2）本研究假设零售商和再制造商具有风险规避型的风险态度。

3）参考 Tsay（1999）、Lau 和 Lau（1999）的关于风险度量的研究，本研究假设风险度量为均值-方差度量。

4）关于再制造供应链的各种成本的假设与第 4 章相同。

5）供应链成员在决策过程中，再制造商和零售商信息对称且完全理性，并最大化自身的目标函数。

5.2.2 数学模型及符号

本章为研究风险规避型再制造供应链的契约激励，模型所用到的符号如下：

k_r：为风险规避型零售商的风险规避程度，可以看作零售商对于自身期望利润波动的容忍度。

k_m：为风险规避型再制造商的风险规避程度，可以看作再制造商对于自身期望利润波动的容忍度。

k_{SC}：为集中式供应链的风险规避程度，可以看作再制造供应链集中决策者对于自身期望利润波动的容忍度。

ξ：回收的废旧产品可再制造率，是回收废旧产品数量的一个随机的比例。

$E(\xi)$：ξ 的期望。

D：再制造产品的市场需求，市场需求随机，该连续性随机变量的 PDF 为 $f(x)$，CDF 为 $F(x)$，期望为 $E(D)=\mu$，方差为 $Var(D)=\sigma^2$。

$F^{-1}(x)$：再制造产品市场需求 D 的 CDF 的反函数。

p_r：再制造废旧产品的回收价格。

p_r^D：分散式决策下废旧产品的最优回收价格。

p_r^C：集中式决策下废旧产品的最优回收价格。

w^d：针对每台废旧产品，再制造商向零售商的转移支付。

c_{ri}：零售商处的单位库存成本。

c_{rf}：零售商到再制造商的单位运输费用。

q：再制造商向零售商运送的再制造产品数量，依赖于 ξ。

c_{rh}：零售商处的单位再制造产品的营销及处理成本。

$S(q)$：再制造产品的期望销售数量，考虑到再制造产品的市场需求为随机变量 D，则 $S(q) = q - \int_0^q F(y)\mathrm{d}y$。

l：滞销时平均每台再制造产品的残值。

s：产品短缺时平均每台再制造产品的机会损失成本。

P：再制造产品的销售价格。

c_{me}：再制造商处平均每台的检测费用。当收到废旧产品时，再制造商需要检测其可再制造性。

c_{ms}：平均每台废旧产品的拆解分类费用。

c_{md}：不可再制造的零部件的无害化处置费用。

c_{mi}：再制造商处平均每台产品的库存费用。

其他符号含义同第 4 章。

5.3 风险规避型再制造供应链利益相关方分散式决策

在本节中，再制造供应链利益相关方分散式决策，权衡最大化自身期望利润和不确定性因素导致的期望函数偏差的问题。根据均值-方差风险度量定义，分别给出风险规避型再制造商和风险规避型零售商的决策目标函数。

风险规避型再制造商的决策目标函数为

$$\max E(\Pi_m^D) - k_m \sqrt{\mathrm{Var}(\Pi_m^D)}$$

式中

$$E(\Pi_m^D) = -c_{me}Q - c_{ms}Q - c_{mr}Q\xi - c_{md}Q(1-\xi) - \frac{c_{mi}Q}{2} - c_{mf}Q\xi - w^d Q +$$

$$P\left[q - \int_0^q F(x)\mathrm{d}x\right] + l\int_0^q F(x)\mathrm{d}x - s\left[\int_q^{+\infty}(x-q)f(x)\mathrm{d}x + \int_0^q F(x)\mathrm{d}x\right]$$

$$\mathrm{Var}(\Pi_m^D) = E((\Pi_m^D)^2) - (E(\Pi_m^D))^2 \tag{5-1}$$

式中，$P\left[q - \int_0^q F(x)\mathrm{d}x\right] = PS(q)$ 是再制造商的期望销售收入；$l\int_0^q F(x)\mathrm{d}x = l[q - S(q)]$ 是再制造商的期望再制造产品残值；$s\left[\int_0^{+\infty}(x-q)f(x)\mathrm{d}x + \int_0^q F(x)\mathrm{d}x\right] = s[E(D) - S(q)]$ 是再制造商的期望机会损失成本。

风险规避型零售商的决策目标函数为

$$\max E(\Pi_r^D) - k_r \sqrt{\mathrm{Var}(\Pi_r^D)}$$

式中

$$E(\Pi_r^D) = -p_r Q - \frac{c_{ri}Q}{2} - c_{rf}Q - \frac{c_{ri}Q\xi}{2} - c_{rh}Q\xi + w^d Q$$

$$\mathrm{Var}(\Pi_r^D) = E((\Pi_r^D)^2) - (E(\Pi_r^D))^2 \tag{5-2}$$

显然，k_m 和 k_r 的值越大，表明再制造商和零售商的风险态度越趋于规避。当 k_m 和 k_r 的值为零时，其风险态度趋于中性。

在式（5-2）中，仅有 ξ 为随机变量，可知零售商期望利润的方差为

$$\begin{aligned}\mathrm{Var}(\Pi_r^D) &= \mathrm{Var}\left(-p_r Q - \frac{c_{ri}Q}{2} - c_{rf}Q - \frac{c_{ri}Q\xi}{2} - c_{rh}Q\xi + w^d Q\right) \\ &= \left(-\frac{c_{ri}Q}{2} - c_{rh}Q\right)^2 \mathrm{Var}(\xi)\end{aligned} \tag{5-3}$$

将式（5-3）代入风险规避型零售商决策目标中，则其决策目标变为

$$\max\left\{-p_r Q - \frac{c_{ri}Q}{2} - c_{rf}Q - \frac{c_{ri}Q\xi}{2} - c_{rh}Q\xi + w^d Q - k_r\left(\frac{c_{ri}Q}{2} + c_{rh}Q\right)\sqrt{\mathrm{Var}(\xi)}\right\} \tag{5-4}$$

又由假设条件可知 $Q = ap_r$，式（5-4）中 Q 用 p_r 替代，风险规避型零售商的决策目标函数转化成关于 p_r 的优化函数

$$\max\left\{a\left[-p_r - \frac{c_{ri}}{2} - c_{rf} - \frac{c_{ri}\xi}{2} - c_{rh}\xi + w^d - k_r\left(\frac{c_{ri}}{2} + c_{rh}\right)\sqrt{\mathrm{Var}(\xi)}\right]p_r\right\} \tag{5-5}$$

这是关于给予客户的废旧产品回收价格 p_r 的二次函数。假定经过讨价还价过程，在风险规避型再制造商给予风险规避型零售商一个转移支付价格 w^d 的前提下，容易知道该零售商给予客户的废旧产品回收价格为

$$p_r = \frac{1}{2}\left[w^d - \frac{c_{ri}}{2} - c_{rf} - \frac{c_{ri}\xi}{2} - c_{rh}\xi - k_r\left(\frac{c_{ri}}{2} + c_{rh}\right)\sqrt{\mathrm{Var}(\xi)}\right] \tag{5-6}$$

或者，将式（5-6）转换为转移支付价格 w^d 关于 p_r 的函数，为

$$w^d(p_r) = 2p_r + \frac{c_{ri}}{2} + c_{rf} + \frac{c_{ri}\xi}{2} + c_{rh}\xi + k_r\left(\frac{c_{ri}}{2} + c_{rh}\right)\sqrt{\mathrm{Var}(\xi)} \tag{5-7}$$

由式（5-7）对比第 4 章相关结论，可以得到定理 5.1。

定理 5.1 当再制造产品的市场需求和废旧产品的可再制造率均服从随机分布且相互独立时,若再制造商和零售商分散式决策订立一个批发价格契约,则该批发价格契约由结论1)给出。结论2)给出了此时可再制造的废旧产品回收数量。结论3)、4)、5)说明了回收数量与再制造商提供的转移支付价格、零售商的风险态度以及废旧产品可再制造性的方差密切相关。

1)零售商和再制造商间关于废旧产品的最优转移支付价格 w^d 由下式给出:

$$w^d(p_r) = 2p_r + \frac{c_{ri}}{2} + c_{rf} + \frac{c_{ri}\xi}{2} + c_{rh}\xi + k_r\left(\frac{c_{ri}}{2} + c_{rh}\right)\sqrt{\mathrm{Var}(\xi)} \quad (5\text{-}8)$$

2)风险规避情形下,再制造商和零售商经过讨价还价,订立批发价格契约 w^d 后,具备可再制造性的废旧产品回收数量为

$$\frac{aE(\xi)}{2}\left[w^d - \frac{c_{ri}}{2} - c_{rf} - \frac{c_{ri}\xi}{2} - c_{rh}\xi - k_r\left(\frac{c_{ri}}{2} + c_{rh}\right)\sqrt{\mathrm{Var}(\xi)}\right] \quad (5\text{-}9)$$

3)当再制造商给予零售商的转移支付价格 w^d 越高时,再制造废旧产品回收数量越多,这说明在分散式决策下,具有更强议价能力的零售商会使整个再制造系统回收更多的废旧产品。在同等转移支付价格下,风险规避型零售商的回收数量小于风险中性零售商的回收数量,具备可再制造性的废旧产品回收平均减少数量为

$$k_r \frac{aE(\xi)}{2}\left(\frac{c_{ri}}{2} + c_{rh}\right)\sqrt{\mathrm{Var}(\xi)} \quad (5\text{-}10)$$

4)当风险规避型零售商的风险规避程度 k_r 越高时,再制造废旧产品回收数量越少,但是其回收数量小于风险中性情形。

5)再制造废旧产品的可再制造性的方差 $\mathrm{Var}(\xi)$ 越大时,风险规避型零售商回收的再制造废旧产品数量越少。

6)分散式决策情形下,再制造废旧产品回收数量和风险规避型再制造商本身的风险规避程度 k_m 不相关。

证明: 1)风险规避型零售商和再制造商间关于废旧产品的最优转移支付价格由式(5-7)给出。

2)废旧产品回收数量 $Q = ap_r$,同时式(5-6)给出了零售商给予客户的废旧产品回收价格 p_r,废旧产品的可再制造率为 $E(\xi)$,由此具备可再制造性的废旧产品回收数量为 $\frac{aE(\xi)}{2}\left[w^d - \frac{c_{ri}}{2} - c_{rf} - \frac{c_{ri}\xi}{2} - c_{rh}\xi - k_r\left(\frac{c_{ri}}{2} + c_{rh}\right)\sqrt{\mathrm{Var}(\xi)}\right]$。

3)由 $\frac{\partial Q}{\partial w^d} = \frac{a}{2} > 0$,$Q$ 为全部废旧产品回收数量,可知转移支付价格 w^d 越高时,再制造废旧产品回收数量越多。由式(4-16)和式(5-8)可知风险规避型零售商和再制造商间关于废旧产品的最优转移支付价格 w^d 的差额为 $w^d_{\mathrm{risk_neutral}} - $

$w_{\text{risk\_averse}}^{\text{d}} = k_{\text{r}} \left(\dfrac{c_{\text{ri}}}{2} + c_{\text{rh}} \right) \sqrt{\text{Var}(\xi)}$，因此回收数量相差 $Q_{\text{risk\_neutral}}^{\text{d}} - Q_{\text{risk\_averse}}^{\text{d}} = k_{\text{r}} \dfrac{a}{2} \left(\dfrac{c_{\text{ri}}}{2} + c_{\text{rh}} \right) \sqrt{\text{Var}(\xi)}$，具备可再制造性的废旧产品数量相差 $E(\xi)(Q_{\text{risk\_neutral}}^{\text{d}} - Q_{\text{risk\_averse}}^{\text{d}}) = \dfrac{aE(\xi)k_{\text{r}}}{2} \left(\dfrac{c_{\text{ri}}}{2} + c_{\text{rh}} \right) \sqrt{\text{Var}(\xi)}$。

4）$\dfrac{\partial Q}{\partial k_{\text{r}}} = -\dfrac{a\sqrt{\text{Var}(\xi)}}{2} \left(\dfrac{c_{\text{ri}}}{2} + c_{\text{rh}} \right) < 0$，因此随着零售商的风险规避程度 k_{r} 的提高，再制造的废旧产品数量减少，由于风险中性情形下的零售商给予客户的废旧产品回收价格 p_{r} 大于风险规避情形的回收价格，因此风险中性情形的回收数量大于风险规避情形的回收数量。

5）$\dfrac{\partial Q}{\partial \sqrt{\text{Var}(\xi)}} = -\dfrac{ak_{\text{r}} \left(\dfrac{c_{\text{ri}}}{2} + c_{\text{rh}} \right)}{2} < 0$，因此，随着再制造废旧产品的可再制造性的方差的增大，其回收废旧产品的数量 Q 减少。

6）由2）中具备可再制造性的废旧产品回收数量的表达式可知，回收数量与风险规避型再制造商本身的风险规避程度 k_{m} 不相关。

证毕。

进一步，在定理5.1的基础上，本章考虑分散式决策下最优回收价格的确定。

风险规避型再制造商观察到当给出 w^{d} 的批发价格契约时，风险规避型零售商的决策如式（5-6）所示。因此，风险规避型再制造商为了最大化自身的目标函数，将式（5-7）代入自身目标函数中，此时风险规避型再制造商的目标函数变为

$$\max E(\varPi_{\text{m}}^{\text{D}}) - k_{\text{m}}\sqrt{\text{Var}(\varPi_{\text{m}}^{\text{D}})}$$

$E(\varPi_{\text{m}}^{\text{D}}) = ap_{\text{r}} \Big\{ -c_{\text{me}} - c_{\text{ms}} - c_{\text{mr}}\xi - c_{\text{md}}(1-\xi) - \dfrac{c_{\text{mi}}}{2} - c_{\text{mf}}\xi -$

$\left[2p_{\text{r}} + \dfrac{c_{\text{ri}}}{2} + c_{\text{rf}} + \dfrac{c_{\text{ri}}\xi}{2} + c_{\text{rh}}\xi + k_{\text{r}} \left(\dfrac{c_{\text{ri}}}{2} + c_{\text{rh}} \right) \sqrt{\text{Var}(\xi)} \right] \Big\} +$

$P \left[ap_{\text{r}}\xi - \int_{0}^{ap_{\text{r}}\xi} F(x)\text{d}x \right] + l\int_{0}^{ap_{\text{r}}\xi} F(x)\text{d}x - s\left[\int_{0}^{+\infty}(x - ap_{\text{r}}\xi)f(x)\text{d}x + \int_{0}^{ap_{\text{r}}\xi} F(x)\text{d}x \right]$

$$\text{Var}(\varPi_{\text{m}}^{\text{D}}) = E((\varPi_{\text{m}}^{\text{D}})^2) - (E(\varPi_{\text{m}}^{\text{D}}))^2 \tag{5-11}$$

式（5-11）较为复杂，限于篇幅，不失一般性，假设未售再制造产品的缺货损失为0，此时有 $s = 0$。

由 $q = ap_r\xi$ 得 $p_r = \dfrac{q}{a\xi}$，代入式（5-11）中，令再制造商的目标函数即式（5-11）关于 $q = ap_r\xi$ 求偏导，使其偏导等于 0，可得

$$\frac{\partial [E(\Pi_m^D) - k_m \sqrt{\mathrm{Var}(\Pi_m^D)}]}{\partial q} = 0 \tag{5-12}$$

易知 $\mathrm{Var}(\Pi_m^D)$ 可以转化为市场随机需求方差的表达式，即 $\mathrm{Var}(\Pi_m^D) = \Psi(\mathrm{Var}(D))$。再结合期望销售量的方差表达式

$$\begin{aligned}
\mathrm{Var}[S(q)] &= \mathrm{Var}[q - \int_0^q F(y)\mathrm{d}y] = \sigma^2 - 2\mu^2 + q^2[1 - F(q)]\frac{\mathrm{d}[E(D)]}{\mathrm{d}q} \\
&= 1 - F(q)\frac{\mathrm{d}[\mathrm{Var}(D)]}{\mathrm{d}q} \\
&= 2[1 - F(q)][q - E(D)]
\end{aligned}$$

代入式（5-12）并整理可得

$$(P-l)[1-F(q)]\left\{1 - \frac{k_m \int_0^q F(x)\mathrm{d}x}{\sqrt{\sigma^2 - 2\mu^2 + q^2[1-F(q)]}}\right\}$$

$$= \left[\frac{c_{me} + c_{ms} + c_{md}(1-\xi) + \dfrac{c_{mi}}{2} + w^d}{\xi} + c_{mr} + c_{mf} - l\right] \tag{5-13}$$

式（5-13）为关于未知量 q 的隐函数，不易求出其显式解，仿照本书第 4.2 节的处理方式，可以将式（5-13）转化为一个迭代公式，再运用 Newton-Raphson 迭代算法和 MATLAB 软件逼近其解析解。

将 $\mathrm{IT}_D(q)$ 定义为

$$\mathrm{IT}_D(q) \equiv (P-l)[1-F(q)]\left\{1 - \frac{k_m \int_0^q F(x)\mathrm{d}x}{\sqrt{\sigma^2 - 2\mu^2 + q^2[1-F(q)]}}\right\} - $$

$$\left[\frac{c_{me} + c_{ms} + c_{md}(1-\xi) + \dfrac{c_{mi}}{2} + w^d}{\xi} + c_{mr} + c_{mf} - l\right]$$

$$\tag{5-14}$$

式中，$w^d(p_r) = 2p_r + \dfrac{c_{ri}}{2} + c_{rf} + \dfrac{c_{ri}\xi}{2} + c_{rh}\xi + k_r\left(\dfrac{c_{ri}}{2} + c_{rh}\right)\sqrt{\mathrm{Var}(\xi)}$。

本章给出求解式（5-13）中未知量 q 其中的一个迭代公式为

$$\begin{cases} \dfrac{\partial \mathrm{IT}_D(q)}{\partial q} = (P-l)\left([1-F(q)]\left\{1-\dfrac{k_{\mathrm{SC}}\int_0^{q_n}F(x)\mathrm{d}x}{\sqrt{\sigma^2-2\mu^2+q^2[1-F(q)]}}\right\}\right) & (5\text{-}15\mathrm{a}) \\ q_{n+1} = q_n - \dfrac{\mathrm{IT}_D(q_n)}{\dfrac{\partial \mathrm{IT}_D(q_n)}{\partial q}}, \ n=0,1,2,\cdots & (5\text{-}15\mathrm{b}) \\ \|q_{n+1}-q_n\| < 10^{-6} & (5\text{-}15\mathrm{c}) \end{cases}$$

式（5-15a）为风险规避型再制造商关于 q 的隐函数的偏导数，式（5-15b）为 q 的迭代关系式，式（5-15c）为 q 的迭代关系式的终止条件，终止条件控制迭代次数和误差范围。此时 q 的迭代值与精确值的误差小于某一提前给定的正实数10^{-6}。

假设未售再制造产品的缺货损失不为 0，此时有 $s>0$，情况较为复杂，但可依然按照前述步骤找出迭代公式，运用 Newton-Raphson 迭代算法和 MATLAB 软件求出其近似解，限于篇幅，求解过程略。

5.4 风险规避型再制造供应链利益相关方集中式决策

在本节中，再制造供应链各个利益相关方即再制造商和零售商结合为一个整体，集中式决策。

风险规避型再制造供应链的决策目标函数如下所示：

$$\max E(\Pi_{\mathrm{SC}}^{\mathrm{C}}) - k_{\mathrm{SC}}\sqrt{\mathrm{Var}(\Pi_{\mathrm{SC}}^{\mathrm{C}})}$$

$$E(\Pi_{\mathrm{SC}}^{\mathrm{C}}) = -p_{\mathrm{r}}Q - \dfrac{c_{\mathrm{ri}}Q}{2} - c_{\mathrm{rf}}Q - \dfrac{c_{\mathrm{ri}}Q\xi}{2} - c_{\mathrm{rh}}Q\xi + P\left[q-\int_0^q F(x)\mathrm{d}x\right] +$$

$$l\int_0^q F(x)\mathrm{d}x - s\left[\int_0^{+\infty}(x-q)f(x)\mathrm{d}x + \int_0^q F(x)\mathrm{d}x\right] - c_{\mathrm{me}}Q -$$

$$c_{\mathrm{ms}}Q - c_{\mathrm{mr}}Q\xi - c_{\mathrm{md}}Q(1-\xi) - \dfrac{c_{\mathrm{mi}}Q}{2} - c_{\mathrm{mf}}Q\xi$$

$$\mathrm{Var}(\Pi_{\mathrm{SC}}^{\mathrm{C}}) = E((\Pi_{\mathrm{SC}}^{\mathrm{C}})^2) - E(\Pi_{\mathrm{SC}}^{\mathrm{C}})^2 \qquad (5\text{-}16)$$

式中，k_{SC} 为风险规避型再制造供应链的风险规避程度。

将 $Q=\dfrac{q}{\xi}$ 和 $p_{\mathrm{r}}=\dfrac{q}{a\xi}$ 代入式（5-16）可得

$$\max E(\Pi_{\mathrm{SC}}^{\mathrm{C}}) - k_{\mathrm{SC}}\sqrt{\mathrm{Var}(\Pi_{\mathrm{SC}}^{\mathrm{C}})}$$

$$E(\varPi_{SC}^C) = -\frac{q^2}{a\xi^2} - \frac{c_{ri}q}{2\xi} - c_{rf}\frac{q}{\xi} - \frac{c_{ri}q}{2} - c_{rh}q + P\left[q - \int_0^q F(x)\mathrm{d}x\right] +$$

$$l\int_0^q F(x)\mathrm{d}x - s\left[\int_q^{+\infty}(x-q)f(x)\mathrm{d}x + \int_0^q F(x)\mathrm{d}x\right] -$$

$$c_{me}\frac{q}{\xi} - c_{ms}\frac{q}{\xi} - c_{mr}q - c_{md}\frac{q}{\xi}(1-\xi) - \frac{c_{mi}q}{2\xi} - c_{mf}q$$

$$\mathrm{Var}(\varPi_{SC}^C) = E((\varPi_{SC}^C)^2) - (E(\varPi_{SC}^C))^2 \tag{5-17}$$

式（5-17）较为复杂，限于篇幅，不失一般性，假设未售再制造产品的缺货损失为0，此时有 $s=0$。

对式（5-17）中的 $E(\varPi_{SC}^C) - k_{SC}\sqrt{\mathrm{Var}(\varPi_{SC}^C)}$ 关于 q 求偏导，使其偏导等于0，可得

$$\frac{\partial(E(\varPi_{SC}^C) - k_{SC}\sqrt{\mathrm{Var}(\varPi_{SC}^C)})}{\partial q} = 0 \tag{5-18}$$

易知 $\mathrm{Var}(\varPi_{SC}^C)$ 可以转化为市场随机需求方差的表达式，即 $\mathrm{Var}(\varPi_m^D) = \chi(\mathrm{Var}(D))$。结合期望销售量的方差公式，整理式（5-18）可得

$$(P-l)[1-F(q)]\left\{1 - \frac{k_{SC}\int_0^q F(x)\mathrm{d}x}{\sqrt{\sigma^2 - 2\mu^2 + q^2[1-F(q)]}}\right\}$$

$$= \frac{q}{a\xi^2} + \frac{c_{ri}+c_{mi}}{2\xi} + \frac{c_{ri}}{2} + c_{rh} + c_{mr} + c_{mf} +$$

$$\frac{c_{rf}+c_{me}+c_{ms}+c_{md}(1-\xi)}{\xi} - l \tag{5-19}$$

由式（5-19）可得定理5.2：

定理5.2 当再制造产品的市场需求和废旧产品的可再制造率均服从随机的概率分布且相互独立时，若再制造商和零售商整合成为一个整体集中式决策的再制造供应链，则有：

1）风险规避程度为 k_{SC} 的再制造供应链，具备可再制造性的废旧产品数量为 $q*$。$q*$ 由下式给出：

$$(P-l)[1-F(q*)]\left\{1 - \frac{k_{SC}\int_0^{q*} F(x)\mathrm{d}x}{\sqrt{\sigma^2 - 2\mu^2 + q*^2[1-F(q*)]}}\right\}$$

$$= \frac{q*}{a\xi^2} + \frac{c_{ri}+c_{mi}}{2\xi} + \frac{c_{ri}}{2} + c_{rh} + c_{mr} + c_{mf} + \frac{c_{rf}+c_{me}+c_{ms}+c_{md}(1-\xi)}{\xi} - l \tag{5-20}$$

2) 再制造供应链风险规避程度为 k_{SC} 时,再制造商和零售商集中式决策的最优废旧产品回收数量为 $\frac{q*}{E(\xi)}$,最优废旧产品回收价格为 $\frac{q*}{aE(\xi)}$,其中 $q*$ 由 1) 给出。

3) 当风险规避程度 k_{SC} 越高时,再制造废旧产品回收数量越少,其回收数量小于风险中性情形。

4) 再制造产品的市场需求的方差 $\mathrm{Var}(D)$ 越大时,风险规避型零售商回收的再制造废旧产品数量越少。

证明: 1) 已由前边叙述证明。

2) 由定义 $q = ap_r\xi$ 可知。

3) 记 $\Theta(k_{SC})$ 函数如下:

$$\Theta(k_{SC}) \triangleq 1 - \frac{k_{SC}\int_0^q F(x)\mathrm{d}x}{\sqrt{\sigma^2 - 2\mu^2 + q^2[1 - F(q)]}} \tag{5-21}$$

显然 $\frac{\partial \Theta(k_{SC})}{\partial k_{SC}} \leq 0$,此时式 (5-19) 可以整理为

$$q = a\xi^2(P - l)(1 - F(q))\Theta(k_{SC}, q) - \rho \tag{5-22}$$

式中,$\rho = a\xi^2\left[\frac{c_{ri} + c_{mi}}{2\xi} + \frac{c_{ri}}{2} + c_{rh} + c_{mr} + c_{mf} + \frac{c_{rf} + c_{me} + c_{ms} + c_{md}(1-\xi)}{\xi} - l\right]$,$\rho$ 为关于 q 和 k_{SC} 的常函数。

从式 (5-22) 可以看出,风险规避程度 k_{SC} 越高时,再制造废旧产品回收数量 $\frac{q*}{E(\xi)}$ 越少;相反,若风险规避参数 k_{SC} 取极小值 0,此时再制造废旧产品回收数量 $\frac{q*}{E(\xi)}$ 达到最大值,此时即为风险中性情形。

4) 记 $\Phi(\sigma)$ 函数为

$$\Phi(\sigma) \equiv 1 - \frac{k_{SC}\int_0^q F(x)\mathrm{d}x}{\sqrt{\sigma^2 - 2\mu^2 + q^2[1 - F(q)]}} \tag{5-23}$$

显然 $\frac{\partial \Phi(\sigma)}{\partial \sigma} \geq 0$,此时式 (5-19) 可以整理为

$$q = \frac{a\xi^2}{2}(P - l)[1 - F(q)]\Phi(\sigma, q) - \rho \tag{5-24}$$

式中,$\rho = a\xi^2\left[\frac{c_{ri} + c_{mi}}{2\xi} + \frac{c_{ri}}{2} + c_{rh} + c_{mr} + c_{mf} + \frac{c_{rf} + c_{me} + c_{ms} + c_{md}(1-\xi)}{\xi} - l\right]$,$\rho$ 为关

于 q 和 σ 的常函数。

再制造产品的市场需求的方差 $\mathrm{Var}(D)$ 越大时，风险规避型零售商回收的再制造废旧产品数量越少。

证毕。

式（5-19）为关于未知量 q 的隐函数，不易求出其显式解，仿照本书第 4.2 节的处理方式，可以将式（5-19）转化为一个迭代公式，再运用 Newton-Raphson 迭代算法和 MATLAB 软件逼近其解析解。

记 $\mathrm{IT}_\mathrm{C}(q)$ 如下所定义：

$$\mathrm{IT}_\mathrm{C}(q) \equiv (P-l)[1-F(q)]\left\{1 - \frac{k_{\mathrm{SC}}\int_0^q F(x)\mathrm{d}x}{\sqrt{\sigma^2 - 2\mu^2 + q^2[1-F(q)]}}\right\} - $$

$$\left[\frac{q}{a\xi^2} + \frac{c_{\mathrm{ri}} + c_{\mathrm{mi}}}{2\xi} + \frac{c_{\mathrm{ri}}}{2} + c_{\mathrm{rh}} + c_{\mathrm{mr}} + c_{\mathrm{mf}} + \right.$$

$$\left. \frac{c_{\mathrm{rf}} + c_{\mathrm{me}} + c_{\mathrm{ms}} + c_{\mathrm{md}}(1-\xi)}{\xi} - l\right] \tag{5-25}$$

本章给出求解式（5-19）中未知量 q 其中的一个迭代公式为

$$\begin{cases} \dfrac{\partial \mathrm{IT}_\mathrm{C}(q)}{\partial q} = (P-l)\left([1-F(q)]\left\{1 - \dfrac{k_{\mathrm{SC}}\int_0^{q_n} F(x)\mathrm{d}x}{\sqrt{\sigma^2 - 2\mu^2 + q^2[1-F(q)]}}\right\}\right) - \dfrac{1}{a[E(\xi)]^2} & (5\text{-}26\mathrm{a}) \\[2ex] q_{n+1} = q_n - \dfrac{\mathrm{IT}_\mathrm{C}(q_n)}{\dfrac{\partial \mathrm{IT}_\mathrm{C}(q_n)}{\partial q}}, \ n = 0, 1, 2, \cdots & (5\text{-}26\mathrm{b}) \\[2ex] \|q_{n+1} - q_n\| < 10^{-6} & (5\text{-}26\mathrm{c}) \end{cases}$$

其中，式（5-26a）为风险规避型再制造供应链集中决策时其关于 q 的隐函数偏导数，式（5-26b）为 q 的迭代关系式，式（5-26c）为 q 的迭代关系式的终止条件，终止条件用于控制算法的迭代次数，控制误差范围。此时 q 的迭代值与精确值的误差小于某一提前给定的正实数 10^{-6}。

假设未售再制造产品的缺货损失不为 0，此时有 $s > 0$，情况较为复杂，但可依然按照前述步骤找出迭代公式，运用 Newton-Raphson 迭代算法和 MATLAB 软件求出近似解，求解过程略去。

5.5 风险规避型再制造供应链收益共享契约

本小节设计一个收益共享契约协调具有风险规避特征的再制造供应链,并探讨契约中参数间的关系。类似于第 4 章的研究假设,将 (w_r,ϕ) 作为收益共享契约中的参数,则从再制造商转移给零售商的转移支付 T 为

$$T(q,w_r,\phi,\xi,D) = w_r Q + (1-\phi)PS(q) + (1-\phi)l[q-S(q)] \quad (5\text{-}27)$$

再制造商在风险规避型再制造供应链中提供给零售商一定的废旧产品回收价格激励零售商回收废旧产品,然后分配 $(1-\phi)$ 比例的再制造产品的销售收入给予零售商。在式(5-27)中,$(1-\phi)PS(q)$ 是分配给零售商的共享收益,$(1-\phi)l(q-S(q))$ 是零售商分得的未售滞销产品的残余价值分成。

将转移支付代入风险规避型再制造商的决策目标函数中,得到风险规避型再制造商在收益共享契约下的决策目标函数为

$$\max E(\Pi_m^{RS}) - k_m \sqrt{\mathrm{Var}(\Pi_m^{RS})}$$

式中

$$E(\Pi_m^{RS}) = -c_{me}Q - c_{ms}Q - c_{mr}Q\xi - c_{md}Q(1-\xi) - \frac{c_{mi}Q}{2} - c_{mf}Q\xi -$$

$$s\left[\int_0^{+\infty}(x-q)f(x)\mathrm{d}x + \int_0^q F(x)\mathrm{d}x\right] +$$

$$\underbrace{\{-w_r Q + \phi PS(q) + \phi l[q-S(q)]\}}_{T}$$

$$\mathrm{Var}(\Pi_m^D) = E((\Pi_m^D)^2) - E(\Pi_m^D)^2 \quad (5\text{-}28)$$

当不考虑再制造产品的缺货损失时,$s=0$。令收益共享契约情形下 $E(\Pi_m^{RS}) - k_m\sqrt{\mathrm{Var}(\Pi_m^{RS})}$ 关于 $q = ap_r\xi$ 求偏导,使其偏导等于 0:

$$\frac{\partial\left[E(\Pi_m^{RS}) - k_m\sqrt{\mathrm{Var}(\Pi_m^{RS})}\right]}{\partial q} = 0 \quad (5\text{-}29)$$

$\mathrm{Var}(\Pi_m^{RS})$ 可以转化为 $\mathrm{Var}(\Pi_m^{RS}) = Y(\mathrm{Var}(D))$,即 $\mathrm{Var}(\Pi_m^{RS})$ 是市场随机需求的方差 $\mathrm{Var}(D)$ 的函数。再结合期望销售量的方差表达式

$$\mathrm{Var}(S(q)) = \sigma^2 - 2\mu^2 + q^2[1-F(q)]$$

$$\frac{\mathrm{d}[E(D)]}{\mathrm{d}q} = 1 - F(q)$$

$$\frac{\mathrm{d}[\mathrm{Var}(D)]}{\mathrm{d}q} = 2[1-F(q)][q-E(D)]$$

将上述等式代入式(5-29),整理可得

$$(P-l)[1-F(q)]\left\{1-\dfrac{k_\mathrm{m}\int_0^q F(x)\mathrm{d}x}{\sqrt{\sigma^2-2\mu^2+q^2[1-F(q)]}}\right\}$$

$$=\dfrac{c_\mathrm{me}+c_\mathrm{ms}+c_\mathrm{mr}\xi+c_\mathrm{md}(1-\xi)+\dfrac{c_\mathrm{mi}}{2}+c_\mathrm{mf}\xi+w_\mathrm{r}-\xi\phi l}{\xi\phi} \tag{5-30}$$

对比式（5-30）和式（5-19），若再制造供应链达到协调，则须使收益共享契约状态下的废旧产品回收数量 Q^RS 等于集中式决策情形下的废旧产品回收数量 Q^C。通过使各供应链利益相关方的决策目标函数等于整个再制造供应链的决策目标函数的一个仿射函数，有定理 5.3 成立。

定理 5.3 假设再制造商和零售商均为风险规避态度，废旧产品可再制造率和再制造品的市场销量均为随机分布，为使再制造供应链消除"双重边际效应"并达到供应链协调，再制造商和零售商之间可以订立一个收益共享契约 (w_r,ϕ) 协调该多源不确定干扰下的风险规避再制造供应链。契约中的参数 (w_r,ϕ) 须满足下式所限定的条件：

$$w_\mathrm{r}=\Delta_1\phi-\Delta_2 \tag{5-31}$$

式中

$$\Delta_1=\left(E(\xi)(P-l)[1-F(q)]\left\{1-\dfrac{(k_\mathrm{SC}-k_\mathrm{m})\int_0^q F(x)\mathrm{d}x}{\sqrt{\sigma^2-2\mu^2+q^2[1-F(q)]}}\right\}+\right.$$
$$\left.\left\{\dfrac{c_\mathrm{ri}+c_\mathrm{mi}}{2}+E(\xi)\left(\dfrac{c_\mathrm{ri}}{2}+c_\mathrm{rh}+c_\mathrm{mr}+c_\mathrm{mf}\right)+p_\mathrm{r}+c_\mathrm{rf}+c_\mathrm{me}+c_\mathrm{ms}+c_\mathrm{md}[1-E(\xi)]\right\}\right)$$

$$\tag{5-32}$$

$$\Delta_2=c_\mathrm{me}+c_\mathrm{ms}+(c_\mathrm{mr}+c_\mathrm{mf})E(\xi)+c_\mathrm{md}[1-E(\xi)]+\dfrac{c_\mathrm{mi}}{2} \tag{5-33}$$

此时，有 $E(\Pi_\mathrm{m}^\mathrm{RS})=\lambda E(\Pi_\mathrm{SC}^\mathrm{RS})$ 且 $E(\Pi_\mathrm{r}^\mathrm{RS})=(1-\lambda)E(\Pi_\mathrm{SC}^\mathrm{RS})$，$0\leqslant\lambda\leqslant 1$。$\lambda$ 随着 w_r 的增大而减小；$Q^\mathrm{RS}=Q^\mathrm{C}$ 即再制造供应链在收益共享契约情形下的废旧产品回收数量达到了系统帕累托最优状态，与集中式决策情形下的期望利润相等，即 $E(\Pi_\mathrm{SC}^\mathrm{RS})=E(\Pi_\mathrm{SC}^\mathrm{C})$，再制造供应链在收益共享契约情形下的期望利润与集中式决策情形下的期望利润相等。

证明：对比式（5-30）和式（5-19），令 $Q^\mathrm{RS}=\dfrac{q^\mathrm{RS}}{E(\xi)}$ 恒等于 $Q^\mathrm{C}=\dfrac{q^\mathrm{C}}{E(\xi)}$，整理后可得结论成立。

证毕。

在满足式（5-31）的前提下，风险规避型再制造商和零售商根据自身的议价能力进一步确定收益共享契约参数（w_r, ϕ）的具体取值情况。同时，契约参数的取值范围须满足双方自身收益均比分散式决策情形下高的条件，此时双方同意签订收益共享契约。由于收益共享契约可以灵活地任意分割系统整体利润，因此总可以达到能使双方均可以接受的参数取值。关于契约的灵活性（任意分割系统利润的性质）的论述，可参考 Cachon 和 Lariviere（2005）所给出的定义。

5.6 管理启示及建议

再制造企业也具有风险的偏好，其风险态度会影响再制造企业的决策。本章参考了以往的关于均值-方差度量下供应链风险理论的相关研究成果，将风险规避因素纳入再制造供应链利益相关方的目标函数中，采用供应链契约理论结合优化理论方法构建了风险规避型再制造供应链的契约协调模型。模型研究了供应链利益相关方的风险态度对再制造供应链回收数量、期望利润以及契约参数的确定的影响。在再制造企业具有风险规避型的风险态度的背景下，定理5.3给出了激励风险规避型的再制造企业参与到供应链契约协作中所需满足的条件。由于现有关于再制造供应链风险态度问题的研究多聚焦于单个利益相关方的决策问题，未考虑其与其他风险规避型利益相关方的契约合作问题，同时，现有供应链契约在考虑风险规避型情景下的研究多聚焦于正向供应链，再制造供应链具有新问题新特征，在研究对象改变的基础上，定理5.3给出了契约参数制定条件的变化。本章供应链契约的制定过程可为风险规避型再制造供应链各利益相关方通过达成契约来消弭"双重边际效应"、协调供应链、增加期望收益和共担风险提供有益借鉴。

再制造供应链各个利益相关方在具有不同的风险态度时，需要权衡自身风险偏好和期望利润二者对自身决策的影响。本章通过设计一个收益共享契约来协调具有风险规避特征的再制造供应链，量化再制造商和零售商的风险态度对再制造供应链废旧产品回收数量、回收价格、供应链契约协调参数等的影响。本章得出如下结论.

1) 在再制造产品的市场需求和废旧产品的可再制造率均服从随机的分布且相互独立的背景下，若再制造商和零售商仅围绕转移支付价格"讨价还价"，订立批发价格契约，则该批发价格契约经过再制造商和零售商间"讨价还价"后的转移支付价格与废旧产品最优回购价格正相关；而废旧产品的最优回购价格则可由一个Newton-Raphson迭代公式给出；同等转移支付价格下，风险规避型再制造供应链提供给客户的回购价格小于风险中性情形下的回购价格，因此再制造商需要提高向风险规避型零售商的转移支付来获取同等数量的废旧产品；风险规避情形下废旧产品回收减少的数量与再制造产品的可再制造性的标准差正相关,可再制造性波动幅度越大,同等条件下风险规避型再制造供应链回收废旧产品数量越少;风险规避情形下废旧产品回收减少的数量与零售商的风险态度正相关,其风险规避程度越高,回收数量越少。具有更强议价能力的零售商会使整个再制造系统回收更多的废旧产品,但这是以损害再制造商的利益作为代价的。

2)集中式决策情形下,具有风险规避程度 k_{SC} 的再制造供应链系统的最优再制造数量 $q*$ 可由一个 Newton-Raphson 迭代公式给出;最优废旧产品回收数量为 $\frac{q*}{E(\xi)}$;最优废旧产品回收价格为 $\frac{q*}{aE(\xi)}$;再制造供应链系统的风险规避程度和废旧产品回收数量负相关;再制造产品市场需求的方差和废旧产品回收数量负相关。

3)基于均值-方差风险度量,再制造商和零售商可以通过订立收益共享契约建立多源不确定性干扰下风险规避型再制造供应链契约协调模型。通过该契约,再制造供应链达到了和风险规避集中式决策相同的废旧产品回收数量,使再制造供应链消弭了"双重边际效应"并达到了供应链协调状态;数学证明结果指出风险规避情形下再制造供应链利益相关方获得的期望利润较风险规避情形低;而为使契约能协调多源不确定性干扰下的再制造供应链,再制造商给予零售商的转移支付价格须反比于其分配给零售商的收益比例;在达成契约协调时,同等的转移支付价格条件下,零售商获得的收益比例随着再制造供应链风险规避程度的增加而增长,但零售商获得的收益比例随着再制造商风险规避程度的增加而减少。

参 考 文 献

[1] BAYINDIR Z P, ERKIP N, GULLU R. Assessing the benefits of remanufacturing option under one-way substitution [J]. Journal of the Operational Research Society, 2005, 56 (3): 286-296.

[2] WANG L, CAI G, TSAY A A, et al. Design of the reverse channel for remanufacturing: must profit-maximization harm the environment? [J]. Production and Operations Management, 2017, 17: 1585-1603.

[3] ZHAO S, ZHU Q, CUI L. A decision-making model for remanufacturers: considering both consumers' environmental preference and the government subsidy policy [J]. Resources, Conservation and Recycling, 2016, 3308: 1-11.

[4] GE H, NOLAN J, GRAY R, et al. Supply chain complexity and risk mitigation: a hybrid optimization-simulation model [J]. International Journal of Production Economics, 2016, 179: 228-238.

[5] LIU W H, WANG Y J. Quality control game model in logistics service supply chain based on different combinations of risk attitude [J]. International Journal of Production Economics, 2015, 161: 181-191.

[6] LAU H S, LAU A H L. Manufacturer's pricing strategy and return policy for a single-period commodity [J]. European Journal of Operational Research, 1999, 116 (2): 291-304.

[7] WU M, ZHU S X, TEUNTER R H. The risk-averse newsvendor problem with random capacity [J]. European Journal of Operational Research, 2013, 231 (2): 328-336.

[8] CHIU C H, CHOI T M. Supply chain risk analysis with mean-variance models: a technical review [J]. Annals of Operations Research, 2016, 240 (2): 489-507.

[9] YIU K F C, WANG S Y, MAK K L. Optimal portfolios under a value-at-risk constraint with applications to inventory control in supply chains [J]. Journal of Industrial and Management Optimization, 2008, 4 (1): 81-94.

[10] ALEXANDER G J, BAPTISTA A M. A comparison of VaR and CVaR constraints on portfolio selection with the mean-variance model [J]. Management science, 2004, 50 (9): 1261-1273.

[11] CHI Y, TAN K S. Optimal reinsurance under VaR and CVaR risk measures: a simplified approach [J]. Astin bulletin: The journal of the IAA, 2011, 41 (2): 487-509.

[12] XU X S, MENG Z Q, SHEN R. A tri-level programming model based on conditional value-at-risk for three-stage supply chain management [J]. Computers & Industrial Engineering, 2013, 66 (2): 470-475.

[13] ROCKAFELLAR R T, URYASEV S. Optimization of conditional value-at-risk [J]. Journal of risk, 2000, 2: 21-42.

[14] URYASEV S. Conditional value-at-risk: optimization algorithms and applications [J]. Financial Engineering news, 2000, 14 (2): 1-5.

[15] HECKMANN I, COMES T, NICKEL S. A critical review on supply chain risk-definition, measure and modeling [J]. Omega-International Journal of Management Science, 2015, 52: 119-132.

[16] QAZI A, QUIGLEY J, DICKSON A, et al. Exploring dependency based probabilistic supply chain risk measures for prioritising interdependent risks and strategies [J]. European Journal of Operational Research, 2017, 259 (1): 189-204.

[17] SOLEIMANI H, SEYYED-EEFAHANI M, KANNAN G. Incorporating risk measures in closed-loop supply chain network design [J]. International Journal of Production Research, 2014, 52 (6): 1843-1867.

[18] SOLEIMANI H, GOVINDAN K. Reverse logistics network design and planning utilizing conditional value at risk [J]. European Journal of Operational Research, 2014, 237 (2): 487-497.

[19] HAN X, WU H, YANG Q, et al. Reverse channel selection under remanufacturing risks: balancing profitability and robustness [J]. International Journal of Production Economics, 2016, 182: 63-72.

[20] CHEN X, SIM M, SIMCHI D, et al. Risk aversion in inventory management [J]. Opera-

tions Research, 2007, 55 (5): 828-842.
[21] GAN X H, SETHI S P, YAN H M. Coordination of supply chains with risk-averse agents [J]. Production and Operations Management, 2004, 13 (2): 135-149.
[22] GAN X H, SETHI S P, YAN H M. Channel coordination with a risk-neutral supplier and a downside-risk-averse retailer [J]. Production and Operations Management, 2005, 14 (1): 80-89.
[23] WANG C X, WEBSTER S. Channel coordination for a supply chain with a risk-neutral manufacturer and a loss-averse retailer [J]. Decision Sciences, 2007, 38 (3): 361-389.
[24] XU G, DAN B, ZHANG X, et al. Coordinating a dual-channel supply chain with risk-averse under a two-way revenue sharing contract [J]. International Journal of Production Economics, 2014, 147: 171-179.
[25] LI B, CHEN P, LI Q, et al. Dual-channel supply chain pricing decisions with a risk-averse retailer [J]. International Journal of Production Research, 2014, 52 (23): 7132-7147.
[26] MA L J, LIU F, LI S, et al. Channel bargaining with risk-averse retailer [J]. International Journal of Production Economics, 2012, 139 (1): 155-167.
[27] LI B X, ZHOU Y W, NIU B Z. Contract strategies in competing supply chains with risk-averse Suppliers [J]. Mathematical Problems in Engineering, 2013, 3: 1-12.
[28] XIAO T J, XU T T. Pricing and product line strategy in a supply chain with risk-averse players [J]. International Journal of Production Economics, 2014, 156: 305-315.
[29] WEI J, ZHAO J. Pricing and remanufacturing decisions in two competing supply chains [J]. International Journal of Production Research, 2015, 53 (1): 258-278.
[30] ZHU Q H, LI H, ZHAO S, et al. Redesign of service modes for remanufactured products and its financial benefits [J]. International Journal of Production Economics, 2016, 171: 231-240.
[31] MAJUMDER P, GROENEVELT H. Competition in remanufacturing [J]. Production and Operations Management, 2001, 10 (2): 125-141.
[32] MITRA S, WEBSTER S. Competition in remanufacturing and the effects of government subsidies [J]. International Journal of Production Economics, 2008, 111 (2): 287-298.
[33] WU C H. OEM product design in a price competition with remanufactured product [J]. Omega-International Journal of Management Science, 2013, 41 (2): 287-298.
[34] DO PACO A M F, RAPOSO M L B. Green consumer market segmentation: empirical findings from Portugal [J]. International Journal of Consumer Studies, 2010, 34 (4): 429-436.
[35] MA W M, ZHAO Z, KE H. Dual-channel closed-loop supply chain with government consumption-subsidy [J]. European Journal of Operational Research, 2013, 226 (2): 221-227.
[36] ZHAO S, ZHU Q. Remanufacturing supply chain coordination under the stochastic remanufacturability rate and the random demand [J]. Annals of Operations Research, 2015: 1-35.
[37] ATASU A, SOUZA G C. How does product recovery affect quality choice? [J] Production and Operations Management, 2013, 22 (4): 991-1010.
[38] LI W, WU H, DENG L R. Decision-making based on consumers' perceived value in different remanufacturing modes [J]. Discrete Dynamics in Nature and Society, 2015, 22 (2): 210-217.

第 4 篇

机械装备再制造市场需求端与设计端问题探索[一]

[一] 本篇根据本书第一作者所公开发表的论文整理。

第6章

机械装备再制造市场
销售新模式

6.1　背景介绍及问题概述

再制造是将机电产品运用高科技进行专业化修复或升级改造，使其恢复到像新产品一样或优于新产品的批量化制造过程。其重要特征是再制造产品的质量和性能不低于新产品，与制造新产品相比，节约成本50%，降低能耗60%，节约原材料70%，对环境的不良影响与制造新产品相比显著降低。汽车发动机再制造是把大量报废的、性能严重下降的、出现故障的汽车发动机回收到工厂中，进行集中拆解、分类、检测、分类加工、装配、实验等一系列的过程。

在国外，再制造已经有六七十年的发展历史，早在2004年，德国大众汽车公司进行再制造汽车发动机的数量已达748万台，变速器240万台，它销售的再制造发动机及其配件与新机的比例达到9∶1。美国的2011年再制造产值已增长至430亿美元，占美国当年GDP的0.4%。

2009年12月，工信部印发的《机电产品再制造试点单位名单（第一批）》（工信部节〔2009〕663号）涵盖工程机械、工业机电设备、机床、矿采机械、铁路机车装备、船舶、办公信息设备等，有35个企业和产业集聚区。2010年2月，国家发改委、国家工商管理总局联合发布了《关于启用并加强汽车零部件再制造产品标志管理与保护的通知》（发改环资〔2010〕294号），公布了14家汽车再制造试点企业名单，其中包括中国第一汽车集团公司等3家汽车整车生产企业和济南复强动力等11家汽车零部件再制造试点企业。2013年2月，《国家发改委办公厅关于确定第二批再制造试点的通知》（发改办环资〔2013〕506号）发布，北京奥宇可鑫表面工程技术有限公司等28家单位被确定为第二批再制造试点单位。2013年7月，国家发改委、财政部等5部门决定组织开展再制造产品"以旧换再"试点工作，并印发了《再制造产品"以旧换再"试点实施方案》，这表明国家对再制造的重视、对再制造企业扶持和对客户购买再制造产品的鼓励。《再制造产品"以旧换再"试点实施方案》要求对符合"以旧换再"推广条件的再制造产品，中央财政按照其推广置换价格（再制造产品价格扣除旧件回收价格）的一定比例，通过试点企业对"以旧换再"再制造产品购买者给予一次性补贴，并设补贴上限。截至2020年年末，根据《再制造产品认定管理暂行办法》（工信部节〔2010〕303号）及《再制造产品认定实施指南》（工信厅节〔2010〕192号），工信部共发布八批《再制造产品目录》。

某类产品的生命周期是从该类新产品的构想一直到产品消失的整个过程。绝大多数的产品生命周期呈S形，它可以分为四个主要阶段：第一阶段为导入（介绍）期；第二阶段为成长期；第三阶段为成熟期；第四阶段为衰退（被替代）期。从经济学的视角出发，在某类产品的导入期内，为了尽快获取客户的支持以打开市场赢得信誉，可以考虑从产品策略、价格策略、渠道策略和促销策略等诸多方面入手，综合考虑企业面临的内部优势、内部劣势和外部机会、外部威胁，制定符合企业自身发展的总体策略。

目前国内的再制造类型的产品就处于产品生命周期的第一阶段，即导入期。总体上看：我国很多客户对再制造产品及再制造过程的了解程度较低，对再制造产品的质量存有疑虑；再制造产品的销售量及市场占有率较低，再制造的市场没有成形，无法实现再制造产品的规模效应；再制造产品的废旧原材料供应成本、渠道成本、运营成本、维护成本仍处于较高水平，致使再制造企业利润率提升缓慢。

虽然再制造发动机节能环保、性价比高，但目前在各地实际销售过程中，客户购买再制造发动机的数量占发动机销售总量的比例并不高。以中国重型汽车集团旗下济南复强动力生产的斯太尔系列再制造重型载货汽车发动机为例，在对全国各地区的销售网点和维修站的实地调研中，发现进入维修期选择大修的用户占该类发动机购买者比例约为52%，更换新发动机的比例为19%，更换再制造发动机的比例仅为29%。究其原因，主要是：很多用户担心再制造发动机质量保证问题，对售后服务不放心；用户对再制造发动机接受度有限，很多将再制造发动机等同于翻修机，认为再制造发动机质保期限短等。

关于如何促进再制造产品销售，国外很多企业开展销售模式方面的探索。1997年，卡特彼勒公司率先建立"卡特彼勒租赁店"开展商业租赁业务，为用户提供长短期租赁、购买新设备或二手设备等服务；施乐公司以租赁方式把914型复印机推向市场，同时提供后续服务和技术支持，并保留最终复印机的所有权；2006年，通用汽车公司宣布对其在北美地区所有2 000多款轿车和载货汽车动力系统进行16万km或者5年时间的质保承诺。

因此针对国内再制造发动机销售现状，如何利用新的销售模式来促进再制造发动机的销售成为各方日益关注的现实问题。

随着经济全球化的发展和客户对产品消费观念的转变，企业在产品销售市场中的竞争越来越激烈，企业的产品销售理念已从"卖产品"向"卖服务"转变，竞争着眼点也从传统的价格、渠道、促销等方面转向产品的后市场服务。针对产品后市场的服务销售，学者对其研究大致分为四种模式。

1）"以租代买"服务销售模式。Robotis等人（2012）研究了产品和服务在约束条件下，制造商把产品租赁给客户，同时保留生命周期内产品所有权、承担维修服务情况下的最优租赁价格和租赁期限决策问题，并得出再制造成本对定价决策和租赁期限的影响很大程度上取决于产品的生命周期期限的结论。

2）正常质保期限内的"主动"保修服务销售模式。Zuo等人（2000）研究了一类具有多状态退化产品的保修服务政策，根据产品退化程度和剩余保修期限长度两个参数建立保修服务模型，并检验了单位产品预期保修服务成本最小化情况下参数的最优值。Darghouth、Chelbi等人（2012）研究了在免费保修（更换）政策下，有关设备检查和保修的利润评估模型。通过客户与制造商签订协议，由制造商负责定期检查设备损坏程度并承担检查费用，最后通过数值算例研究了在给定成本结构和设备寿命的概率分布情况下检查时间间隔和利润问题。Subramoniam等人（2009）分析了汽车售后市场的再制造决策因素，提出了带有保修服务的"初始设备服务"和超过质保期限后的产品支持策略，最后通过案例研究证实了相关策略的合理性。此外，Chang等人（2012）提出产品预防性免费保修模式，通过数学模型求出了预防性维护产品的数量以及在此基础上卖方的预期最大总收益。

3）有关确定"合理"质保期限的服务销售模式。Wu（2012）研究了在静态需求市场中，制造商如何在产品预定的生命周期内建立决策模型来决定产品最优价格、最优质保期限和产品生产率，从而能够实现最大化收益问题。M. Soumaya Bouguerra等人研究了在不同维护策略情况下对产品提供延长质保期限的决策模型问题，通过建立数学模型确定客户购买延长期限时的最大额外成本和制造方出售延长期限时的最小成本，最后探讨维护策略的不同选择问题。Kim和Park（2008）研究了在相关的决策时间内，如何既能给客户提供关键零部件服务，又能确定最优产品价格、质保期限和计划零部件生产，从而使收益最大化的问题。通过开发和设计两阶段最优控制理论模型得出以下结论：①并不是产品质保期限越长，公司的盈利情况就越好；②最优生命周期质保期限与产品故障率之间呈现凹性关系。

4）实行保换服务销售模式。Ruey Huei Yeh、Ming-Yuh Chen等人研究了在质保期限内可维修产品的最优定期保换策略。首先分别建立有保修期和没有保修期时产品的成本模型，得出长期预期成本率最小化时最优定期保换政策，最后通过比较表明最优定期保换政策应根据保修结束期进行调整。Chien（2010）研究了在一个按比例提供质保服务的情况下，进行产品预防性保换服务的最佳时机问题。以正常质保期限和延长质保期限为时间间隔分成三个时间段，分别从买方和卖方视角出发建立成本模型，求出相应产品的最佳保换时机，以使在长期阶段内能把预期成本率降至最低，最后通过数值算例进行相关说明。

6.2 机械装备再制造市场分析及销售问题

以国内重型载货汽车发动机再制造商为例，再制造商一般在全国设立特约维修站，把再制造发动机储存于维修站，由维修站负责再制造发动机的销售和售后维修服务工作。目前我国重型载货汽车再制造发动机销售市场由于缺乏切实可行的服务销售模式，加之由于存在信息不对称、观念误解等问题，客户对再制造发动机的质量和售后服务等方面不放心，对其购买数量并不多，因而发动机再制造商收益增长缓慢，整体上销售市场并不景气。

针对目前国内再制造重型载货汽车发动机销售市场的现状，提出有效的销售模式来促使客户转变观念，认可再制造发动机本身的质量，消除对再制造发动机的误解是解决销售问题的关键。据此本章提出再制造发动机延长质保期限服务和实行保换服务两种销售模式。

延长质保期限服务有利于增强客户对再制造发动机质量方面的信心，降低客户使用时出现的故障维修成本。而实行保换服务则是一种更高层次的保修服务，在延长保换期限内实行"以换代修"的销售模式，当再制造发动机出现故障时直接提供免费更换，这有利于解决客户在售后服务方面的担忧。两种销售模式可以向再制造发动机销售市场传递积极的市场信号，提高客户对再制造发动机的认可度和信赖度，促进再制造重型载货汽车发动机销售市场的良好发展。

6.3 机械装备再制造市场销售新模式

6.3.1 延长质保期限服务销售模式

延长质保期限服务是指在国家规定的再制造发动机正常 6 个月质保期限后，再延长一定的质保期限。在延长质保期限内，客户购买的再制造发动机相关部件若出现故障，则由再制造商负责免费予以维修，如图 6-1 所示。

图 6-1 延长质保期限服务销售模式

6.3.2 实行保换服务销售模式

实行保换服务就是在国家规定的再制造发动机正常 6 个月的质保期限后，提供一定的保换期限。在保换期限内，客户购买的再制造发动机主体件（如缸体、曲轴等部件）若出现故障，则由再制造商收回故障发动机并直接免费给用户更换原型再制造发动机，如图 6-2 所示。

图 6-2 实行保换服务销售模式

6.3.3 两种模式下变量定义

构建数学模型主要是研究由发动机再制造商提供延长质保期限和实行保换服务，同时提高相应价格时，客户的价格接受度、预测需求量以及再制造商在不同销售模式下的收益问题。

为方便建模，定义相关变量如下：P 代表产品单位价格（千元）；C 代表产品单位成本（千元）；Q 代表销售量（台）；r_i 代表产品平均故障率，i 表示不同的质保（保换）期限；C_m 代表单位故障产品维修成本（千元）；α 代表市场容量（台）；β 代表产品的价格敏感系数；π 代表销售收益（千元）；w_e 代表延长质保（保换）期限（月），含原来 6 个月的质保期限。

当再制造商对再制造发动机提供延长质保期限服务时，其单位每台再制造发动机的生产成本在原有成本基础上会有相应增加。对于单位产品生产成本与延长质保（保换）期限之间的关系，很多学者都做了相关研究，H. Sebastian Heese 和 Lacourbe 等人假设单位产品生产成本与延长质保（保换）期限成二次方倍数关系，即 $C_i = C + kw_e^2$（$k > 0$），k 为成本系数。

在实行保换服务销售模式下，对再制造商而言，除了再制造故障机返厂的平均维修成本 C_m 外，还要承担免费更换原型再制造新机的成本费用。一般故障产品返厂给再制造商有一定折价，因此免费更换每台再制造发动机的成本费用为再制造发动机平均制造成本与故障产品返厂折价成本的差值，用 C_r（千元）表示。

对于产品需求量与价格之间的关系，一般有两种假设模型：一是线性情况下的需求模型，即假设产品的需求量为价格的线性函数，$Q = \alpha - \beta P$（$\alpha > 0, \beta > 0$），代表了线性需求曲线；另一种是非线性情况下的需求模型，即假设产品的需求量为价格的非线性函数，$Q = \alpha P^{-\beta}$（$\alpha > 0, \beta > 1$），代表了非线性需求曲线。

在引入延长质保（保换）期限后，客户对产品的需求量就会发生相应的变化，Kunpeng Li，Suman Mallik 等人考虑了产品需求量一般会随着质保（保换）期限延长而增加，随着产品价格提高而减少，因此客户在评价其提供的服务（质保（保换）期限）时会同时考虑产品价格的高低和延长质保（保换）期限的长短,因此用单位期限长度下产品的价格(P/w_e)来比较不同质保(保换)期限对销售量的影响,并用 d 表示产品需求对 P/w_e 的敏感性系数。

6.4 机械装备再制造市场销售新模式经济效益评估

6.4.1 线性需求下的经济效益评估

在线性需求情况下,产品的预测需求函数模型如下:

$$Q = \alpha - \beta P - d\frac{P}{w_e} \quad (\alpha>0,\ \beta>0,\ w_e>0)$$

发动机再制造商在两种不同销售模式下的收益函数模型如下:

(1) 在延长质保期限服务模式下

$$\begin{aligned}
\pi &= (P - C - kw_e^2)Q - C_m r_i Q \\
&= (P - C - kw_e^2 - C_m r_i)(\alpha - \beta P - d\frac{P}{w_e}) \\
&= -(\beta + \frac{d}{w_e})P^2 + P(\alpha + \beta C + kdw_e + k\beta w_e^2 + d\frac{C}{w_e} + \beta r_i C_m + \\
&\quad r_i C_m \frac{d}{w_e}) - \alpha C - \alpha k w_e^2 - \alpha r_i C_m
\end{aligned}$$

(2) 在实行保换服务模式下

$$\begin{aligned}
\pi &= (P - C - kw_e^2)Q - C_m r_i Q - C_r r_i Q \\
&= (P - C - kw_e^2 - r_i C_m - r_i C_r)(\alpha - \beta P - d\frac{P}{w_e}) \\
&= -(\beta + \frac{d}{w_e})P^2 + P\left[\alpha + \beta C + kdw_e + k\beta w_e^2 + \frac{d}{w_e}(C + C_r i C_r + r_i C_m) + \right.\\
&\quad \left. \beta r_i(C_r + C_m)\right] - kw_e^2(C_r + \alpha) - \alpha(C + r_i C_m + r_i C_r)
\end{aligned}$$

6.4.2 非线性需求下的经济效益评估

在非线性需求情况下,产品的预测需求函数模型为

$$Q = \alpha p^{-\beta} - d\frac{P}{w_e} \quad (\alpha>0,\ \beta>1,\ w_e>0)$$

再制造发动机制造商在不同销售模式下的收益函数模型如下:

(1) 在延长质保期限服务模式下

$$\begin{aligned}
\pi &= (P - C - kw_e^2)Q - C_m r_i Q \\
&= (P - C - kw_e^2 - C_m r_i)\left(\alpha P^{-\beta} - d\frac{P}{w_e}\right)
\end{aligned}$$

$$= -d\frac{P^2}{w_e} - \alpha P^{1-\beta} - P^{-\beta}(\alpha C + \alpha r_i C_m + kdw_e^2) + P\left(d\frac{C}{w_e} + r_i C_m \frac{d}{w_e} + kdw_e\right)$$

（2）在实行保换服务模式下

$$\pi = (P - C - kw_e^2)Q - C_m r_i Q - C_r r_i Q$$

$$= (P - C - kw_e^2 - r_i C_r - r_i C_m)\left(\alpha P^{-\beta} - d\frac{P}{w_e}\right)$$

$$= -d\frac{P^2}{w_e} - \alpha P^{1-\beta} - P^{-\beta}[kdw_e^2 + \alpha(C + r_i C_m + r_i C_r)] +$$

$$P(d\frac{C}{w_e} + r_i C_r \frac{d}{w_e} + r_i C_m \frac{d}{w_e} + kdw_e)$$

6.5 案例分析

济南复强动力设备展示如图 6-3 ~ 图 6-12 所示。

图 6-3 丹麦进口的平面磨床进行缸体加工

图 6-4 德国进口的曲轴动平衡机

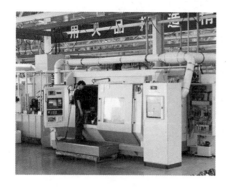

图 6-5 德国进口的曲轴磨床

图 6-6 发动机进行试车检验

图 6-7 法国进口的专用设备进行缸盖密封性试验

图 6-8 法国进口的专用设备进行缸盖座圈加工

图 6-9 高温分解炉

图 6-10 美国进口的珩磨机

图 6-11 操作工人对缸体主轴承孔进行珩磨

图 6-12 现代化设备的喷漆车间

1. 调研及数据整理

经过多次实地调研,本研究以济南复强动力生产的再制造斯太尔 336 马力重型载货汽车发动机为例,其再制造重型载货汽车发动机相关数据如下:目前销售价格为44千元左右，同种型号新品发动机为70千元左右，再制造发动机价格约为新品发动机价格的60%，质保期限都为6个月。故障发动机返厂平均维修成本为0.7千元/台。一台再制造发动机平均制造成本为25千元左右，故障发动机返厂由制造商进行再制造，一般可折价10千元到15千元，本章取其平均折价价值12.5千元。因此在保换服务模式下，制造商免费更换一台再制造发动机的平均成本C_r为12.5千元。所生产的再制造发动机在售后期限为9个月、12个月、15个月、18个月时的平均故障率r_i分别为8.2%、10.1%、12.9%、13.7%。

本次问卷发放主要面向济南复强动力在全国部分地区的特约维修站（见第2.4.1节表2-1）。问卷调研对象为重型载货汽车驾驶人，问卷内容主要研究延长质保期限与客户可接受价格的关系，以及实行保换服务与客户可接受价格之间的关系。问卷采取一人一份的方式进行发放填写，对回收回来的问卷进行比较分析，剔除了无效的问卷。

本次调研共发放问卷590份，收回问卷442份。问卷调研涵盖了华北、华东、华中等5个地区16个城市的16家特约维修站。本次调研调查范围广、区域代表性较好，准确客观地反映了广大重型载货汽车驾驶人对再制造发动机延长质保期限和实行保换服务期限的认可程度，以及相对应的客户可接受价格。

（1）延长质保期限服务销售模式

本问卷题项设置在正常6个月质保期限基础上再延长一定的质保期限，并对应不同的价格选项，据此研究重型载货汽车驾驶人对不同质保期限及相应的客户可接受价格（见表6-1）。

表6-1 延长质保期限服务问题和对应选项调研人数统计

问题	统计结果					
质保期限由6个月延长至9个月，接受价格增加的金额及对应人数	3千元	6千元	9千元	12千元	15千元	18千元
	360人	19人	8人	0人	0人	0人
质保期限由6个月延长至12个月，接受价格增加的金额及对应人数	3千元	6千元	9千元	12千元	15千元	18千元
	29人	319人	26人	13人	2人	0人
质保期限由6个月延长至15个月，接受价格增加的金额及对应人数	3千元	6千元	9千元	12千元	15千元	18千元
	11人	14人	321人	29人	8人	2人
质保期限由6个月延长至18个月，接受价格增加的金额及对应人数	3千元	6千元	9千元	12千元	15千元	18千元
	7人	12人	15人	317人	26人	10人

（2）实行保换服务销售模式

本问卷题项设置在再制造发动机正常6个月质保期限基础上再延长一定的保换期限，并对应不同的价格选项。据此研究重型载货汽车驾驶人对不同保换期限服务及相应的客户可接受价格（见表6-2）。

表 6-2 实行保换服务问题和对应选项调研人数统计

问题	统计结果					
保修期 6 个月，保修期后 3 个月为保换期，接受加价的金额及对应人数	10 千元	13 千元	16 千元	19 千元	22 千元	25 千元
	361 人	16 人	7 人	3 人	0 人	0 人
保修期 6 个月，保修期后 6 个月为保换期，接受加价的金额及对应人数	10 千元	13 千元	16 千元	19 千元	22 千元	25 千元
	11 人	327 人	31 人	12 人	0 人	0 人
保修期 6 个月，保修期后 9 个月为保换期，接受加价的金额及对应人数	10 千元	13 千元	16 千元	19 千元	22 千元	25 千元
	11 人	9 人	326 人	29 人	11 人	0 人
保修期 6 个月，保修期后 12 个月为保换期，接受加价的金额及对应人数	10 千元	13 千元	16 千元	19 千元	22 千元	25 千元
	6 人	11 人	11 人	321 人	35 人	3 人

2. 建模求参数并进行预测

整理调研数据后，通过数学模型进行求解得出相关结果，并对结果进行分析。其定量分析借助 SPSS17.0 软件和 MATLAB2012a 软件。

针对不同的延长质保期限，重型载货汽车驾驶人客户会有不同的价格选项进行选择。在同一延长质保期限下，重型载货汽车驾驶人选择最多的价格代表了此价格是大多数重型载货汽车驾驶人认可接受的价格，也是再制造商收益最大情况下的价格。因此本章将再制造商收益最大情况下对应的价格作为该质保期限下重型载货汽车驾驶人的可接受标准价格。由表 6-1 所得数据，分析如下：

$$(a_{ij}) = \begin{pmatrix} 360 & 19 & 8 & 0 & 0 & 0 \\ 29 & 319 & 26 & 13 & 2 & 0 \\ 11 & 14 & 321 & 29 & 8 & 2 \\ 7 & 12 & 15 & 317 & 26 & 10 \end{pmatrix}$$

该矩阵中元素 a_{ij} 表示在 i 质保期限下重型载货汽车驾驶人选择 j 价格时的统计人数。$i=1, 2, 3, 4$ 表示质保期限分别为 9 个月、12 个月、15 个月和 18 个月；$j=1, 2, 3, 4, 5, 6$ 分别表示价格增加 3 千元、6 千元、9 千元、12 千元、15 千元和 18 千元。

在不同的质保期限下，再制造发动机的平均故障率不同，令 $r_i = (r_1, r_2, r_3, r_4)$ 分别表示质保期限为 9 个月、12 个月、15 个月、18 个月的平均故障率。以质保期限 15 个月为例，选择价格增加 9 千元（即 53 千元）的人数为 321 人，选择高于 53 千元的客户（共 39 人）也会接受此价格，因此把不同价格下的可接受人数进行累加，比较不同价格下再制造商的收益。收益函数表示如下：

$$\pi = \max_{ij}\left\{\left(\sum_{j}^{n} a_{ij}\right)(3j - 0.7r_i)\right\}$$

当 $j=1$，$\pi = (11+14+321+29+8+2) \times (3 \times 1 - 0.7r_3) = 385 \times (3 - 0.7 \times 0.129)$ 千元 = 1 120.234 5 千元。

当 $j=2$，$\pi = (14+321+29+8+2) \times (3 \times 2 - 0.7r_3) = 374 \times (6 - 0.7 \times 0.129)$ 千元 = 2 210.227 8 千元。

当 $j=3$，$\pi = (321+29+8+2) \times (3 \times 3 - 0.7r_3) = 360 \times (9 - 0.7 \times 0.129)$ 千元 = 3 207.292 千元。

当 $j=4$，$\pi = (29+8+2) \times (3 \times 4 - 0.7r_3) = 39 \times (12 - 0.7 \times 0.129)$ 千元 = 464.478 3 千元。

当 $j=5$，$\pi = (8+2) \times (3 \times 5 - 0.7r_3) = 10 \times (15 - 0.7 \times 0.129)$ 千元 = 149.097 4 千元。

当 $j=6$，$\pi = 2 \times (3 \times 6 - 0.7r_4) = 2 \times (18 - 0.7 \times 0.129)$ 千元 = 35.819 4 千元。

可见当质保期限为 15 个月时，53 千元是制造商收益最大情况下的价格，因此该价格就是该质保期限的对应价格。以此类推，质保期限为 9 个月，客户可接受价格为 47 千元；质保期限为 12 个月，客户可接受价格为 50 千元；质保期限为 18 个月，客户可接受价格为 56 千元。同理，求出不同保换期限下，客户对应可接受的价格。其质保期限、保换期限分别与对应接受价格统计数据见表6-3，用 SPSS17.0 软件对上述数据进行线性回归分析，得到价格与延长质保期限的函数关系式：$P = 38 + w_e$，其常量为 38，系数为 1；相关系数、拟合优度 R^2、调整后 R^2 都为 1，sig. 值（显著性）为 0.000。这表明该函数数据线性相关性良好，具有统计学意义。

同理，整理其保换期限与对应接受价格统计数据见表6-3。用 SPSS17.0 软件对上述数据进行线性回归分析，得到价格与实行保换服务期限的函数关系式：$P = 45 + w_e$，其常量为 45，系数为 1；相关系数、拟合优度 R^2、调整后 R^2 都为 1，sig. 值（显著性）为 0.000。

表6-3 质保期限（保换期限）与对应价格

w_e（月）	质保期限价格 P（千元）	保换期限价格 P（千元）
9	47	54
12	50	57
15	53	60
18	56	63

（1）在延长质保期限服务销售模式下，由表6-1可知当延长质保期限为15个月时，能接受53千元价格的预测需求人数为360人，能接受50千元价格的预测需求人数为374人。以此类推，整理出具有代表性的不同延长质保期限和对应价格下的预测需求人数，其统计结果见表6-4。

表6-4 延长质保期限服务销售模式下的统计数据

人数（人）	质保期限（月）	价格（千元）	比值（P/w_e）
380	18	50	2.78
374	15	50	3.33
365	12	50	4.17
368	18	53	2.94
360	15	53	3.53
360	9	47	5.22
380	12	47	3.92
385	15	47	3.13
387	18	47	2.61
353	18	56	3.11

当为线性需求情况时，本章结合上述数据，借助SPSS17.0软件对再制造发动机的预测需求函数模型 $Q = \alpha - \beta P - d\dfrac{P}{w_e}$（$\alpha > 0$，$\beta > 0$，$w_e > 0$）进行拟合，求得 α 为578，β 为3.385，d 为10.759。其相关系数为0.983，拟合优度 R^2 为0.966，调整后 R^2 为0.957，sig.值（显著性）为0.000。这表明该调研数据拟合效果良好，具有统计学意义。由此得到预测需求函数关系式为 $Q = 578 - 3.385P - 10.759\dfrac{P}{w_e}$。

由 $\Pi = (P - C - kw_e^2 - r_i C_m)Q = (P - C - kw_e^2 - r_i C_m)(\alpha - \beta P - d\dfrac{P}{w_e})$，把相关整理数据代入得 $\Pi = (38 + w_e - 25 - kw_e^2 - 0.7r_i)\left(578 - 3.385P - 10.759\dfrac{P}{w_e}\right) = (13 + w_e - kw_e^2 - 0.7r_i)\left(578 - 3.385P - 10.759\dfrac{P}{w_e}\right)$。

把 w_e 分别为9、12、15、18代入上述公式，得出相关结果如下：
当 $w_e = 9$ 时，$\Pi = (22 - 81k - 0.7 \times 0.082) \times 363$，$r_1 = 0.082$。
当 $w_e = 12$ 时，$\Pi = (25 - 144k - 0.7 \times 0.101) \times 364$，$r_2 = 0.101$。

当 $w_e=15$ 时，$\Pi=(28-225k-0.7\times0.129)\times361$，$r_3=0.129$。
当 $w_e=18$ 时，$\Pi=(31-324k-0.7\times0.137)\times355$，$r_4=0.137$。

当为非线性需求情况时，本章结合表 6-4 数据，借助 MATLAB2012a 软件对其再制造发动机的预测需求函数模型 $Q=\alpha P^{-\beta}-d\dfrac{P}{w_e}(\alpha>0,\beta>1,w_e>0)$ 进行拟合，求得 α 为 2 118.19，β 为 0.42，d 为 10.76。由此得到预测需求函数关系式：$Q=2\,118.19P^{-0.42}-10.76\dfrac{P}{w_e}$。

由上述公式：$\Pi=(P-C-kw_e^2-r_iC_m)Q=(P-C-kw_e^2-r_iC_m)(\alpha P^{-\beta}-d\dfrac{P}{w_e})$，把相关整理数据代入得 $\pi=(38+w_e-25-kw_e^2-0.7r_i)(2\,118.19P^{-0.42}-10.76\dfrac{P}{w_e})=(13+w_e-kw_e^2-0.7r_i)(2\,118.19P^{-0.42}-10.76\dfrac{P}{w_e})$。

把 w_e 分别为 9、12、15、18 代入上述公式，得出相关结果如下：
当 $w_e=9$ 时，$\Pi=(22-81k-0.7\times0.082)\times364$，$r_1=0.082$。
当 $w_e=12$ 时，$\Pi=(25-144k-0.7\times0.101)\times365$，$r_2=0.101$。
当 $w_e=15$ 时，$\Pi=(28-225k-0.7\times0.129)\times362$，$r_3=0.129$。
当 $w_e=18$ 时，$\Pi=(31-324k-0.7\times0.137)\times357$，$r_4=0.137$。

（2）在实行保换服务销售模式下，由表 6-2 可知当保换期限为 15 个月时，能接受 60 千元价格的预测需求人数为 366 人，能接受 57 千元价格的预测需求人数为 375 人。以此类推，整理出具有代表性的不同保换期限和对应价格下的预测需求人数，其统计结果见表 6-5。

表 6-5 实行保换服务销售模式下的统计数据

人数（人）	质保期限/月	价格（千元）	比值（P/w_e）
381	18	57	3.17
375	15	57	3.8
369	12	57	4.75
370	18	60	3.33
366	15	60	4
361	9	54	6
380	12	54	4.5
386	15	54	3.6
387	18	54	3
359	18	63	3.5

当为线性需求情况时，对于保换服务期限下再制造重型载货汽车发动机的预测需求量，本章结合表6-5数据，借助于SPSS17.0软件对其数据进行拟合，求得变量α、β和d。得到：$\alpha = 571$，$\beta = 2.87$，$d = 8.641$。其相关系数为0.971，拟合优度R^2为0.942，调整后R^2为0.927，sig.为0.000。这说明该函数数据拟合效果良好，具有统计学意义。由此得到预测需求函数关系式为

$$Q = 571 - 2.87P - 8.641\frac{P}{w_e}$$

由$\Pi = (P - C - kw_e^2 - r_i C_m - r_i C_r)(\alpha - \beta P - d\frac{P}{w_e})$，把相关数据代入得

$$\Pi = (45 + w_e - 25 - kw_e^2 - 13.2r_i)(571 - 2.87P - 8.641\frac{P}{w_e})$$

$$= (20 + w_e - kw_e^2 - 13.2r_i)(571 - 2.87P - 8.641\frac{P}{w_e})$$

把w_e分别为9、12、15、18代入上述公式，得出相关结果如下：

当$w_e = 9$时，$\Pi = (29 - 81k - 13.2 \times 0.082) \times 364$，$r_1 = 0.082$。

当$w_e = 12$时，$\Pi = (32 - 144k - 13.2 \times 0.101) \times 366$，$r_2 = 0.101$。

当$w_e = 15$时，$\Pi = (35 - 225k - 13.2 \times 0.129) \times 364$，$r_3 = 0.129$。

当$w_e = 18$时，$\Pi = (38 - 324k - 13.2 \times 0.137) \times 360$，$r_4 = 0.137$。

当为非线性需求情况时，本章结合表6-5的数据，借助MATLAB2012a软件对其再制造发动机的预测需求函数模型$Q = \alpha P^{-\beta} - d\frac{P}{w_e}$（$\alpha > 0$，$\beta > 1$，$w_e > 0$）进行拟合，求得$\alpha$为2120.9，$\beta$为0.408，$d$为8.667。

由此得到预测需求函数关系式：$Q = 2120.9 P^{-0.408} - 8.667\frac{P}{w_e}$，由以上公式

$\Pi = (P - C - kw_e^2 - r_i C_m - r_i C_r)(\alpha - \beta P - d\frac{P}{w_e})$，把相关数据代入得

$$\Pi = (45 + w_e - 25 - kw_e^2 - 13.2r_i)(2120.9 P^{-0.408} - 8.667\frac{P}{w_e})$$

$$= (20 + w_e - kw_e^2 - 13.2r_i)(2120.9 P^{-0.408} - 8.667\frac{P}{w_e})$$

把w_e分别为9、12、15、18代入上述公式，得出相关结果如下：

当$w_e = 9$时，$\Pi = (29 - 81k - 13.2 \times 0.082) \times 365$，$r_1 = 0.082$。

当$w_e = 12$时，$\Pi = (32 - 144k - 13.2 \times 0.101) \times 366$，$r_2 = 0.101$。

当 $w_e = 15$ 时，$\Pi = (35 - 225k - 13.2 \times 0.129) \times 364$，$r_3 = 0.129$。

当 $w_e = 18$ 时，$\Pi = (38 - 324k - 13.2 \times 0.137) \times 361$，$r_4 = 0.137$。

由上述两种服务销售模式的收益函数结果可知，重型载货汽车发动机再制造商在不同质保（保换）期限下的收益大小与其成本系数 k 有关，根据实际成本系数 k 的变动范围，令 k 值取 0.01~0.09，用 MATLAB2012a 软件分别对两种销售服务模式不同期限下的收益结果作图，如图 6-13~图 6-16 所示。

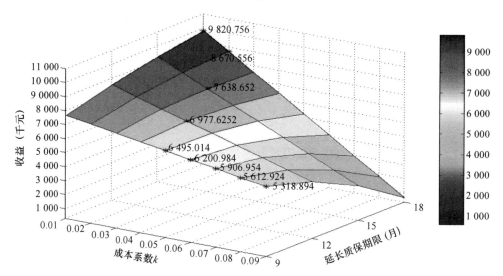

图 6-13 不同延长质保期限下收益（线性需求）比较

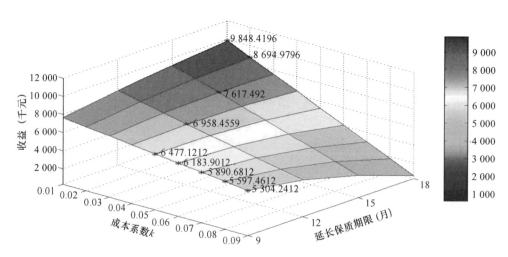

图 6-14 不同延长质保期限下收益（非线性需求）比较

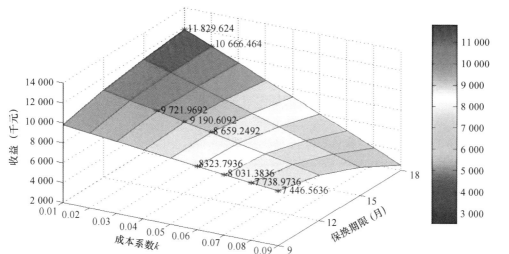

图 6-15 不同保换期限下收益（线性需求）比较

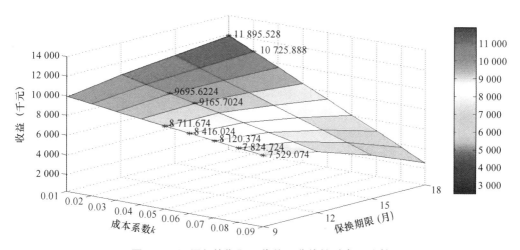

图 6-16 不同保换期限下收益（非线性需求）比较

6.6 管理启示

本章在前人研究的基础上，根据我国再制造重型载货汽车发动机市场的销售情况，引入了延长质保期限和实行保换服务两种再制造重型载货汽车发动机销售模式。通过实证分析和数学模型求解从定性层面和定量层面验证了两种销售模式在再制造重型载货汽车发动机销售市场中的可行性，本研究可以促进再制造重型载货汽车发动机的销售，提高重型载货汽车发动机再制造商的收益。

1. 研究结论

1）客户接受在制造商提供的延长质保期限和实行保换服务基础上提高相应价格，即加价。一方面，延长质保期限服务和实行保换服务解决了客户对再制造重型载货汽车发动机质量安全、售后服务等方面的后顾之忧；另一方面，再制造商在提供质保（保换）服务的同时提高销售价格，整体上增加了自身的收益。这对双方而言是一种双赢局面。

2）对再制造重型载货汽车发动机制造商而言，并不是质保期限（保换期限）越长，自身的收益越大。制造商提供延长质保期限服务和实行保换服务虽可以提高部分收益，但同时也要承担由于提供质保（保换）服务导致再制造重型载货汽车发动机故障率增加、维修费用上升的风险，承受回收旧机可再制造价值降低的压力。因此再制造商须统筹各项成本和收益情况，设置合理的质保延长期限和保换期限，以实现最大收益。

3）发动机再制造商的收益受成本系数 k 影响较大。在再制造商赢利的前提下，延长质保期限（实行保换服务）整体上与 k 负相关。

①针对延长质保期限服务销售模式，无论是在线性需求还是在非线性需求情况下，当 $k<0.03$ 时，延长质保期限至 18 个月时，再制造商收益最大；当 $0.03 \leqslant k<0.04$ 时，延长质保期限至 15 个月时，再制造商收益最大；当 $0.04 \leqslant k<0.05$ 时，延长质保期限至 12 个月时，再制造商收益最大；当 $k \geqslant 0.05$ 时，延长质保期限至 9 个月时，再制造商的收益最大。当 $k<0.03$ 时，在同一故障率范围内，再制造商在线性需求下的收益小于在非线性需求下的收益；当 $k \geqslant 0.03$ 时，在同一故障率范围内，再制造商在线性需求下的收益大于在非线性需求下的收益。

②针对实行保换服务销售模式，在线性需求情况下，当 $k<0.03$ 时，保换期限为 18 个月时，再制造商收益最大；当 $0.03 \leqslant k<0.06$ 时，保换期限为 12 个月时，再制造商收益最大；当 $k \geqslant 0.06$ 时，保换期限为 9 个月时，再制造商收益最大。在非线性需求情况下，当 $k<0.03$ 时，保换期限为 18 个月时，再制造商收益最大；当 $0.03 \leqslant k<0.05$ 时，保换期限为 12 个月时，再制造商收益最大；当 $k \geqslant 0.05$ 时，保换期限为 9 个月时，再制造商收益最大。当 $0.03 \leqslant k<0.05$ 时，在同一故障率范围内，再制造商在线性需求下的收益大于在非线性需求下的收益；在 k 其他范围内，再制造商在线性需求下的收益小于在非线性需求下的收益。

③同一故障率范围内，无论是在线性需求还是在非线性需求情况下，制造商在实行保换服务销售模式下的收益都要大于实行延长质保期限服务销售模式下的收益。

2. 研究建议

针对目前国内再制造重型载货汽车发动机销售市场的现状，本章提出以下建议：

1）考虑到再制造重型载货汽车发动机延长质保（保换）期限时生产成本对再制造商收益的巨大影响，再制造商需要提高技术制造水平和发动机质量标准，降低产品的生产成本，才能达到收益最优。

2）通过调研了解到再制造重型载货汽车发动机的核心价值部件是缸体、缸盖、曲轴、喷油泵等。而容易出现故障的部件（易坏部件）是增压器、空压机等部分，这是影响客户进行购买决策的主要因素，因此再制造商可以在对整台再制造重型载货汽车发动机实行延长质保期限的同时，单独提高增压器和空压机等易坏部件的延长质保期限，例如整机延长质保期限到 12 个月，延长增压器和空压机等部件的质保期限到 15 个月，这种重点增加易坏部件质保期限的做法会增强客户对再制造重型载货汽车发动机的质量的信心。

3）再制造商也可以实行延长质保期限服务和实行保换服务相结合的销售模式，如对增压器、空压机等易坏部件实行保换服务，对其他部件提供延长质保期限服务，这样可满足客户对销售模式的多样化需求，促进再制造重型载货汽车发动机的销售。对于其他机械装备产品，可以采用类似的延保模式，甚至可以考虑采用服务模式替代产品销售。但对于不同的再制造产品，什么模式最为适合，如何定价在再制造上可以取得最大利润，都需要根据实际情况开展具体研究。

本章研究从重型载货汽车发动机再制造商立场出发，构建再制造重型载货汽车发动机销售模式经济评价模型，并通过案例实证分析和数学模型求解，得出在不同再制造重型载货汽车发动机成本系数情况下延长质保期限模式和实行保换模式的最大收益，但没有考虑政府作为其中主体的作用。而事实上，政府的税收优惠、补贴等政策措施都会对再制造重型载货汽车发动机的销售产生影响。因此下一步的研究方向可将政府纳入考虑之中，研究在再制造发动机销售新模式下的政府、再制造商、客户三方演化博弈等问题。

参 考 文 献

[1] LAI K H, LUN Y H V, WANG C W Y, et al. Measures for evaluating green shipping practices implementation [J]. International Journal of Shipping and Transport Logistics, 2013, 5 (2): 217-235.

[2] SARKIS J, DE BRUIJN T, ZHU Q. Guest editorial: sustainability in engineering management-setting the foundation for the path forward [J]. IEEE Transactions on Engineering Management,

2013, 60 (2): 301-314.

[3] WONG C W Y, LAI K, CHENG T C E, et al. The roles of stakeholder support and procedure-oriented management on asset recovery [J]. International Journal of Production Economics, 2012, 135 (2): 584-594.

[4] WEBSTER S, MITRA S. Competitive strategy in remanufacturing and the impact of take-back laws [J]. Journal of Operations Management, 2007, 25 (6): 1123-1140.

[5] NNOROM I C, OSIBANJO O. Overview of electronic waste (e-waste) management practices and legislations, and their poor applications in the developing countries [J]. Resources Conservation and Recycling, 2008, 52 (6): 843-858.

[6] ZHANG T Z, CHU J W, WANG X P, et al. Development pattern and enhancing system of automotive components remanufacturing industry in China [J]. Resources Conservation and Recycling, 2011, 55 (6): 613-622.

[7] LINTON J D. Assessing the economic rationality of remanufacturing products [J]. Journal of Product Innovation Management, 2008, 25 (3): 287-302.

[8] ZHU Q, SARKIS J, LAI K H. Supply chain-based barriers for truck engine remanufacturing in China [J]. Transportation Research Part E: Logistics and Transportation Review, 2014, 68: 103-117.

[9] SUBRAMONIAM R, HUISINGH D, CHINNAM R B. Remanufacturing for the automotive aftermarket-strategic factors: literature review and future research needs [J]. Journal of Cleaner Production, 2009, 17 (13): 1163-1174.

[10] ZHU S, GUO Y C, YANG P. Remanufacturing system based on totally automatic MIG surfacing via robot [J]. Journal of Central South University of Technology, 2005, 12: 129-132.

[11] JIANG Z G, FAN Z, SUTHERLAND J W, et al. Development of an optimal method for remanufacturing process plan selection [J]. International Journal of Advanced Manufacturing Technology, 2014, 72 (9-12): 1551-1558.

[12] ZHOU W, PIRAMUTHU S. Remanufacturing with RFID item-level information: optimization, waste reduction and quality improvement [J]. International Journal of Production Economics, 2013, 145 (2): 647-657.

[13] LI J. Research on integrated quality architecture of remanufacturing industry for CQI [J]. Advances in Mechatronics and Control Engineering, 2013, 278-280 (1-3): 2148-2151.

[14] WU C H. Product-design and pricing strategies with remanufacturing [J]. European Journal of Operational Research, 2012, 222 (2): 204-215.

[15] ZHANG T Z, WANG X P, CHU J W, et al. Quality control and reliability analysis of remanufactured automotive products [J]. Applied Mechanics and Mechanical Engineering, 2010, 29-32 (1-3): 2233-2237.

[16] LIN Y H, TSENG M L, CHEN C C, et al. Positioning strategic competitiveness of green business innovation capabilities using hybrid method [J]. Expert Systems with Applications, 2011, 38 (3): 1839-1849.

[17] SHI W B, MIN K. Product remanufacturing: a real options approach [J]. IEEE Transactions

on Engineering Management, 2014, 61 (2): 237-250.

[18] ZUO M J, LIU B, MURTHY D N P. Replacement-repair policy for multi-state deteriorating products under warranty [J]. European Journal of Operational Research, 2000, 123 (3): 519-530.

[19] BHASKARAN S R, GILBERT S M. Implications of channel structure for leasing or selling durable goods [J]. Marketing Science, 2009, 28 (5): 918-934.

[20] TSENG M L. Modeling sustainable production indicators with linguistic preferences [J]. Journal of Cleaner Production, 2013, 40: 46-56.

[21] TSENG M L, DIVINAGRACIA L, DIVINAGRACIA R. Evaluating firm's sustainable production indicators in uncertainty [J]. Computers & Industrial Engineering, 2009, 57 (4): 1393-1403.

[22] CHESBROUGH H. Business model innovation: opportunities and barriers [J]. Long Range Planning, 2010, 43 (2-3): 354-363.

[23] BHASKARAN S R, GILBERT S M. Selling and leasing strategies for durable goods with complementary products [J]. Management Science, 2005, 51 (8): 1278-1290.

[24] DARGHOUTH M N, CHELBI A, AIT-KADI D. A profit assessment model for equipment inspection and replacement under renewing free replacement warranty policy [J]. International Journal of Production Economics, 2012, 135 (2): 899-906.

[25] CHANG W L, LIN J H. Optimal maintenance policy and length of extended warranty within the life cycle of products [J]. Computers & Mathematics with Applications, 2012, 63 (1): 144-150.

[26] KIM B, PARK S. Optimal pricing, EOL (end of life) warranty, and spare parts manufacturing strategy amid product transition [J]. European Journal of Operational Research, 2008, 188 (3): 723-745.

[27] CHIEN Y H. Optimal age for preventive replacement under a combined fully renewable free replacement with a pro-rata warranty [J]. International Journal of Production Economics, 2010, 124 (1): 198-205.

[28] ROBOTIS A, BHATTACHARYA S, WASSENHOVE L N. Lifecycle pricing for installed base management with constrained capacity and remanufacturing [J]. Production and Operations Management, 2012, 21 (2): 236-252.

第 7 章

外包再制造模式下再制造设计对制造/再制造竞争的影响

7.1 背景介绍及问题概述

为应对环境危机和资源枯竭，各国政府和企业都在寻求经济可持续发展。生产者责任延伸制度，即要求制造企业负责废旧产品处理费用，该制度已在发达国家实施；国务院于 2016 年 12 月 25 日印发《生产者责任延伸制度推行方案》，随后我国政府在汽车、电子行业等出台相关政策对生产者责任延伸制度进行有效探索与推进。减少废旧产品处理费用并尽量提升其利用价值，再制造是有效途径之一。由于原始制造商缺乏再制造技术以及相关设备与人才，同时担心再制造出现会影响新产品销售，许多原始制造商不愿意进行再制造，甚至会设法制约再制造的发展。但是，由于政府对生产者责任延伸制度的要求，原始制造商一般会通过知识产权把废旧产品的再制造外包给第三方进行，也外包再制造。

废旧产品的可再制造性约 2/3 取决于原始制造商产品设计初期的再制造设计，因此，原始制造商开展面向再制造的设计成为关键。原始制造商进行再制造设计需要一定的再制造设计费用，该费用该由原始制造商还是再制造商承担呢？不同的再制造设计费用承担方式，可以直接影响原始制造商进行再制造设计的积极性，即再制造设计努力程度。因此，基于外包再制造研究再制造设计费用的不同承担方式，对再制造设计具有重要的现实意义。

基于此，本章从外包再制造视角出发，构建再制造设计费用不同承担方式下原始制造商与再制造商的博弈模型。基于此模型，首先分析外包再制造对制造/再制造供应链竞争的影响。其次，分析再制造设计费用的不同承担方式对制造/再制造决策变量、环境影响、客户剩余和社会剩余的影响。本研究面向三个问题：①分析外包再制造对原始制造商收益的影响；②确立原始制造商与再制造商愿意承担再制造设计费用的边界和再制造设计费用不同承担方式对制造/再制造供应链竞争的影响；③剖析再制造有利于保护环境的条件。

7.2 文献综述

国内外学者针对外包再制造的研究，主要分为两个方面：一方面是外包再制造策略选择的研究；另一方面是外包再制造模式下制造/再制造供应链协调机制的研究。其中，外包再制造策略选择的研究主要有：Ordoobadi（2009）通过构建多阶段博弈模型，对比分析外包再制造与自行再制造，该研究为决策人员提供了一个有效的决策方法；Atasu 和 Van Wassenhove（2005）基于生命周期理论，研究了企业在战略层面和操作层面如何进行外包再制造策略的管理问题；

Tsai（2010）基于收益管理法、作业成本法和非竞争理论讨论了外包再制造决策的必要条件，研究得到在市场运营具有不确定性时应选择外包再制造；Li 等人（2009）用遗传算法，通过对外包再制造进行仿真分析，解决了外包再制造的生产决策问题；王能民等人（2011）对单个产品的生产企业，建立自行再制造与外包再制造博弈模型，研究外包再制造与自行再制造的最优生产比例。外包再制造模式下制造/再制造供应链协调机制的研究主要包括：Zou 等人（2016）针对汽车零部件再制造领域中废旧产品和再制造业务外包构建了两个分散模型，研究如何通过契约达到协调；Cai 等人（2010）基于一个制造商和一个外包再制造商构建了两级供应链博弈模型，引入外包再制造的比例系数，并基于该系数分析协调契约。

目前，国内外针对再制造设计的研究主要有：Wu（2013）基于原始制造商再制造设计策略（易于再制造设计与不易于再制造设计）构建制造/再制造博弈模型，研究得到原始制造商通过再制造设计可以有效控制再制造商市场竞争优势，进一步考虑再制造商的价格策略（高价策略与低价策略），分析不同价格策略对再制造产品市场竞争的影响；夏西强等人（2017、2018）基于完全市场竞争的情况，研究再制造设计对制造/再制造市场竞争的影响，研究得到再制造设计为两种产品带来的单位收益之比在某一区间时，原始制造商与再制造商都愿意承担再制造设计费用，并进一步分析政府补贴策略对再制造设计影响，发现政府补贴给原始制造商更有利于再制造设计；肖露等人（2017）基于再制造设计研究政府政策对再制造供应链的影响，研究主要得到：原始制造商可以通过改变产品设计的可再制造性水平来控制可再制造废旧产品的供应数量。

综上可知，国内外针对外包再制造与再制造设计已经有较多研究，并取得了良好的成果，比如本章参考文献［5］～［10］研究外包再制造运营管理与原始制造商选择的外包条件，文献［1］、文献［11］研究外包再制造模式下的制造/再制造供应链协调策略，文献［12］、文献［13］研究再制造设计对制造/再制造市场竞争的影响，文献［14］、文献［15］研究政府政策对再制造设计的影响。但是，外包再制造对再制造设计如何影响？在外包再制造下，不同再制造设计费用承担模式如何影响再制造设计的努力程度？这些问题是实现再制造设计的关键，尚待进一步深入研究。因此，本章在外包再制造模式下，分别基于再制造设计费用的不同承担方式，构建原始制造商与再制造商的博弈模型，以期解决上述两个问题，为制造/再制造决策提供依据。

本章主要贡献为分析外包再制造模式下，再制造设计对制造/再制造供应链竞争的影响，构建制造/再制造博弈模型。基于博弈模型，分析再制造设计费用的不同承担方式对再制造设计努力程度、废旧产品回收率、收益和环境等的影响。研究主要得到：原始制造商通过外包再制造不仅可以降低再制造商的市场竞争优势，还可以获得再制造带来的收益；再制造设计可以促进再制造商回收废旧产品，提高废旧产品回收率；无论是原始制造商还是再制造商承担再制造设计费用，两者收益分别在再制造设计努力程度的不同点达到最大，而不是再制造设计努力程度越大其收益越大；再制造对环境的影响并不总是有利的，当单位再制造产品与新产品对环境造成的影响之比小于某一阈值，同时再制造设计给单位再制造产品带来收益与带给单位新产品收益之比大于某一阈值时，再制造才有利于降低对环境的影响。

本章的创新点主要有三个方面：①模型构建，在已有文献［12］~［15］基础上，引入外包再制造，同时设计了制造商、再制造商承担再制造设计费用时对双方决策以及经济环境绩效的影响；②确立原始制造商与再制造商愿意承担再制造费用的边界，为原始制造商与再制造决策提供依据；③确立再制造设计对环境、客户剩余和社会剩余有利的边界，为政府采取策略促进再制造的发展提供科学依据。

7.3 模型构建

7.3.1 问题描述

外包制造是指企业将其非核心的、辅助性的业务或功能外包给专业化服务的外部机构。比如苹果的核心设计在美国，而富士康按照设计为苹果公司生产手机。在博弈时，一般发包商处于主导地位，外包产品的制造价格主要由发包商决定。与一般制造的外包不同，外包再制造的产生有两个主要原因：①越来越多的政府为保护环境开展生产者责任延伸制，因此企业在产品设计时就要考虑废旧产品的再回收和再利用；②原始制造商缺乏再制造设备和专业技能。原始制造商基于应对政府政策和自身不足，选择再制造商进行废旧产品再制造。因此，针对再制造设计的博弈，原始制造商不处于主导地位，且单位产品外包再制造费用是原始制造商与再制造商博弈的焦点。

如图7-1所示，原始制造商为专注其核心业务（新产品生产）的同时又能获得再制造带来的收益，通过知识产权转让将再制造业务外包出去，进行外包再制造并支付一定的费用（本章称为外包再制造费用）。同时，为响应政府政策，原始制造商在新产品设计初期考虑产品的可再制造性，这即再制造设计。而原始制造商进行再制造设计时，会产生一定的再制造设计成本，原始制造商与再制造商如何承担该成本呢？不同承担方式对再制造设计努力程度的影响如何？基于此背景，构建外包再制造下原始制造商承担再制造设计费用与再制造商承担再制造设计费用两个博弈模型，并分析再制造设计费用的不同承担方式对制造/再制造供应链竞争的影响。

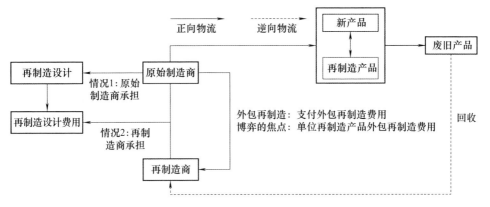

图 7-1 再制造设计费用不同承担模式下的制造/再制造博弈示意图

通过上述分析和图 7-1 可知，外包再制造模式下，博弈的焦点是原始制造商支付给再制造商的单位再制造产品外包再制造费用，而影响单位再制造产品外包再制造费用的是单位再制造产品零售价格（单位再制造产品零售价格是通过与单位新产品零售价格的市场竞争决定的），即虽然原始制造商和再制造商博弈的焦点是单位再制造产品外包再制造费用，但是单位再制造产品外包再制造费用受单位新产品与再制造产品零售价格的市场竞争和再制造设计（再制造设计受到再制造设计费用承担方式的影响，即本章研究两种再制造设计费用承担方式）的影响。

在原始制造商承担再制造设计费用时，原始制造商首先决定再制造设计努力程度。然后，原始制造商决定单位新产品零售价格和单位再制造产品外包再制造费用。最后，再制造商根据单位再制造产品外包再制造费用与再制造设计带给其的收益决定废旧产品回收数量（通过确定废旧产品回收率来确定废旧产品回收数量）。

在再制造商承担再制造设计费用时，再制造商首先通过向原始制造商提供的再制造设计费用来影响再制造设计努力程度。然后，原始制造商基于再制造设计努力程度决定单位新产品零售价格和单位再制造产品外包再制造费用。最后，再制造商根据单位再制造产品外包再制造费用决定废旧产品回收数量。

根据博弈论逆序求解过程，可得如下求解顺序：

原始制造商承担再制造设计费用时，再制造商首先确定废旧产品回收数量，即废旧产品回收率。然后，原始制造商根据废旧产品回收率确定单位新产品零售价格和单位再制造产品外包再制造费用。最后，原始制造商再根据上述最优值确定最优再制造设计努力程度。

再制造商承担再制造设计费时，再制造商首先确定废旧产品回收数量。然后，原始制造商根据废旧产品回收率确定单位新产品零售价格和单位再制造产品外包再制造费用。最后，再制造商再根据上述最优值确定提供再制造设计的费用，从而确定最优再制造设计努力程度。

7.3.2 模型符号

c_n：单位新产品生产成本。

c_r：单位再制造产品生产成本，根据实际情况可知 $c_r < c_n$，记 $\Delta c = c_n - c_r$。

p_n：市场上无再制造产品时，单位新产品销售价格。

q_n：市场上无再制造产品时，单位新产品销售销售量。

e_n：单位新产品对环境造成的影响。

e_r：单位再制造产品对环境造成的影响。

π_n：市场上无再制造产品时，原始制造商的收益。

π_N：外包再制造模式下，无再制造设计时，原始制造商的收益。

π_R：外包再制造模式下，无再制造设计时，再制造商的收益。

p_N：外包再制造模式下，无再制造设计时，单位新产品销售价格。

p_R：外包再制造模式下，无再制造设计时，单位再制造产品销售价格。

q_N：外包再制造模式下，无再制造设计时，新产品销售量。

q_R：外包再制造模式下，无再制造设计时，再制造产品销售量。

OEM：下标 OEM 表示进行再制造设计时，原始制造商承担再制造设计费用。

R：下标 R 表示进行再制造设计时，再制造商承担再制造设计费用。

p_{Ni}：进行再制造设计时，单位新产品销售价格，其中 $i \in \{OEM, R\}$。

p_{Ri}：进行再制造设计时，单位再制造产品销售价格，其中 $i \in \{OEM, R\}$。

q_{Ni}：进行再制造设计时，新产品销售量，其中 $i \in \{OEM, R\}$。

λ_i：废旧产品的回收率，其中 $i \in \{OEM, R\}$。

q_{Ri}：进行再制造设计时，再制造产品销售量，其中 $i \in \{OEM, R\}$。

π_{Ni}：进行再制造设计时，原始制造商的收益，其中 $i \in \{OEM, R\}$。

π_{Ri}：进行再制造设计时，再制造商的收益，其中 $i \in \{OEM, R\}$。

δ：相比于新产品消费者对再制造产品的估价折扣。

δ_n：进行再制造设计时，单位再制造设计努力程度给单位新产品带来的收益系数，比如有利于产品拆解、清洗和升级。

δ_r：进行再制造设计时，单位再制造设计努力程度给单位再制造产品带来的收益系数，比如有利于废旧产品回收时拆解和运输。

E：无再制造设计时，两种产品对环境造成的影响。

E_i：再制造设计时，两种产品对环境造成的影响，其中 $i \in \{\text{OEM}, \text{R}\}$。

w_i：再制造设计时，单位再制造产品外包再制造费用，其中 $i \in \{\text{OEM}, \text{R}\}$。

τ_i：再制造设计时，单位再制造设计努力程度，根据文献 [16]、文献 [17]，再制造设计费用是单位再制造设计努力程度的二次函数，即再制造设计费用为 $\dfrac{k_i \tau_i^2}{2}$，其中 k 表示废旧产品的回收成本系数，k_i 表示再制造设计努力程度系数，$i \in \{\text{OEM}, \text{R}\}$。

7.3.3 模型假设

借鉴文献 [13]，并根据实际情况，原始制造商进行再制造设计时，再制造费用与再制造设计努力程度正相关，也就是说再制造设计努力程度越大，再制造设计费用就越高。因此，原始制造商在进行再制造设计时，会考虑再制造设计的费用，即本章给出的假设 1。如果不满足假设 1，原始制造商在进行再制造设计时不会考虑再制造设计费用。

假设 1：原始制造商承担再制造设计费用时，$k_{\text{OEM}} > \dfrac{(\delta + k)\delta_n^2 + (\delta_r - 2\delta\delta_n)\delta_r}{2(\delta + k - \delta^2)}$。

再制造商承担再制造设计费用时，$k_R > \dfrac{k(\delta_r - \delta\delta_n)^2}{4(\delta + k - \delta^2)^2}$。

式中，δ 为折价；k 为废旧产品的回收成本系数。

假设 2：再制造产品与新产品的市场需求总容量为 1，即对两种产品的市场需求总容量进行归一化处理，该处理可以便于求解，不影响分析结果。

假设 3：客户购买产品的支付意愿的概率分布服从区间 [0，1] 上的均匀分布，该假设目前已经被国内外很多学者使用，比如文献 [3]、文献 [4] 及文献 [12]。

7.3.4 需求函数

借鉴文献 [3]、文献 [4] 及文献 [12]，设 θ 为购买单位产品的 WTP，且 θ 服从区间 [0，1] 上的均匀分布，即 $\theta \sim U[0,1]$。记 δ 为单位再制造产品销售价格相对于单位新产品销售价格的客户最低接受度（本章简称折价），则购买单位新产品的客户剩余为 $U_n = \theta - p_n$，购买单位再制造产品的客户剩余为 $U_r = \delta\theta - p_R$。只有当购买单位新产品的客户剩余大于购买单位再制造产品的客户剩余即 $U_n > U_r$ 时，客户才购买新产品，则购买新产品的意愿区间为 $\Theta_n = \{\theta : U_n > \max\{U_r, 0\}\}$。类似可知，客户购买再制造产品的意愿区间为 $\Theta_r = \{\theta : U_r > \max\{U_n, 0\}\}$。进而可以计算求得新产品和再制造产品的市场需求量分别为

$$q_{Ni} = \int_{\theta \in \Theta_n} f(\theta)\,d\theta = \frac{1 - \delta - p_{Ni} + p_{Ri}}{1 - \delta}, \quad q_{Ri} = \int_{\theta \in \Theta_r} f(\theta)\,d\theta = \frac{\delta p_{Ni} - p_{Ri}}{\delta(1 - \delta)}$$

最终可得

$p_{Ni} = 1 - q_{Ni} - \delta q_{Ri}$，$p_{Ri} = \delta(1 - q_{Ni} - q_{Ri})$，其中 $i \in \{OEM, R\}$。

7.4 模型求解与分析

7.4.1 模型求解

1. 原始制造商承担再制造设计费用

$$\pi_{NOEM} = (p_{NOEM} - c_n + \delta_n \tau_{OEM}) q_{NOEM} + (p_{ROEM} - w_{OEM}) q_{ROEM} - \frac{k_{OEM}}{2} \tau_{OEM}^2 \quad (7\text{-}1)$$

$$\pi_{ROEM} = (w_{OEM} - c_r + \delta_r \tau_{OEM}) q_{ROEM} - \frac{k}{2} q_{ROEM}^2 \quad (7\text{-}2)$$

式（7-1）中，$p_{NOEM} - c_n + \delta_n \tau_{OEM}$ 表示销售单位新产品获得的收益；$(p_{NOEM} - c_n + \delta_n \tau_{OEM}) q_{NOEM}$ 表示销售新产品的总收益；$(p_{ROEM} - w_{OEM})$ 表示外包再制造下，销售单位再制造产品的收益；$(p_{ROEM} - w_{OEM}) q_{ROEM}$ 表示销售再制造产品获得的收益；$\frac{k_{OEM}}{2} \tau_{OEM}^2$ 表示再制造设计所需要的费用，该费用与再制造设计努力程度正相关。

式（7-2）中，$w_{OEM} - c_r + \delta_r \tau_{OEM}$ 表示通过外包再制造，再制造商获得的单位再制造产品收益；$(w_{OEM} - c_r + \delta_r \tau_{OEM}) q_{ROEM}$ 表示再制造商通过外包再制造获得的收益；$\frac{k}{2} q_{ROEM}^2$ 表示回收废旧产品所需要的费用，该费用与回收废旧产品数量正相关。

2. 再制造商承担再制造设计费用

$$\pi_{NR} = (p_{NR} - c_n + \delta_n \tau_R) q_{NR} + (p_{RR} - w_R) q_{RR} \quad (7\text{-}3)$$

$$\pi_{RR} = (w_R - c_r + \delta_r \tau_R) q_{RR} - \frac{k}{2} q_{RR}^2 - \frac{k_R}{2} \tau_R^2 \quad (7\text{-}4)$$

式（7-3）中，$(p_{NR} - c_n + \delta_n \tau_R) q_{NR}$ 表示销售新产品获得的收益；$(p_{RR} - w_R) q_{RR}$ 表示通过外包再制造原始制造商获得的再制造收益；

式（7-4）中，$(w_R - c_r + \delta_r \tau_R) q_{RR}$ 表示再制造商通过外包再制造获得的收益；$\frac{k}{2} q_{RR}^2$ 表示废旧产品回收费用；$\frac{k_R}{2} \tau_R^2$ 表示再制造设计费用。

根据问题描述中的决策顺序，为获得两种情况下的最优值，首先给出引理7.1。

引理7.1 1) 式（7-2）关于 λ_{OEM} 是凹函数，通过求解式（7-2）获得最优解 λ_{OEM}^*，将其代入式（7-1）后，式（7-1）关于 q_{NOEM}、w_{OEM} 是凹函数，然后通

过式（7-1）获得最优解 q_{NOEM}^*、w_{OEM}^*，将其代入式（7-1），式（7-1）关于 τ_{NOEM} 是凹函数。

2）式（7-4）关于 λ_R 是凹函数，通过求解式（7-4）获得最优解 λ_R^*，将其代入式（7-3）后，式（7-3）关于 q_{NR}、w_R 是凹函数，然后通过式（7-3）获得最优解 q_{NR}^*、w_R^*，将其代入式（7-3），式（7-3）关于 τ_R 是凹函数。

证明： 1）把 $q_{ROEM} = \lambda_{OEM} q_{NOEM}$ 代入式（7-2）可得

$$\pi_{ROEM} = \lambda_{OEM}(w_{OEM} - c_r + \delta_r \tau_{OEM}) q_{NOEM} - \frac{k}{2}(\lambda_{OEM} q_{NOEM})^2 \quad (7-5)$$

对式（7-5）关于 λ_{OEM} 求一阶偏导数和二阶偏导数可得

$$\frac{\partial \pi_{ROEM}}{\partial \lambda_{OEM}} = (w_{OEM} - c_r + \delta_r \tau_{OEM}) q_{NOEM} - k q_{NOEM}^2 \lambda_{OEM} \quad (7-6)$$

$$\frac{\partial^2 \pi_{ROEM}}{\partial \lambda_{OEM}^2} = -k q_{NOEM}^2 \quad (7-7)$$

根据式（7-7）可知，$\frac{\partial^2 \pi_{ROEM}}{\partial \lambda_{OEM}^2} = -k q_{NOEM}^2 < 0$，即式（7-2）关于 λ_{OEM} 是凹函数。因此式（7-5）的最优值在其一阶偏导数等于 0 的地方达到，故根据式（7-6）可得最优解 λ_{OEM}^*：

$$\lambda_{OEM}^* = \frac{w_{OEM} - c_r + \delta_r \tau_{OEM}}{k q_{NOEM}}$$

把 λ_{OEM}^* 代入式（7-1）可得

$$\pi_{NOEM} = (p_{NOEM} - c_n + \delta_n \tau_{OEM}) q_{NOEM} + (p_{ROEM} - w_{OEM})\frac{w_{OEM} - c_r + \delta_r \tau_{OEM}}{k} - \frac{k_{OEM}}{2}\tau_{OEM}^2$$

再把 $p_{NOEM} = 1 - q_{NOEM} - \delta q_{ROEM}$，$p_{ROEM} = \delta(1 - q_{NOEM} - q_{ROEM})$ 代入上式可得

$$\pi_{NOEM} = (1 - q_{NOEM} - \delta \frac{w_{OEM} - c_r + \delta_r \tau_{OEM}}{k} - c_n + \delta_n \tau_{OEM}) q_{NOEM} +$$

$$(\delta - \delta q_{NOEM} - \delta \frac{w_{OEM} - c_r + \delta_r \tau_{OEM}}{k} q_{ROEM} - w_{OEM})\frac{w_{OEM} - c_r + \delta_r \tau_{OEM}}{k} -$$

$$\frac{k_{OEM}}{2}\tau_{OEM}^2 \quad (7-8)$$

对式（7-8）分别关于 q_{NOEM}、w_{OEM} 求一阶偏导数和二阶偏导数，可得

$$\frac{\partial \pi_{NOEM}}{\partial q_{NOEM}} = 1 - 2q_{NOEM} - 2\delta \frac{w_{OEM} - c_r + \delta_r \tau_{OEM}}{k} - c_n + \delta_n \tau_{OEM}$$

$$\frac{\partial \pi_{NOEM}}{\partial w_{OEM}} = -2\frac{\delta}{k} q_{NOEM} + \frac{\delta + c_r - \delta_r \tau_{OEM}}{k} - 2\delta \frac{w_{OEM} + c_r - \delta_r \tau_{OEM}}{k^2} - 2\frac{w_{OEM}}{k}$$

$$\frac{\partial^2 \pi_{NOEM}}{\partial w_{OEM} \partial q_{NOEM}} = -2\frac{\delta}{k}$$

$$\frac{\partial^2 \pi_{\text{NOEM}}}{\partial q_{\text{NOEM}} \partial w_{\text{OEM}}} = -2\frac{\delta}{k}$$

$$\frac{\partial^2 \pi_{\text{NOEM}}}{\partial q_{\text{NOEM}}^2} = -2$$

$$\frac{\partial^2 \pi_{\text{NOEM}}}{\partial w_{\text{OEM}}^2} = -2\frac{\delta + k}{k^2}$$

由此可得式（7-8）关于 q_{NOEM}、w_{OEM} 的 Hessian 矩阵为

$$H = \begin{pmatrix} -2 & -2\dfrac{\delta}{k} \\ -2\dfrac{\delta}{k} & -2\dfrac{\delta+k}{k^2} \end{pmatrix}$$

而 $|H| = \dfrac{4}{k^2}[\delta(1-\delta)+k] > 0$ 且 $-2 < 0$，即式（7-8）关于 q_{NOEM}、w_{OEM} 是凹函数。

将最优解 q_{NOEM}^*、w_{OEM}^* 代入式（7-1），式（7-1）关于 τ_{OEM} 是凹函数，与式（7-2）关于 λ_{OEM} 是凹函数证明过程类似，在此不给予证明。

2) 的证明过程与 1) 类似，在此省略。

引理 7.1 证毕。

根据引理 7.1 可得最优解，具体见结论 7.1。

结论 7.1　两种情况下，最优解为

$$\tau_{\text{OEM}}^* = \frac{[(\delta+k)(1-c_n) - \delta(\delta-c_r)]\delta_n + (\delta c_n - c_r)\delta_r}{(\delta+k-\delta^2)(2k_{\text{OEM}} - \delta_n^2) - (\delta_r - \delta\delta_n)^2}$$

$$\tau_{\text{R}}^* = \frac{k(\delta_r - \delta\delta_n)(\delta c_n - c_r)}{4k_{\text{R}}(\delta+k-\delta^2)^2 - k(\delta_r - \delta\delta_n)^2}$$

$$\lambda_i^* = \frac{\delta c_n - c_r + (\delta_r - \delta\delta_n)\tau_i^*}{\delta + k - \delta^2 + \delta c_r - (\delta+k)c_n + [(\delta+k)\delta_n - \delta\delta_r]\tau_i^*}$$

$$w_i^* = \frac{\delta k c_n + [2\delta(1-\delta)+k]c_r - [(2\delta - 2\delta^2 + k)\delta_r + k\delta\delta_n]\tau_i^*}{2(\delta+k-\delta^2)}$$

$$q_{Ni}^* = \frac{\delta + k - \delta^2 + \delta c_r - (\delta+k)c_n + [(\delta+k)\delta_n - \delta\delta_r]\tau_i^*}{2(\delta+k-\delta^2)}$$

$$q_{Ri}^* = \frac{\delta c_n - c_r + (\delta_r - \delta\delta_n)\tau_i^*}{2(\delta+k-\delta^2)}$$

$$p_{Ni}^* = \frac{1 + c_n - \delta_n \tau_i^*}{2}$$

$$p_{Ri}^* = \delta\frac{\delta + k - \delta^2 + (1-\delta)c_r + kc_n - [(1-\delta)\delta_r + k\delta_n]\tau_i^*}{2(\delta+k-\delta^2)}$$

式中，$i \in \{\text{OEM}, \text{R}\}$。

$$\pi_{\text{NOEM}}^* = \frac{(1-c_n+\delta_n\tau_{\text{OEM}}^*)^2}{4} + \frac{[\delta c_n - c_r + (\delta_r - \delta\delta_n)\tau_{\text{OEM}}^*]^2}{4(\delta+k-\delta^2)} - \frac{k_{\text{OEM}}\tau_{\text{OEM}}^{*2}}{2}$$

$$\pi_{\text{ROEM}}^* = \frac{k[\delta c_n - c_r + (\delta_r - \delta\delta_n)\tau_{\text{OEM}}^*]^2}{8(\delta+k-\delta^2)^2}$$

$$\pi_{\text{NR}}^* = \frac{(1-c_n+\delta_n\tau_R^*)^2}{4} + \frac{[\delta c_n - c_r + (\delta_r - \delta\delta_n)\tau_R^*]^2}{4(\delta+k-\delta^2)}$$

$$\pi_{\text{RR}}^* = \frac{k[\delta c_n - c_r + (\delta_r - \delta\delta_n)\tau_R^*]^2}{8(\delta+k-\delta^2)^2} - \frac{k_R\tau_R^{*2}}{2}$$

7.4.2 模型分析

由结论7.1可得推论7.1。

推论7.1 1）原始制造商通过外包再制造可以转移再制造带来的收益，增加原始制造商的收益，即 $\pi_N^* > \pi_n^*$。

2）在原始制造商不进行再制造设计时，原始制造商和再制造商的收益与再制造节约的成本正相关，即 $\frac{\partial \pi_N^*}{\partial \Delta c} > 0$，$\frac{\partial \pi_R^*}{\partial \Delta c} > 0$。

证明：1）市场上无再制造产品时，原始制造商的收益函数为

$$\pi_n = (p_n - c_n)q_n = (1 - q_n - c_n)q_n$$

易知上式关于 q_n 是凹函数，求解可得其最优解为

$$p_n^* = \frac{1+c_n}{2}, \quad q_n^* = \frac{1-c_n}{2}, \quad \pi_n^* = \frac{(1-c_n)^2}{4}$$

再由结论7.1可得，无再制造设计，即 $\tau_i = 0$ 时，原始制造商与再制造商的收益分别为

$$\pi_N^* = \frac{(1-c_n)^2}{4} + \frac{[\Delta c - (1-\delta)c_n]^2}{4(\delta+k-\delta^2)}, \quad \pi_R^* = \frac{k[\Delta c - (1-\delta)c_n]^2}{8(\delta+k-\delta^2)^2}$$

由此可得 $\pi_N^* - \pi_n^* = \frac{[\Delta c - (1-\delta)c_n]^2}{4(\delta+k-\delta^2)} > 0$，即 $\pi_N^* > \pi_n^*$。

2）由1）中的公式可知，$\frac{\partial \pi_N^*}{\partial \Delta c} > 0$，$\frac{\partial \pi_R^*}{\partial \Delta c} > 0$。

证毕。

推论7.1表明，在无外包再制造时，再制造产品的出现会减少新产品的销售利润，即再制造对原始制造商是一个威胁，但是，原始制造商通过知识产权采取外包再制造时，原始制造商的收益是增加的，即再制造由威胁转变为增加原始制造商的收益。

进一步，在外包再制造下，再制造节约成本越多，原始制造商与再制造商的收益越大，也就是说，原始制造商可以通过外包再制造获得再制造带来的收益且该收益与再制造节约成本正相关。因此，原始制造商可以通过再制造设计降低再制造生产成本，增加再制造节约成本。而进行再制造设计时，会产生一定的费用，因此，有必要确定原始制造商与再制造商愿意承担再制造设计费用的边界条件，具体见结论7.2。

管理启示：在外包再制造下，原始制造商与再制造商都应致力于降低再制造生产成本，比如，通过本章所提的再制造设计，可以降低废旧产品的拆解成本、运输成本和清洗成本等。

结论7.2 再制造商愿意承担再制造设计费用的边界为$\frac{\delta_r}{\delta_n} > \delta$。

原始制造商愿意承担再制造设计费用的边界为$\frac{\delta_r}{\delta_n} > \frac{(\delta c_n - c_r)}{\delta(\delta - c_r) - (\delta + k)(1 - c_n)}$。

证明：由结论7.1可知，原始制造商承担再制造设计费用时，再制造设计努力程度为

$$\tau^*_{\text{OEM}} = \frac{[(\delta + k)(1 - c_n) - \delta(\delta - c_r)]\delta_n + (\delta c_n - c_r)\delta_r}{(\delta + k - \delta^2)(2k_{\text{OEM}} - \delta_n^2) - (\delta_r - \delta\delta_n)^2}$$

因此，原始制造商愿意承担的再制造设计费用需要满足$\tau^*_{\text{OEM}} > 0$。

再根据原始制造商承担再制造设计费用的假设条件可知$\tau^*_{\text{OEM}} > 0 \Leftrightarrow [(\delta + k)(1 - c_n) - \delta(\delta - c_r)]\delta_n + (\delta c_n - c_r)\delta_r > 0$，而$[(\delta + k)(1 - c_n) - \delta(\delta - c_r)]\delta_n + (\delta c_n - c_r)\delta_r > 0 \Leftrightarrow \frac{\delta_r}{\delta_n} > \frac{(\delta c_n - c_r)}{\delta(\delta - c_r) - (\delta + k)(1 - c_n)}$。

类似可证再制造商愿意承担再制造设计费用的边界条件为$\frac{\delta_r}{\delta_n} > \delta$。

证毕。

结合推论7.1和结论7.2可知，原始制造商承担再制造设计费用时，原始制造商不仅希望自己获得再制造设计带来的收益越大越好，而且希望再制造商获得的再制造设计收益满足一定的阈值。主要原因有两个：一是再制造设计努力程度越高，单位新产品制造成本降低就越多，制造成本的降低间接减少新产品的零售价格，提升其市场竞争优势；二是由推论7.1可知，原始制造商的收益还与再制造节约成本正相关，因此，通过再制造设计还可以降低单位再制造生产成本，进而增加再制造带来的收益，间接增加原始制造商的收益，即原始制造商愿意承担再制造设计费用的边界条件与单位再制造设计努力程度带给原始制造商与再制造商的收益相关。

再制造商承担再制造设计费用时，单位再制造设计努力程度带给其收益越

大，其节约成本也越大，也就对其越有利，而进行再制造设计还对原始制造商有利。因此，再制造商愿意承担再制造设计费用时，不仅要考虑再制造设计带给其自身的收益，还要考虑再制造设计带给原始制造商的收益。

管理启示：再制造设计带给再制造产品的收益大于某一阈值时，再制造商应选择承担再制造设计费用；再制造设计带给再制造产品的收益小于某一阈值时，再制造商与原始制造商会根据各自的边界条件，选择是否承担再制造设计费用。

结论 7.3　再制造设计努力程度对最优解的影响如下：

1) $\dfrac{\partial w_i^*}{\partial \tau_i} < 0$，$\dfrac{\partial p_{Ni}^*}{\partial \tau_i} < 0$，$\dfrac{\partial p_{Ri}^*}{\partial \tau_i} < 0$。

2) 当 $\delta < \dfrac{\delta_r}{\delta_n} < 1 + \dfrac{k}{\delta}$ 时，$\dfrac{\partial q_{Ni}^*}{\partial \tau_i} > 0$，$\dfrac{\partial q_{Ri}^*}{\partial \tau_i} > 0$。

当 $\dfrac{\delta_r}{\delta_n} < \delta$ 时，$\dfrac{\partial q_{Ni}^*}{\partial \tau_i} > 0$，$\dfrac{\partial q_{Ri}^*}{\partial \tau_i} < 0$。

当 $1 + \dfrac{k}{\delta} < \dfrac{\delta_r}{\delta_n}$ 时，$\dfrac{\partial q_{Ni}^*}{\partial \tau_i} < 0$，$\dfrac{\partial q_{Ri}^*}{\partial \tau_i} > 0$。

3) 原始制造商承担再制造设计费用时：

① 当 $\tau_{OEM} < \tau_{OEM}^*$ 时，$\dfrac{\partial \pi_{NOEM}^*}{\partial \tau_{OEM}} > 0$，否则，$\dfrac{\partial \pi_{NOEM}^*}{\partial \tau_{OEM}} < 0$。

② 当 $\delta < \dfrac{\delta_r}{\delta_n}$ 时，$\dfrac{\partial \pi_{ROEM}^*}{\partial \tau_{OEM}} > 0$，否则，$\dfrac{\partial \pi_{ROEM}^*}{\partial \tau_{OEM}} < 0$。

再制造商承担再制造设计费用时：

① $\dfrac{\partial \pi_{NR}^*}{\partial \tau_R} > 0$。

② 当 $\tau_R < \tau_R^*$ 时，$\dfrac{\partial \pi_{RR}^*}{\partial \tau_R} > 0$，否则，$\dfrac{\partial \pi_{RR}^*}{\partial \tau_R} < 0$。

证明：1) 由结论 7.1 可知

$$\frac{\partial w_i^*}{\partial \tau_i} = \frac{-(2\delta - 2\delta^2 + k)\delta_r + k\delta\delta_n}{2(\delta + k - \delta^2)} < 0$$

$$\frac{\partial p_{Ni}^*}{\partial \tau_i} = -\frac{\delta_n}{2} < 0$$

$$\frac{\partial p_{Ri}^*}{\partial \tau_i} = -\frac{\delta[(1-\delta)\delta_r + k\delta_n]}{2(\delta + k - \delta^2)} < 0$$

即 1) 成立。类似可证其他结论成立。

证毕。

结论 7.3 说明，单位再制造产品外包再制造费用、单位新产品零售价格和单位再制造产品零售价格与单位再制造设计努力程度负相关，即通过再制造设计不仅可以降低两种产品的单位零售价格,还可以降低单位再制造产品外包再制造费用,这进一步验证了再制造设计可以有效降低两种产品的生产成本,进而增加原始制造商和再制造商的收益(根据推论7.1可知)。

当单位再制造设计努力程度带给单位再制造产品的收益与带给单位新产品的收益之比大于某一阈值时,说明再制造设计带给再制造产品的收益比较大,使其在市场上具有更强的竞争优势,增加再制造产品的销售量。反之,当单位再制造设计努力程度带给单位再制造产品的收益与带给单位新产品的收益之比小于某一阈值时,说明再制造设计带给新产品的收益比较大,使其在市场上具有一定的竞争优势,增加新产品的销售量。也就是说,当单位再制造设计努力程度带给再制造商的收益与带给原始制造商的收益之比大于(或小于)某一阈值,再制造设计仅仅有利于一种产品销售。当单位再制造设计努力程度带给再制造商的收益与带给原始制造商的收益之比在某一区间内时,再制造设计有利于增加两种产品的销售量。

当原始制造商承担再制造设计费时,原始值制造商的收益在再制造设计努力程度的某一点达到最大,也就是说,单位再制造设计努力程度小于某一阈值时,原始制造商收益与单位再制造设计努力程度正相关,反之负相关,这说明原始制造商进行再制造设计时,不是再制造设计努力程度越大越好。再制造商的收益与单位再制造设计努力程度带给单位再制造产品的收益与带给单位新产品的收益比值有关,也即当单位再制造设计努力程度带给再制造商的收益与带给原始制造商的收益比值大于某一阈值时,再制造设计才会增加再制造商的收益。

当再制造商承担再制造设计费用时,原始制造商的收益与单位再制造设计努力程度正相关,即单位再制造设计努力程度越大,其收益越大。再制造商的收益在某一点达到最大,在未达到这一点时,其收益与单位再制造设计努力程度正相关,超过这一点时,其收益与单位再制造设计努力程度负相关。然而即使原始制造商的收益与单位再制造设计努力程度正相关,原始制造商也不能一直提高单位再制造设计努力程度,因为再制造商承担再制造设计费用是有边界条件的。

管理启示:再制造设计费用由原始制造商承担时,再制造设计费用应小于某一阈值,这样才能使其收益达到最大;再制造设计费用由再制造商承担时,为使原始制造商持续进行再制造设计,需要综合考虑再制造设计带给原始制造商的收益以及边界条件。

7.4.3 再制造设计对环境的影响

借鉴本章参考文献[3],可知在有、无再制造设计时两种产品对环境造成的影响差为

$$E_i - E = e_n q_{Ni}^* + e_r q_{Ri}^* - (e_n q_N^* + e_r q_R^*) = \tau_i^* \frac{[(\delta+k)e_n - \delta e_r]\delta_n + (e_r - \delta e_n)\delta_r}{2(\delta + k - \delta^2)}$$

式中，$E_i = e_n q_{Ni}^* + e_r q_{Ri}^*$，其中 $i \in \{OEM, R\}$，表示不同承担方式下，新产品与再制造产品对环境造成的影响；$E = e_n q_N^* + e_r q_R^*$ 表示不进行再制造设计时对环境造成的影响。

结论 7.4 关于再制造设计对环境造成的影响，有如下结论：

1）当 $\frac{e_r}{e_n} \geq \delta$ 时，$E_i > E$。

2）当 $\frac{e_r}{e_n} < \delta$ 且 $\frac{(\delta+k)e_n - \delta e_r}{\delta e_n - e_r} > \frac{\delta_r}{\delta_n}$ 时，$E_i > E$。

3）当 $\frac{e_r}{e_n} < \delta$ 且 $\frac{(\delta+k)e_n - \delta e_r}{\delta e_n - e_r} < \frac{\delta_r}{\delta_n}$ 时，$E_i < E$。

证明：1）当 $\frac{e_r}{e_n} \geq \delta$ 时，可知 $e_r - \delta e_n > 0$。再由 $(\delta+k)e_n - \delta e_r = \delta(e_n - e_r) + ke_n > 0$，可知 $[(\delta+k)e_n - \delta e_r]\delta_n + (e_r - \delta e_n)\delta_r > 0$，即 $E_i > E$，1) 成立。

类似可证 2) 和 3) 成立。

证毕。

结论 7.4 表明，相对于单位新产品对环境造成的影响，当单位再制造产品对环境造成的影响大于某一阈值时，再制造不利于降低对环境造成的影响，造成这一现象的主要原因是再制造虽然通过减少新产品销售量降低新产品对环境造成的影响，但是再制造产品对环境也造成一定的影响，且当单位再制造产品对环境造成的影响大于某一阈值时（相对于单位新产品对环境造成的影响），再制造产品对环境造成的影响的增加量大于新产品对环境影响的降低量，最终使两种产品对环境造成的影响是增加的。

相对于单位新产品对环境造成的影响，当单位再制造产品对环境造成的影响小于某一阈值，两种产品对环境造成的影响还与再制造设计努力程度带给两种产品的收益有关，也即当单位再制造设计努力程度给单位再制造产品与给单位新产品带来的收益之比小于某一阈值时，再制造的出现不利于降低对环境造成的影响，反之，再制造的出现有利于降低对环境造成的影响。这说明，再制造对环境的影响并不总是有利的，相对于单位新产品对环境造成的影响，单位再制造产品对环境造成的影响小于某一阈值时且再制造设计给单位再制造产品带来的收益（相对于再制造设计带给单位新产品的收益）大于某一阈值时，再制造才有利于降低对环境的影响。

管理启示：为使再制造有利于降低环境影响，单位再制造产品的环境影响必须控制在某一阈值；或者再制造设计带给单位再制造产品的收益与带给单位新产品的收益之比达到一定的阈值。

7.4.4 再制造设计对客户剩余和社会剩余的影响

根据经济学知识，可以计算客户剩余和社会剩余，为便于讨论，客户剩余记为 S_{Ci}，具体计算过程如下：

$$S_{Ci} = \int_{1-q_{Ni}}^{1} (\theta - p_{Ni})\mathrm{d}\theta + \int_{1-q_{Ni}-q_{Ri}}^{1-q_{Ni}} (\delta\theta - p_{Ri})\mathrm{d}\theta = \frac{(q_{Ni} + \delta q_{Ri})^2 + \delta(1-\delta)q_{Ri}^2}{2}$$

社会剩余记为 S_{Si}，具体计算过程如下：

$$S_{Si} = S_{Ci} + \pi_{Ni}^* + \pi_{Ri}^*, \quad i \in \{\mathrm{OEM}, \mathrm{R}\}$$

同时，记 S_C 和 S_S 分别表示无再制造设计时的客户剩余和社会剩余。

根据上述客户剩余和社会剩余的表达式，可得如下结论：

结论 7.5　1) 再制造设计对客户剩余的影响：当 $\delta < \dfrac{\delta_r}{\delta_n}$ 时，$S_{Ci} > S_C$。

2) 再制造设计对社会剩余的影响：当 $\tau_i < \tau_i^*$ 且 $\delta < \dfrac{\delta_r}{\delta_n}$ 时，$S_{Si} > S_S$。

证明：1) 由 $q_{Ni}^* + \delta q_{Ni}^* - (q_N^* + \delta q_N^*) = (\delta + k - \delta^2)\delta_n \tau_i^*$ 及 $q_{Ni}^* - q_N^* = (\delta_r - \delta\delta_n)\tau_i^*$ 可知，当 $\delta < \dfrac{\delta_r}{\delta_n}$ 时，$q_{Ni}^* + \delta q_{Ni}^* > q_N^* + \delta q_N^*$，$q_{Ni}^* > q_N^*$，即 $S_{Ci} > S_C$。

类似可证结论 2) 成立。

证毕。

结论 7.5 表明，原始制造商进行再制造设计时，再制造不一定增加客户剩余，即不一定使客户受益。只有当单位再制造设计努力程度给单位再制造产品带来的收益与给单位新产品带来的收益之比大于某一阈值时，再制造设计才会增加客户剩余。社会剩余不仅受到再制造设计带给两种单位产品的收益有关，还与再制造设计努力程度的峰值有关，因为社会剩余还与两类制造商的收益有关，因此，在再制造设计努力程度没有达到最优值时，社会剩余与再制造设计努力程度正相关。

7.5　数值分析

通过上述分析可知，再制造设计可以同时给原始制造商与再制造商带来收益，且该收益不仅影响再制造设计努力程度，还影响其他变量。为进一步详细分析再制造设计带给两种产品的收益对再制造设计努力程度、回收率、需求量和收益的影响，以废旧发动机再制造为例，用 MATALB R2014a 进行仿真分析。根据本章参考文献 [16] 可知，与单位新产品相比，单位再制造产品不仅可以降低环境影响80%，还能节约成本50%，降低能耗60%，节约原材料70%，并借鉴文献[13]，取 $c_n=0.6$，$c_r=0.3$，$\delta=0.6$，$k=1.1$，$k_{OEM}=1.2$，$k_R=1.3$。

7.5.1 δ_n 与 δ_r 对再制造设计努力程度的影响

由图7-2a可知，原始制造商承担再制造设计费用时，再制造设计努力程度与 δ_n、δ_r 正相关；由图7-2b可知，再制造商承担再制造设计费用时，再制造设计努力程度与 δ_r 正相关、与 δ_n 负相关。原始制造商承担再制造设计费用时，在

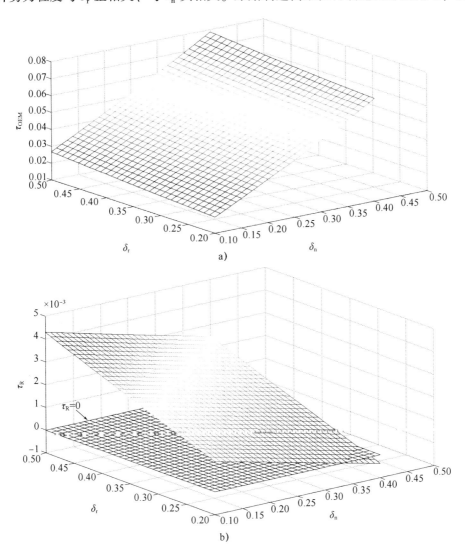

图7-2 再制造设计费用不同承担模式下 δ_n 与 δ_r 对 τ_i 影响

外包再制造下，再制造对原始制造商造成的威胁变成收益，且原始制造商的收益与单位再制造节约成本正相关，即当原始制造商进行再制造设计时，对再制造商节约的成本越多越好，最终使再制造设计努力程度与 δ_r 正相关。而再制造设计对原始制造商带来的收益越多，原始制造商进行再制造设计的努力程度越大，即再制造设计努力程度与 δ_n 正相关。

再制造商承担再制造设计费用时，当比值 $\dfrac{\delta_r}{\delta_n}$ 小于某一阈值时，再制造商就会不愿意承担再制造设计费用，即在图中出现 $\tau_R<0$ 的部分。同时，再制造商仅仅能从单位再制造产品节约成本获益，而不能从新产品节约成本获利，所以再制造商承担再制造设计费用的积极性与 δ_r 正相关，与 δ_n 负相关。综合以上分析，可得如下推论。

推论7.2 δ_n 与 δ_r 对 τ_i 的影响为 $\dfrac{\partial \tau_{\text{OEM}}}{\partial \delta_n}>0$，$\dfrac{\partial \tau_{\text{OEM}}}{\partial \delta_r}>0$，$\dfrac{\partial \tau_R}{\partial \delta_n}<0$，$\dfrac{\partial \tau_R}{\partial \delta_r}>0$。

7.5.2　δ_n 与 δ_r 对回收率的影响

由图7-3a可知，当原始制造商承担再制造设计费用时，废旧产品回收率与 δ_r 正相关，且在 $\dfrac{\delta_r}{\delta_n}$ 等于某一值时达到最大，废旧产品回收率关于 $\dfrac{\delta_r}{\delta_n}$ 是凹函数。主要原因有两个：一是再制造商负责回收废旧产品，因此，再制造设计带给再制造产品的收益越大，再制造商的回收积极性就越高；二是由于再制造设计费用由原始制造商承担，且其承担费用具有一定的边界，废旧产品回收率的最优值还与 δ_n 有关，即与 $\dfrac{\delta_r}{\delta_n}$ 有关。由图7-3b可得，当再制造商承担再制造设计费用时，废旧产品回收率与 δ_r 正相关，与 δ_n 负相关，与再制造商承担再制造设计费用时对再制造设计努力程度具有相同的原因。

综合上述分析，可得推论7.3。

推论7.3 δ_n 与 δ_r 对 λ_i 的影响为 $\dfrac{\partial \lambda_{\text{OEM}}}{\partial \delta_r}>0$，$\dfrac{\partial \lambda_R}{\partial \delta_r}>0$，$\dfrac{\partial \lambda_R}{\partial \delta_n}<0$；$\lambda_{\text{OEM}}$ 关于 $\dfrac{\delta_r}{\delta_n}$ 是凹函数，即 λ_{OEM} 在 $\dfrac{\delta_r}{\delta_n}$ 某一点达到最大值。

7.5.3　δ_n 与 δ_r 对新产品需求量的影响

在仿真分析过程中，发现 δ_n 与 δ_r 对再制造产品需求量的影响和 δ_n 与 δ_r 对回收率的影响趋势一样，故在此只给出 δ_n 与 δ_r 对新产品需求量的影响的仿真分析。

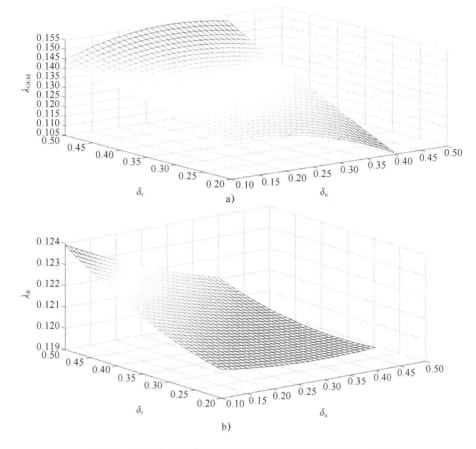

图7-3 再制造设计费用不同承担模式下 δ_n 与 δ_r 对 λ_i 影响

由图7-4可知,原始制造商承担再制造设计费用时,新产品需求量与 δ_n 正相关、与 δ_r 负相关。这主要是因为,再制造设计带给新产品的收益越大,新产品单位产品零售价格越低,在与再制造产品竞争中越有利;反过来,若再制造设计带给再制造产品的收益越大,新产品在市场竞争中越不利。再制造商承担再制造设计费用时,δ_r 小于某一阈值时,新产品需求量与 δ_n 负相关,反之,与 δ_n 正相关。

推论7.4 δ_n 与 δ_r 对需求量的影响如下:

1) $\dfrac{\partial q_{\mathrm{NOEM}}}{\partial \delta_r} < 0$,$\dfrac{\partial q_{\mathrm{NOEM}}}{\partial \delta_n} > 0$。

2) q_{NR} 关于 $\dfrac{\delta_r}{\delta_n}$ 是凹函数,即 q_{NR} 在 $\dfrac{\delta_r}{\delta_n}$ 比值的某一点达到最大值。

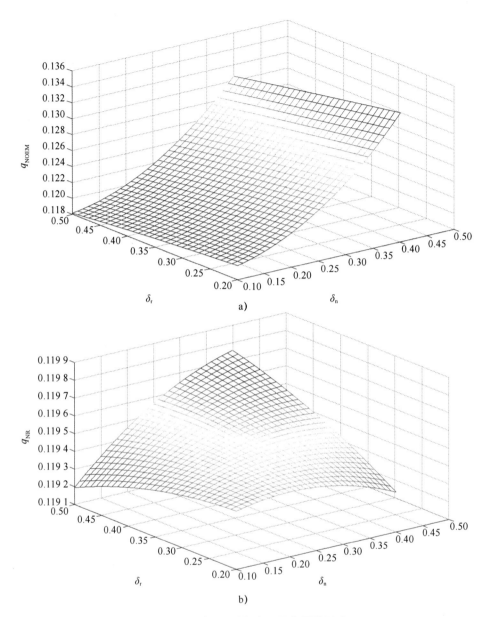

图 7-4 δ_n 与 δ_r 对新产品需求量的影响

7.5.4 δ_n 与 δ_r 对收益的影响

由图 7-5 可知,当原始制造商承担再制造设计费用时,原始制造商的收益与 δ_n、δ_r 正相关。这一现象很容易理解,因为原始制造商可以通过外包再制造转移再制造收益,所以进行再制造设计时,再制造设计带给原始制造商的收益越多,原始制造商通过外包再制造转移的再制造收益也增加；另外，再制造设计带给新产品的收益越多，原始制造商的收益也越大。

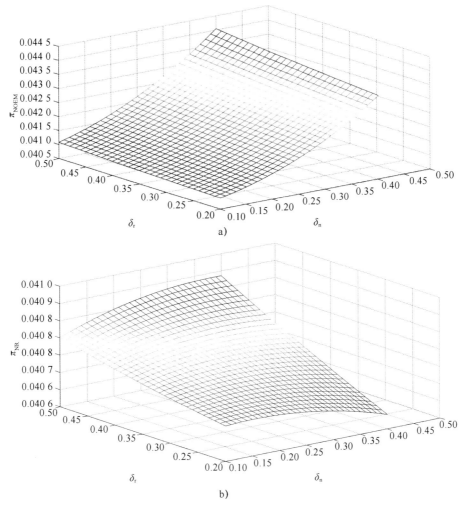

图 7-5　再制造设计费用不同承担模式下 δ_n 与 δ_r 对原始制造商收益的影响

当再制造商承担再制造设计费用时，原始制造商的收益与 δ_r 正相关，与 δ_n 负相关。原始制造商的收益与 δ_r 正相关的原因与原始制造商承担再制造设计费用时相同。原始制造商的收益与 δ_n 负相关主要是因为，当再制造商承担再制造设计费用时，新产品获得的再制造设计收益越大，再制造商一般会减少再制造设计费用，限制再制造设计努力程度，最终不仅使新产品的收益减少，还减少了再制造设计带给再制造产品的收益，促使原始制造商的收益减少。综合上述两种情况分析，可得推论 7.5。

推论7.5 δ_n 与 δ_r 对原始制造商收益的影响如下：

1) $\dfrac{\partial \pi_{\text{NOEM}}}{\partial \delta_n} > 0$，$\dfrac{\partial \pi_{\text{NOEM}}}{\partial \delta_r} > 0$。

2) $\dfrac{\partial \pi_{\text{NR}}}{\partial \delta_n} < 0$，$\dfrac{\partial \pi_{\text{NR}}}{\partial \delta_r} > 0$。

由图7-6可知，再制造设计费用不同承担模式下，再制造商的收益与 δ_r 正相关，与 δ_n 负相关。

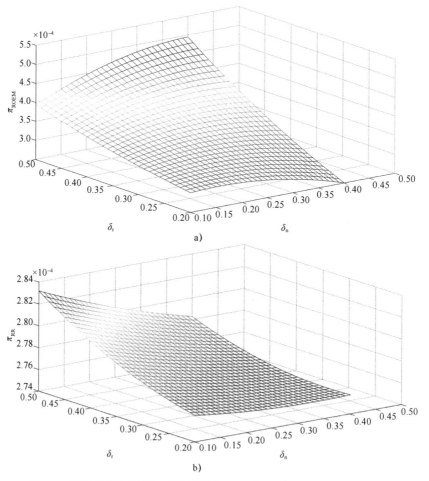

图7-6 再制造设计费用不同承担模式下 δ_n 与 δ_r 对再制造商收益的影响

综合分析，可得到推论7.6。

推论7.6 δ_n 与 δ_r 对再制造商收益的影响为

1) $\dfrac{\partial \pi_{\text{ROEM}}}{\partial \delta_n} < 0$，$\dfrac{\partial \pi_{\text{ROEM}}}{\partial \delta_r} > 0$。

2） $\dfrac{\partial \pi_{RR}}{\partial \delta_n} < 0$，$\dfrac{\partial \pi_{RR}}{\partial \delta_r} > 0$。

7.6　研究结论

为分析外包再制造模式下，再制造设计费用不同承担模式对制造/再制造供应链经济、环境影响，分别基于原始制造商、再制造商承担再制造设计费用构建制造/再制造博弈模型，进一步分析再制造设计费用不同承担模式对两种产品单位零售价格、销售量、单位再制造产品外包再制造费用、收益、环境、客户剩余和社会剩余的影响。研究主要得到如下结论：

1）原始制造商通过外包再制造不仅可以改变再制造出现对其造成的不利影响，还可以通过外包再制造获得再制造带来的收益。

2）原始制造商与再制造商愿意承担的再制造设计费用是有边界的，即原始制造商愿意承担再制造设计费用的条件是单位再制造设计努力程度带给单位再制造产品的收益与带给单位新产品的收益之比大于某一阈值，再制造商愿意承担再制造设计费用的条件与其类似。

3）原始制造商承担再制造设计费时，原始制造商的收益在再制造设计努力程度的某一点达到最大，即当单位再制造设计努力程度小于某一阈值时，原始制造商的收益与单位再制造设计努力程度正相关，反之负相关；再制造商承担再制造设计费用时，原始制造商的收益与单位再制造设计努力程度正相关，再制造商的收益在再制造设计努力程度的某一点达到最大，在未达到这一点时，其收益与单位再制造设计努力程度正相关，超过这一点时，其收益与单位再制造设计努力程度负相关。

4）相对于单位新产品对环境造成的影响，单位再制造产品对环境造成的影响大于某一阈值时，再制造的出现不利于降低对环境造成的影响；再制造的出现对环境影响并不总是有利的，相对于单位新产品对环境造成的影响，单位再制造产品对环境造成的影响小于某一阈值，且再制造设计给单位再制造产品带来收益大于某一阈值时，再制造的出现也有利于降低对环境的影响。

5）单位再制造设计努力程度给单位再制造产品带来的收益与给单位新产品带来的收益之比大于某一阈值时，再制造设计才会增加客户剩余。社会剩余不仅与再制造设计给两种单位产品带来的收益有关，还与再制造设计努力程度的峰值有关。

虽然通过本章研究得到以上主要结论，但是，本章还存在研究局限。主要体现在：本章的需求函数虽然是一个比较经典和成熟的函数，但是其假设客户 WTP θ 服从 [0，1] 的均匀分布，这一假设有一定的局限性。因此，延续本章的研究，研究者应首先基于实际情况，识别出 WTP 的概率分布函数，然后，基于此得到更符合实际的需求函数，这样才能确保构建的函数更具有科学性，以此得到的结果也更具有现实指导意义。对于不同的机械装备产品，尤其是客户数量相对比较多的，可以通过客户调查或者历史数据，比较准确地刻画WTP。

参 考 文 献

[1] ZOU Z B, WANG J J, DENG G S, et al. Third-party remanufacturing mode selection: outsourcing or authorization? [J]. Transportation Research Part E: Logistics and Transportation Review, 2016, 87: 1-19.

[2] 夏西强. 政府参与下汽车零部件再制造博弈模型研究 [D]. 大连: 大连理工大学, 2015.

[3] 邹宗保. 非独立第三方再制造博弈模型研究 [D]. 大连: 大连理工大学, 2016.

[4] ÖRSDEMIR A, ZIYA E K, PARLAKTÜRK A K. Competitive quality choice and remanufacturing [J]. Production and Operations Management, 2014, 23 (1): 48-64.

[5] YU J, HILLS P, WELFORD R. Extended producer responsibility and eco-design changes: perspectives from China [J]. Eco-Management and Auditing, 2008, 15 (2): 111-124.

[6] ORDOOBADI S M. Outsourcing reverse logistics and remanufacturing functions: a conceptual strategic model [J]. Management Research News, 2009, 32 (9): 831-845.

[7] ATASU A, VAN WASSENHOVE L N. Outsourcing remanufacturing under finite life cycles: operational and tactical issues [J]. Zeitschrift für Betriebswirtschaft, 2005, (3): 77-94.

[8] TSAI W H. Integrating activity-based costing and revenue management approaches to analyse the remanufacturing outsourcing decision with qualitative factors [J]. International Journal of Revenue Management, 2010, 1 (4): 367-387.

[9] LI J, GONZÁLEZ M, ZHU Y. A hybrid simulation optimization method for production planning of dedicated remanufacturing [J]. International Journal of Production Economics, 2009, 117 (2): 286-301.

[10] 王能民, 孙青林, 孙林岩. 考虑外包的单产品再制造批量决策 [J]. 运筹与管理, 2011, 20 (5): 162-168.

[11] CAI M, FAN T J, ZHOU H, et al. Research on supply chain coordination model of green remanufacturing with outsourcing [C]. Shanghai: International Symposium on Information Science, 2010.

[12] WU C. OEM product design in a price competition with remanufactured product [J]. Omega, 2013, 41 (2): 287-298.

[13] 夏西强, 朱庆华. 主动再制造设计下制造/再制造博弈模型研究 [J]. 系统工程学报, 2018, 33 (3): 328-340.

[14] 夏西强. 政府补贴与再制造设计下原始制造商与再制造商博弈模型 [J]. 系统工程, 2017, 35 (4): 85-90.

[15] 肖露, 王先甲, 钱桂生, 等. 基于产品设计的再制造激励以及政府干预的影响 [J]. 系统工程理论与实践, 2017, 37 (5): 1229-1242.

[16] 徐滨士, 刘世参, 史佩京, 等. 汽车发动机再制造效益分析及对循环经济贡献研究 [J]. 中国表面工程, 2005, (1): 1-7.

第8章

外包再制造模式下制造与再制造竞争与协调策略问题

8.1 背景介绍与问题概述

随着经济高速发展,世界各国面临着日益严重的环境和资源短缺问题,促使各国寻找一种可循环的经济发展模式,实现人口、资源、经济和环境的协调发展。再制造是实现循环经济发展的有效途径,以废旧发动机为例,与制造新发动机相比,再制造降低成本50%、降低能耗60%、节省原材料70%和降低环境影响80%,因此,再制造逐渐受到世界各国政府和企业的重视。虽然,再制造有利于实现经济循环发展,但是与新产品相比,单位再制造产品带给原始制造商(即新产品生产商)的收益远小于单位新产品带来的收益,这使原始制造商一般不愿意进行再制造。另外,原始制造商进行再制造时,大部分会面临废旧产品回收网络不健全、缺乏专门再制造技术等关键问题。为解决上述问题,原始制造商一般通过知识产权选择把再制造外包给第三方,即外包再制造。因此,研究外包再制造对制造/再制造的影响具有重要的现实意义。

同时,再制造可以实现产品循环再利用,有效降低对环境影响。再制造产品越多,降低对环境的影响越有效,而影响再制造产品生产数量的是原始制造商给予再制造商的单位再制造产品外包再制造费用。而在原始制造商与再制造商进行分散式决策时,会造成边际损失,减少供应链整体收益,因此,有必要基于供应链契约,研究原始制造商与再制造商的协调机制,减少供应链的边际损失,进而增加再制造产品生产数量,最终促进再制造产业的发展,实现经济循环发展。因此,在外包再制造下,研究制造/再制造供应链协调机制具有重要现实意义,可以有效促进循环经济的发展。

基于上述背景,本章从外包再制造视角出发,构建原始制造商与再制造商的博弈模型,分析外包再制造对制造/再制造供应链的影响,并进一步研究外包再制造下制造/再制造供应链契约协调,使其达到整体最优。通过该研究,不仅可以为政府完善再制造相关政策提供决策依据,还可以通过协调策略,使再制造供应链达到整体最优。该研究可以有效解决三个问题:一是外包再制造对原始制造商与再制造商市场竞争的影响,主要影响两种产品的单位零售价格、销售量、销售利润和环境;二是给出制造/再制造协调机制,减少制造/再制造边际损失;三是为原始制造商与再制造商制定合作策略提供科学的决策依据。

8.2 文献综述

目前,国内外与本章相关的研究不是很多,且主要集中在外包再制造策略选择:Karakayali等人(2007)从汽车零部件再制造的角度出发,构建了两个分散式决策模型，讨论回收条例约束下原始制造商选择哪种回收和再制造模式主导再制造；Ordoobadi（2009）通过构建两种再制造（一种是自己进行再制造，另一种是外包再制造）多阶段博弈模型，研究原始制造商如何选择再制造模式，给出了原始制造商从事再制造和外包再制造的边界条件；Li等人（2009）构建了外包再制造优化模型，通过遗传算法仿真分析不同再制造模式下外包再制造的比例，解决了外包再制造生产决策问题；Tsai（2007）基于收益管理法、作业成本法和非竞争理论讨论了外包再制造决策的必要条件，研究得到在市场运营具有不确定性时应选择外包再制造的结论；Cai等人（2010）基于一个制造商和一个外包再制造商构建两级供应链模型，研究了外包再制造的比例系数，并基于该系数得到协调契约；葛汝刚和黄小原（2009）基于原始制造商可以选择自行再制造和外包再制造，构建鲁棒优化模型，通过该模型有效控制两种模式转化产生的运作波动和牛鞭效应；王能民等人（2011）基于单个产品再制造，构建再制造与外包再制造决策模型，并对其最优解进行讨论；孙浩等人（2017）基于再制造三种模式研究专利费用对制造/再制造供应链的影响，研究得到无专利授权时废旧产品回收率最高、合作模式下制造/再制造供应链利润最高。

虽然现有研究已经取得很大的成就，但是还有一些问题有待解决，比如：本章参考文献［5］~［8］、［11］~［13］只解决外包再制造的管理和生产决策问题，但是缺少对外包再制造供应链协调策略的研究；文献［9］和文献［10］仅仅考虑外包再制造下制造/再制造协调策略问题，但是缺少对外包再制造下制造/再制造竞争机制的研究。基于此，本章构建外包再制造下制造/再制造博弈模型，对比分析分散式决策与集中式决策对制造/再制造供应链竞争机理和协调机制的影响，以期为原始制造商与再制造商的决策提供科学依据。

本章试图在以下三个方面有所创新：①分别基于分散式决策和集中式决策，构建制造/再制造博弈模型；②对比分析分散式决策与集中式决策下，外包再制造对制造/再制造供应链竞争机制和环境的影响，可以为原始制造商和再制造商提供决策依据，针对两种策略对环境的影响，为再制造在何时有利于环境保护提供决策分析；③给出外包再制造下制造/再制造供应链的协调机制，使制造/再制造供应链达到整体最优，为原始制造商与再制造商如何合作提供决策依据。

8.3 模型构建

8.3.1 模型符号

n，r：原始制造商（新产品制造商）和再制造商。

c：原始制造商生产单位新产品所需要的成本。

π_n：市场上无再制造产品时，原始制造商的收益。

s：再制造商生产单位再制造产品，与新产品相比节约的成本。

D：分散式决策模式；C：集中式决策模式；f：协调决策模式。

τ^i：在政府采取i策略时，再制造商回收废旧产品回收率，其中$i \in \{D, C, f\}$。

e_n：原始制造商生产单位新产品对环境造成的影响。

e_r：再制造商生产单位再制造产品对环境造成的影响（$e_n > e_r$）。

w^i：再制造供应链采取i模式时，单位再制造产品外包再制造费用，$i \in \{D, f\}$。

p_n^i，p_r^i：单位新产品、单位再制造产品的零售价格，其中$i \in \{D, C, f\}$。

q_n^i，q_r^i：新产品、再制造产品的需求量，其中$i \in \{D, C, f\}$。

δ：在客户心中，单位再制造产品相对于单位新产品的价值，记δ为单位再制造产品销售价格相对于单位新产品销售价格的客户最低接受度（本章简称为折价）。根据实际情况，$0 \leq \delta \leq 1$。

π_n^i：原始制造商的收益，其中$i \in \{D, C, f\}$。

π_r^i：再制造商的收益，其中$i \in \{D, C, f\}$。

π^C：集中式决策时的收益。

8.3.2 问题描述

在原始制造商采取外包再制造时，原始制造商与再制造商分别基于集中式决策与分散式决策进行制造/再制造活动。分散式决策时，原始制造商只生产新产品，但是，原始制造商会通过外包再制造让再制造商进行再制造生产，再制造商进行再制造生产时，首先需要回收废旧产品（因为再制造产品的生产原材料是废旧产品），而影响废旧产品回收量的是单位再制造产品外包再制造费用。因为单位再制造产品外包再制造费用越大，再制造商生产单位再制造产品获利就越多，回收废旧产品积极性就越高，废旧产品回收量就越多，再制造产品生产量就越多，使新产品与再制造产品市场竞争越剧烈。反之，废旧产品回收量就越少，再制造产品生产量就越少，减弱新产品与再制造产品的市场竞争。再制造商与原始制造商的博弈主体是单位再制造产品外包再制造费用，新产品与再制造产品的博弈主体是两种产品的单位零售价格。集中式决策时，原始制造商负责再制造，这时市场博弈主体是两种产品的单位零售价格。

根据上述分析可知，分散式决策时，模型决策顺序是：原始制造商处于供应链的主导地位。因此，原始制造商首先决定单位新产品零售价格和单位再制造产品外包再制造费用，然后再制造商根据单位再制造产品外包再制造费用，决定废旧产品回收率。

根据Stackelberg逆向求解可知：求解时，应由再制造商决定废旧产品回收率，原始制造商再根据废旧产品回收率决定单位新产品零售价格和单位再制产品外包再制造费用。

外包再制造下制造/再制造的博弈如图 8-1 所示。

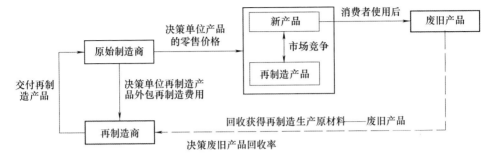

图 8-1 外包再制造下制造/再制造的博弈

8.3.3 模型函数

模型需求函数：参考文献 [14]、文献 [15]，设 θ 为购买单位产品的 WTP，且 θ 服从 [0, 1] 的均匀分布，函数 $f(\theta)$ 是其密度函数。购买单位新产品的客户剩余为 $U_{in} = \theta - p_n^i$，购买单位再制造产品的客户剩余为 $U_{ir} = \delta\theta - p_r^i$。只有当购买单位新产品的客户剩余大于购买单位再制造产品的客户剩余即 $U_{in} > U_{ir}$ 时，客户才购买新产品，则购买新产品的意愿区间为 $\Theta_{in} = \{\theta: U_{in} > \max\{U_{ir}, 0\}\}$。类似可知，客户购买再制造产品的意愿区间为 $\Theta_{ir} = \{\theta: U_{ir} > \max\{U_{in}, 0\}\}$。进而可以计算求得新产品和再制造产品的市场需求量分别为

$$q_{in} = \int_{\theta \in \Theta_n} f(\theta) d\theta = \frac{1 - \delta - p_n^i + p_r^i}{1 - \delta}, \quad q_{ir} = \int_{\theta \in \Theta_r} f(\theta) d\theta = \frac{\delta p_n^i - p_r^i}{\delta(1 - \delta)}$$

最终可得 $p_n^i = 1 - q_n^i - \delta q_r^i$，$p_r^i = \delta(1 - q_n^i - q_r^i)$，其中 $i \in \{D, C, f\}$。

1. 模型的回收函数

废旧产品回收量为 $\tau^i q_n^i$，其中 τ^i 是回收率，q_n^i 是新产品需求量。由本章参考文献 [16] 可知，废旧产品回收成本与回收量的二次方正相关，即废旧产品回收成本为 $k(\tau^i q_n^i)^2$，$i \in \{D, C, f\}$，其中 k 是比例参数。

2. 模型改进介绍

一方面是以往研究再制造废旧产品回收时，一般把其回收成本直接放在生产成本里（具体可见文献 [13]~[15]），忽略了废旧产品回收成本。而本章借鉴文献 [16]，在模型构建时，考虑废旧产品回收成本（废旧产品回收成本与回收量的二次方正相关），这样可以直接体现在模型中。在模型求解中，可以直接获得废旧产品回收率，为分析废旧产品循环再制造提供便利；另一方面是基于外包再制造，不仅建立再制造产品与新产品的市场博弈关系，还建立原始制造

商与再制造商的博弈关系，而以往研究主要基于再制造产品与新产品的单位零售价格建立博弈关系。与以往不同的是，以往研究的再制造商决策变量是单位再制造产品零售价格，原始制造商的决策变量是单位新产品零售价格，而本章再制造商的决策变量是单位废旧产品的回收率，间接决定再制造生产量，原始制造商的决策变量是单位新产品零售价格和单位再制造产品外包再制造费用。

8.4 模型求解

8.4.1 分散式决策

分散式决策时，原始制造商通过外包再制造让再制造商进行再制造，再制造商再制造后把再制造产品再交给原始制造商，因此，原始制造商的收益是通过销售新产品和再制造产品获得的，再制造商获得的收益是外包再制造收益与废旧产品回收成本之差。由上述分析可得，原始制造商与再制造商的收益函数如下：

$$\pi_n^D = (p_n^D - c)q_n^D + (p_r^D - w^D)q_r^D \tag{8-1}$$

$$\pi_r^D = (w^D - c + s)q_r^D - k(\tau^D q_n^D)^2 \tag{8-2}$$

式（8-1）中，$p_n^D - c$（单位新产品零售价格与单位生产成本之差）为销售单位新产品获得的收益；$p_r^D - w^D$（单位再制造产品零售价格与单位再制造产品外包再制造费用之差）为销售单位再制造产品获得的收益；q_n^D，q_r^D 分别表示新产品与再制造产品的销售量；销售新产品的收益为 $(p_n^D - c)q_n^D$；销售再制造产品的收益为 $(p_r^D - w^D)q_r^D$；两者之和为原始制造商的收益。

式（8-2）中，$w^D - c + s$（单位再制造产品外包再制造费用与生产单位再制造产品成本之差）表示再制造商生产单位再制造产品获得的收益，由此可得生产再制造产品获得的收益为 $(w^D - c + s)q_r^D$；但是，废旧产品回收也需要一定的费用，该费用为 $k(\tau^D q_n^D)^2$，最终可得再制造商的收益为生产再制造产品收益与废旧产品回收费用之差。

引理8.1 1) π_r^D 关于废旧产品回收率 τ^D 是凹函数。

2) π_n^D 关于 q_n^D、w^D 是凹函数。

证明： 1) 把 $q_r^D = \tau^D q_n^D$ 代入式（8-2）可得

$$\pi_r^D = (w^D - c + s)\tau^D q_n^D - k(\tau^D q_n^D)^2 \tag{8-2*}$$

对式（8-2*）关于 τ^D 求一阶和二阶偏导数可得

$$\frac{\partial \pi_r^D}{\partial \tau^D} = (w^D - c + s)q_n^D - 2k\tau^D (q_n^D)^2 \tag{8-3}$$

$$\frac{\partial^2 \pi_r^D}{\partial (\tau^D)^2} = -2k(q_n^D)^2 \tag{8-4}$$

由 $\frac{\partial^2 \pi_r^D}{\partial (\tau^D)^2} = -2k(q_n^D)^2 < 0$ 可知，式（8-2）关于废旧产品回收率 τ^D 是凹函数。

令式（8-3）=0，可得
$$\tau^{D*} = \frac{w^D - c + s}{2kq_n^D}$$

根据 $q_r^D = \tau^D q_n^D$ 和 $\tau^{D*} = \frac{w^D - c + s}{2kq_n^D}$，式（8-1）可整理为

$$\pi_n^D = \left(1 - q_n^D - \delta \frac{w^D - c + s}{2k} - c\right) q_n^D + \left[\delta\left(1 - q_n^D - \frac{w^D - c + s}{2k}\right) - w^D\right] \frac{w^D - c + s}{2k} \tag{8-5}$$

对式（8-5）关于 q_n^D、w^D 求一阶和二阶偏导数可得

$$\frac{\partial \pi_n^D}{\partial q_n^D} = 1 - 2q_n^D - c - \delta \frac{w^D - c + s}{k}$$

$$\frac{\partial \pi_n^D}{\partial w^D} = -\frac{\delta}{k} q_n^D - \frac{(2k+\delta)w^D}{2k^2} + \frac{c-s}{2k^2} + \frac{\delta + c - s}{2k}$$

$$\frac{\partial^2 \pi_n^D}{\partial (q_n^D)^2} = -2, \quad \frac{\partial^2 \pi_n^D}{\partial q_n^D \partial w^D} = -\frac{\delta}{k}, \quad \frac{\partial^2 \pi_n^D}{\partial w^D \partial q_n^D} = -\frac{\delta}{k}, \quad \frac{\partial^2 \pi_n^D}{\partial (w^D)^2} = -\frac{2k+\delta}{2k^2}$$

式（8-5）关于 q_n^D、w^D 的二阶 Hessian 矩阵为

$$\boldsymbol{H} = \begin{pmatrix} -2 & -\dfrac{\delta}{k} \\ -\dfrac{\delta}{k} & -\dfrac{2k+\delta}{2k^2} \end{pmatrix}$$

由 Hessian 矩阵对角线元素小于 0 且 $|H| = \begin{vmatrix} -2 & -\dfrac{\delta}{k} \\ -\dfrac{\delta}{k} & -\dfrac{2k+\delta}{2k^2} \end{vmatrix} = \dfrac{2k + \delta(1-\delta)}{k^2} > 0$

可知，式（8-1）关于 q_n^D、w^D 是凹函数。

得证。

由引理 8.1 可得结论 8.1。

结论 8.1 分散式决策时，两种产品的单位零售价格、销售量、收益、单位再制造产品外包再制造费用和废旧产品回收率的纳什均衡解为

$$p_n^{D*} = \frac{1+c}{2}, \quad p_r^{D*} = \delta\left[\frac{1}{2} + \frac{(1+2k-\delta)c - (1-\delta)s}{2(\delta + 2k - \delta^2)}\right]$$

$$q_n^{D*} = \frac{1}{2} - \frac{2kc + \delta s}{2(\delta + 2k - \delta^2)}, \quad q_r^{D*} = \frac{\delta c - c + s}{2(\delta + 2k - \delta^2)}$$

$$\pi_n^{D*} = \frac{(1-c)^2}{4} + \frac{(\delta c - c + s)^2}{4(\delta + 2k - \delta^2)}, \quad \pi_r^{D*} = k \frac{(\delta c - c + s)^2}{4(\delta + 2k - \delta^2)^2}$$

$$w^{D*} = \frac{(\delta + k - \delta^2)(c - s) + \delta kc}{\delta + 2k - \delta^2}$$

$$\tau^{D*} = \frac{\delta c + s - c}{\delta + 2k - \delta^2 - 2ck - \delta s}$$

8.4.2 集中式决策

集中式决策时，制造/再制造供应链的收益函数为

$$\pi^C = (p_n^C - c) q_n^C + (p_r^C - c + s) q_r^C - k (\tau^C q_n^C)^2 \tag{8-6}$$

类似引理 8.1，式（8-6）关于 q_n^C、q_r^C 是凹函数。

类似结论 8.1，可得结论 8.2。

结论 8.2 集中式决策时，两种产品的单位零售价格销售量、收益和废旧产品回收率的纳什均衡解为

$$p_n^{C*} = \frac{1+c}{2}, \quad p_r^{C*} = \delta \left[\frac{1}{2} + \frac{(1+k-\delta)c - (1-\delta)s}{2(\delta + k - \delta^2)} \right]$$

$$q_n^{C*} = \frac{1}{2} - \frac{kc + \delta s}{2(\delta + k - \delta^2)}, \quad q_r^{C*} = \frac{\delta c - c + s}{2(\delta + k - \delta^2)}$$

$$\pi^{C*} = \frac{(1-c)^2}{4} + \frac{(\delta c - c + s)^2}{4(\delta + k - \delta^2)}$$

$$\tau^{C*} = \frac{\delta c + s - c}{\delta + k - \delta^2 - ck - \delta s}$$

根据结论 8.1 和结论 8.2，下面进行结果分析。

8.4.3 结果分析

由结论 8.1 和结论 8.2 可得结论 8.3、结论 8.4。

结论 8.3 外包再制造对原始制造商收益的影响为 $\pi_n^{D*} > \pi_n^*$。

证明： 市场上只存在新产品时，原始制造商的决策函数为

$$\pi_n = (p_n - c) q_n = (1 - q_n - c) q_n \tag{8-7}$$

类似结论 8.1，可得式（8-7）的纳什均衡解为

$$p_n^* = \frac{1+c}{2}, \quad q_n^* = \frac{1-c}{2}, \quad \pi_n^* = \frac{(1-c)^2}{4}$$

再由结论 8.1 和结论 8.2 可知

$$q_n^* - q_n^{D*} = \frac{\delta(\delta c - c + s)}{2(\delta + 2k - \delta^2)} > 0, \quad q_n^* - q_n^{C*} = \frac{\delta(\delta c + s - c)}{2(\delta + k - \delta^2)} > 0$$

故 $q_n^* > q_n^{D*}$，$q_n^* > q_n^{C*}$。

分散式决策下，原始制造商的收益为 $\pi_n^{D*} = \dfrac{(1-c)^2}{4} + \dfrac{(\delta c - c + s)^2}{4(\delta + 2k - \delta^2)}$。

故 $\pi_n^{D*} - \pi_n^* = \dfrac{(\delta c - c + s)^2}{4(\delta + 2k - \delta^2)} > 0$，也即 $\pi_n^{D*} > \pi_n^*$。

证毕。

结论 8.3 说明，原始制造商不采取外包再制造时，再制造的出现对原始制造商是一种威胁，主要是原因是：一方面再制造产品单位零售价格较低，具有较强的市场竞争力，减少了新产品的销售；另一方面原始制造商为保持市场份额，会降低单位新产品零售价格，最终使原始制造商的收益减少。但是，当原始制造商采取外包再制造时，再制造的出现虽然减少新产品的销售量，但单位新产品零售价格不变，进一步，原始制造商通过外包再制造转移一部分再制造收益，且转移的这一部分收益要大于再制造产品出现导致新产品销售利润减少的量，最终使原始制造商收益增加，即外包再制造可以改变原始制造商的不利地位。原始制造商面临再制造产品对其的威胁，可以利用知识产权保护，采取外包再制造，转移再制造收益，改变原始制造商市场竞争的不利地位。

结论 8.4 单位再制造产品节约成本对纳什均衡解的影响如下：

1) $\dfrac{\partial p_n^{D*}}{\partial s} = \dfrac{\partial p_n^{C*}}{\partial s} = 0$，$\dfrac{\partial p_r^{D*}}{\partial s} < 0$，$\dfrac{\partial p_r^{C*}}{\partial s} < 0$。

2) $\dfrac{\partial q_n^{D*}}{\partial s} = \dfrac{\partial q_n^{C*}}{\partial s} < 0$，$\dfrac{\partial q_r^{D*}}{\partial s} > 0$，$\dfrac{\partial q_r^{C*}}{\partial s} > 0$。

3) $\dfrac{\partial \tau^{D*}}{\partial s} > 0$，$\dfrac{\partial \tau^{C*}}{\partial s} > 0$。

4) $\dfrac{\partial w^{D*}}{\partial s} < 0$。

5) $\dfrac{\partial \pi_n^{D*}}{\partial s} > 0$，$\dfrac{\partial \pi_r^{D*}}{\partial s} > 0$，$\dfrac{\partial \pi^{C*}}{\partial s} > 0$。

证明： 1) 由结论 8.1 和结论 8.2 可知，p_n^{D*}、p_n^{C*} 与 s 无关，故 $\dfrac{\partial p_n^{D*}}{\partial s} = \dfrac{\partial p_n^{C*}}{\partial s} = 0$，

$$\dfrac{\partial p_r^{D*}}{\partial s} = -\dfrac{-\delta(1-\delta)}{2(\delta + 2k - \delta^2)} < 0，\quad \dfrac{\partial p_r^{C*}}{\partial s} = -\dfrac{\delta(1-\delta)}{2(\delta + k - \delta^2)} < 0。$$

类似可得其他结论成立。

证毕。

结论 8.4 说明，单位再制造产品节约成本对单位新产品零售价格没有影响，但是，它可以降低单位再制造产品零售价格。单位再制造产品节约成本越大，单位再制造产品零售价格越低，客户选择购买再制造产品，增加再制造产品销

售量，促使新产品销售量减少。再制造产品销售量增加，就会提高再制造商回收废旧产品的积极性，最终使废旧产品回收率增加。虽然新产品销售量减少直接导致新产品销售利润减少，但是，原始制造商会通过降低单位再制造产品外包再制造费用来增加再制造收益，且再制造收益的增加量大于新产品销售收益的减少量，最终使原始制造商的收益增加，即单位再制造产品节约成本越大对原始制造商越有利。因此，原始制造商可以通过再制造设计减少再制造的成本，来减少单位再制造产品生产成本。比如：原始制造商通过新产品设计来降低单位再制造产品的再制造难度，使废旧产品便于拆解、清洗和组装；再制造商可以通过技术升级降低再制造产品生产过程中的成本。

为了便于分析分散式决策与集中式决策对环境造成的影响，记

$$e^D = e_n q_n^{D*} + e_r q_r^{D*}, \quad e^C = e_n q_n^{C*} + e_r q_r^{C*}$$

由结论 8.1 和结论 8.2 可知

$$e^D = e_n q_n^{D*} + e_r q_r^{D*} = \frac{e_n}{2} - \frac{2kc + \delta s}{2(\delta + 2k - \delta^2)} e_n + \frac{\delta c - c + s}{2(\delta + 2k - \delta^2)} e_r \quad (8-8)$$

$$e^C = e_n q_n^{C*} + e_r q_r^{C*} = \frac{e_n}{2} - \frac{kc + \delta s}{2(\delta + k - \delta^2)} e_n + \frac{\delta c - c + s}{2(\delta + k - \delta^2)} e_r \quad (8-9)$$

由式（8-8）和式（8-9）可得结论 8.5。

结论 8.5 两种决策模式对环境造成如下影响：

1) 当 $\frac{e_r}{e_n} > \frac{\delta}{3}$、集中式决策时，两种产品对环境造成的影响较大，即集中式决策虽然有利于提高再制造供应链收益，但是不利于降低对环境造成的影响。

2) 当 $\frac{e_r}{e_n} < \frac{\delta}{3}$、分散式决策时，两种产品对环境造成的影响较大，即集中式决策不仅有利于提高再制造供应链的收益，还有利于降低两种产品对环境造成的影响。

3) 当 $\frac{e_r}{e_n} = \frac{\delta}{3}$ 时，两种产品对环境造成的影响与决策模式无关，但是，集中式决策有利于提高再制造供应链的收益。

证明： 由式（8-8）和式（8-9）可知

$$e^C - e^D = \frac{k(\delta c + s - c)(3e_r - \delta e_n)}{2(\delta + k - \delta^2)(\delta + 2k - \delta^2)} \quad (8-10)$$

根据式（8-10）可知：当 $\frac{e_r}{e_n} > \frac{\delta}{3}$ 时，$e^C > e^D$。

当 $\frac{e_r}{e_n} < \frac{\delta}{3}$ 时，$e^C < e^D$。

$$当 \frac{e_r}{e_n} = \frac{\delta}{3} 时, e^C = e^D。$$

证毕。

结论 8.5 说明，当 $e_r/e_n > \delta/3$，集中式决策对环境造成的影响要大于分散式决策时的情形。因此，这时需要政府进行干涉，使再制造商与原始制造商不进行合作，才能更好地保护环境。当 $e_r/e_n < \delta/3$ 时，集中式决策有利于环境保护。因此，原始制造商与再制造商要设法降低单位再制造产品对环境造成的影响，这样不仅有利于增加社会福利，更有利于保护环境。此外，企业要尽量降低单位再制造产品对环境的影响，比如在产品设计初期，考虑产品的可再制造性，尽量减少再制造过程中对环境造成的损害。

结论 8.6 分散式决策与集中式决策对纳什均衡解的影响如下：

1) $p_n^{D*} = p_n^{C*}$, $p_r^{D*} > p_r^{C*}$。
2) $q_n^{D*} > q_n^{C*}$, $q_r^{D*} < q_r^{C*}$。
3) $\tau^{C*} > \tau^{D*}$。
4) $\pi_C^* > \pi_n^{D*} + \pi_r^{D*}$。

结论 8.6 的证明与结论 8.2 类似，在此省略其证明过程。

结论 8.6 说明，虽然单位新产品零售价格与决策方式无关，但是，集中式决策可以降低单位再制造产品零售价格，促进再制造产品的销售，减少新产品的销售。另外，为满足再制造产品的市场需求，再制造商回收废旧产品量增加，间接导致废旧产品回收率增加，即集中式决策有利于废旧产品的回收再利用。进一步，集中式决策可以增加再制造供应链的整体收益，因此，有必要研究分散式决策时的制造/再制造供应链协调机制，使原始制造商和再制造商的收益之和达到集中式决策时的收益。下面基于特许经营契约，给出制造/再制造的协调契约。

8.5 基于特许经营契约的协调机制研究

特许经营契约主要是指再制造商以单位再制造产品外包再制造费用 w 进行再制造，一般 w 要小于分散式决策时的单位再制造产品外包再制造费用 w^D。同时，原始制造商首先支付一定的固定费用 F 给再制造商。假设原始制造商为再制造商提供的契约为 (w, F)，即再制造商以较优的单位再制造产品外包再制造费用进行再制造，但是原始制造商要向再制造商提供一定的固定费用 F，作为利润增加分成；原始制造商会根据固定费用多少，考虑是否接受该契约，若接受该契约，则再制造商对此契约进行最优决策。

根据特许经营契约，可得原始制造商和再制造商的利润函数为

$$\pi_n^f = (p_n^f - c)q_n^f + (p_r^f - w^f)q_r^f - F \tag{8-11}$$

$$\pi_r^f = (w^f - c + s)q_r^f - k(\tau^f q_r^f)^2 + F \tag{8-12}$$

由式（8-11）和式（8-12）可得，原始制造商与再制造商的决策模型为

$$\max \pi_r^f = (w^f - c + s)q_r^f - k(\tau^f q_r^f)^2 + F \tag{8-13}$$

s.t.

$$\begin{cases} q_n^f, w^f \in \arg\max \pi_n^{rf} = (p_n^f - c)q_n^f + (p_r^f - w^f)q_r^f - F \\ \pi_n^{f*} \geq \pi_n^{D*} \end{cases} \tag{8-14}$$

求解上述模型可得

$$\tau^{f*} = \frac{\delta c + s - c}{\delta + k - \delta^2 - ck - \delta s}$$

$$p_n^{f*} = \frac{1+c}{2}, \quad p_r^{f*} = \delta\left[\frac{1}{2} + \frac{(1+k-\delta)c - (1-\delta)s}{2(\delta + k - \delta^2)}\right]$$

$$q_n^{f*} = \frac{1}{2} - \frac{kc + \delta s}{2(\delta + k - \delta^2)}, \quad q_r^{f*} = \frac{\delta c - c + s}{2(\delta + k - \delta^2)}$$

$$w^{f*} = \frac{2\delta(1-\delta) + k(\delta c - c + s)}{2(\delta + k - \delta^2)}$$

$$F = \frac{(1-c)[\delta(1-\delta) + k(1-c) - \delta s]}{4(\delta + k - \delta^2)} + \frac{\delta(k-1+\delta) + (\delta - \delta^2 - k)(c-s)}{4(\delta + k - \delta^2)} - \pi_n^{D*}$$

$$\pi_n^{f*} = \pi_n^{D*} = \frac{(1-c)^2}{4} + \frac{(\delta c - c + s)^2}{4(\delta + 2k - \delta^2)}, \quad \pi_r^{f*} = \pi^{C*} - \pi_n^{f*} = \pi^{C*} - \pi_n^{D*} \circ$$

由此可以得到供应链协调契约。

结论8.7 采用特许经营契约 (w^{f*}, F^*)，可以使供应链达到协调。

证明：根据上述求解得到的结果可知

$$\pi_r^{f*} + \pi_n^{f*} = \pi_r^{f*} + \pi_n^{D*} = \pi^{C*} \tag{8-15}$$

根据式（8-15）可知，供应链达到协调。

证毕。

通过结论8.7可知，单位再制造产品外包再制造费用虽然没有改变，但是，一方面再制造商获得一定的固定费用，这一固定费用是原始制造商用来提高再制造商的生产积极性，来激励再制造商进行再制造，进而增加再制造产品的销售量的。另一方面，该契约只增加原始制造商的收益，再制造商的收益没有增加，这主要是因为原始制造商在再制造过程中处于主导地位，但是，为了不影响再制造商进行再制造的积极性，在协调时，再制造商的收益没有改变。特许经营契约虽然使制造/再制造供应链达到整体最优，但是，该契约主要以牺牲再制造商的利益来实现供应链的协调（协调后，供应链增加的收益都分配给原始制造商，再制造商的收益没有增加）。因此，该契约不具有可持续性，为了使该

契约具有一定的可持续性，原始制造商应设法给予再制造商一定的补贴，增加再制造商的收益。

8.6 数值实验

为了分析折价对纳什均衡解的影响和两种产品单位环境变化对环境的影响，借鉴本章参考文献 [4]，取 $c=0.2$，$s=0.1$，$k=1.1$。再根据结论 8.1 和结论 8.2，可知政府补贴和折价对单位新产品零售价格没有影响，故在此不对其进行仿真分析。

8.6.1 折价对纳什均衡解的影响

根据上述描述，可得折价对分散式决策和集中式决策两种决策模式纳什均衡解的影响，具体见表 8-1。

表 8-1 折价对两种决策模式纳什均衡解的影响

纳什均衡解	$\delta=0.60$	$\delta=0.65$	$\delta=0.70$	$\delta=0.75$	$\delta=0.80$	$\delta=0.85$	$\delta=0.90$
p_r^{D*}	0.327 049	0.354 454	0.381 950	0.409 555	0.437 288	0.465 172	0.493 231
p_r^{C*}	0.324 627	0.351 930	0.379 389	0.407 039	0.434 921	0.463 086	0.491 597
q_n^{D*}	0.397 541	0.395 984	0.394 191	0.392 147	0.389 831	0.387 218	0.384 279
q_n^{C*}	0.395 522	0.392 655	0.389 313	0.385 437	0.380 952	0.375 764	0.369 748
q_r^{D*}	0.004 098	0.006 179	0.008 299	0.010 471	0.012 712	0.015 038	0.017 467
q_r^{C*}	0.007 463	0.011 299	0.015 267	0.019 417	0.023 810	0.028 513	0.033 613
w^{D*}	0.109 016	0.113 594	0.118 257	0.123 037	0.127 966	0.133 083	0.138 428
τ_r^{D*}	0.010 309	0.015 605	0.021 053	0.026 702	0.032 609	0.038 835	0.045 455
τ_r^{C*}	0.018 868	0.028 777	0.039 216	0.050 378	0.062 500	0.075 881	0.090 909
F	0.060 612	0.072 557	0.085 746	0.100 384	0.116 723	0.135 078	0.155 847
π_n^{D*}	0.159 910	0.159 882	0.159 865	0.159 859	0.159 864	0.159 881	0.159 909
π_r^{D*}	0.000 018	0.000 042	0.000 076	0.000 121	0.000 178	0.000 249	0.000 336
π^{C*}	0.159 884	0.159 905	0.159 982	0.160 118	0.160 320	0.160 597	0.160 959

由表 8-1 可知，当折价变大时，客户购买再制造产品的意愿增加，由于市场竞争的存在，原始制造商为保持市场原有规模，会通过降低单位新产品零售价格，来提升新产品的市场竞争力，间接导致折价的提高，即单位再制造产品价格与折价正相关、与单位新产品零售价格负相关。虽然，原始制造商采取降低单位新产品零售价格、增加单位再制造产品零售价格的策略来降低折价提高对新产品造成的影响，但是，折价对新产品销售量的影响是负的、对再制造产品销售量的影响是正的。折价的提高虽然降低了单位新产品零售价格，使新产品

销售量有所减少，但是，提高了再制造产品的销售量和单位零售价格，增加了再制造产品的收益，且原始制造商通过外包再制造转移增加的再制造收益大于新产品减少的收益，最终增加原始制造商的收益，即原始制造商的收益随折价的提高而增加。另外，折价的提高，促进再制造产品销售量的增加，最终提高废旧产品回收率。供应链协调时，原始制造商支付给再制造商的固定费用随折价的提高而增加。因为折价提高时，原始制造商的收益增加，原始制造商为提高再制造商的积极性，一方面提高单位再制造产品外包再制造费用，另一方面提高固定费用。通过这两个方面的策略，增加再制造商的收益，提高再制造商进行再制造的积极性。

总之，折价的提高对供应链是有益的。因此，政府、原始制造商或再制造商要设法提高客户的折价，比如：政府可以通过政府采购的方式，提高客户对再制造产品的认可度，间接促进折价的提高；原始制造商（或再制造商）也可以通过广告让客户认可再制造产品，提高客户购买再制造产品的积极性。

8.6.2 两种决策对环境的影响

由表 8-2 可知，无论是集中式决策还是分散式决策，再制造产品对环境造成的影响与 e_r/e_n 正相关；由表 8-3 可知，无论是集中式决策还是分散式决策，新产品对环境造成的影响与 e_r/e_n 负相关。而单位两种产品对环境造成的影响越大，两种产品对环境造成的影响越大。一般情况下，单位新产品对环境造成的影响是不变的，因此要想降低两种产品对环境的影响，要设法降低单位再制造产品对环境造成的影响，比如，进行再制造设计时，减少再制造生产过程中的环境影响或者原始制造商向再制造商提供相关产品拆解信息，减少拆解过程中的环境影响。

表 8-2 单位再制造产品对环境的影响

变量	$e_n = 3$, $\delta = 0.6$						
	$e_r = 0.3$	$e_r = 0.6$	$e_r = 0.9$	$e_r = 1.2$	$e_r = 1.5$	$e_r = 1.8$	$e_r = 2.1$
e^D	1.193 852	1.195 082	1.196 311	1.197 541	1.198 770	1.199 999	1.201 229
e^C	1.188 805	1.191 044	1.193 283	1.195 522	1.197 761	1.199 999	1.202 238

表 8-3 单位新产品对环境的影响

变量	$e_r = 1.5$, $\delta = 0.6$						
	$e_n = 2$	$e_n = 2.5$	$e_n = 3$	$e_n = 3.5$	$e_n = 4$	$e_n = 4.5$	$e_n = 5$
e^D	0.801 229	1.000 000	1.198 770	1.397 541	1.596 311	1.795 082	1.993 852
e^C	0.802 239	1.000 000	1.197 761	1.395 522	1.593 283	1.791 044	1.988 805

当 $e_r/e_n<0.6$ 时，分散式决策时对环境造成的影响大于集中式决策时对环境造成的影响；当 $e_r/e_n>0.6$ 时，集中式决策对环境造成的影响大。因此，当单位两种产品对环境造成的影响一定时，为了减少两种产品对环境造成的影响，要设法提高折价。折价的提高，可以通过以下三种方式：一是企业方面可以通过广告宣传，增加客户对再制造产品的了解，提高再制造产品的价值；二是企业可以通过延长再制造产品的质保期，提高再制造产品可靠性；三是政府在进行采购时，优先考虑再制造产品，提升再制造产品的认可度。

8.7 研究结论

发展循环经济可以有效解决资源短缺和环境危机，而再制造是实现循环经济发展的有效手段之一。再制造的出现，会减少新产品的市场份额，对原始制造商造成一定的威胁。但是，原始制造商拥有产品的知识产权，受到知识产权保护。同时，原始制造商考虑到自身缺乏再制造生产技术和废旧产品回收网络不健全，面对再制造时，为了专注于核心业务（新产品制造），同时又能获得再制造带来的收益，原始制造商可以通过知识产权转让将再制造业务外包出去（即外包再制造）。为分析外包再制造业务对供应链成员的影响，基于分散式决策与集中式决策两种情况，构建制造/再制造博弈模型，进一步对比分析外包再制造对分散与集中式决策供应链竞争机制和供应链利润的影响，并给出了供应链协调机制。研究表明：原始制造商不采取外包再制造时，再制造的出现会减少新产品销售量和原始制造商的收益，即再制造对原始制造商是一种威胁；当原始制造商采取外包再制造时，不仅可以改变其市场竞争的不利地位，还可以增加其收益。集中式决策不仅可以降低单位产品的零售价格，促进再制造产品的销售，减少新产品的销售，增加制造/再制造供应链的整体收益，还可以促进废旧产品的回收，也就是说，集中式决策可以使制造/再制造供应链达到整体最优。而特许经营契约也可以使制造/再制造供应链达到整体最优，实现制造/再制造供应链协调；与单位新产品对环境造成的影响比，单位再制造产品对环境造成的影响小于某一阈值时，集中式决策不仅有利于提高供应链的收益，还可以增加环境效益。

为了研究外包再制造对制造/再制造供应链竞争机制的影响和协调机制，本章构建制造/再制造博弈模型。基于此模型，研究分散式决策和集中式决策下，外包再制造纳什均衡解的影响，同时，基于特许经营契约，给出制造/再制造供应链协调机制，实现供应链协调。

研究结果如下：

1）两种决策模式下：单位新产品零售价格不变，单位新产品零售价格在集中式决策时最小;集中式决策时,新产品销售量减少,再制造产品销售量增加;集中式决策时,供应链总收益增加且废旧产品回收率变大。

2) 两种决策模式下,当折价一定时,两种产品对环境造成的影响和 e_r 与 e_n 之比相关。当 $e_r/e_n > \delta/3$ 时,集中式决策不利于环境保护;当 $e_r/e_n < \delta/3$ 时,集中式决策有利于环境保护。

3) 单位再制造产品节约成本是影响再制造供应链利润增加的关键因素,原始制造商可以通过产品设计初期的再制造设计,降低再制造生产成本;影响废旧产品回收率和再制造供应链收益的另一关键因素是折价,原始制造商或再制造商可以通过广告宣传提升折价。

虽然通过本章的研究,得到以上三个主要结论,但是,本章还存在研究局限,主要体现在:本章的需求函数虽然是一个比较经典和成熟的函数,但是其假设客户支付意愿 θ 服从 [0,1] 的均匀分布,这一假设有一定的局限性。因此,本章以后的研究,应首先基于实际情况,识别出客户支付意愿的概率分布函数,然后基于此得到更符合实际情况的需求函数,这样,才能确保构建的函数更具有科学性,以此得到的结果也更具有现实指导意义。

参 考 文 献

[1] 徐滨士,刘世参,史佩京,等. 汽车发动机再制造效益分析及对循环经济贡献研究 [J]. 中国表面工程, 2005 (1): 1-7.

[2] 冯章伟,肖条军,柴彩春. 第三方回收商领导型两级闭环供应链的回收与定价策略 [J]. 中国管理科学, 2018, 26 (1): 118-127.

[3] ZHU Q, LI H, ZHAO S, et al. Redesign of service modes for remanufactured products and its financial benefits [J]. International Journal of Production Economics, 2016, 171: 231-240.

[4] ZOU Z B, WANG J J, DENG G S, et al. Third-party remanufacturing mode selection: outsourcing or authorization? [J]. Transportation Research Part E: Logistics and Transportation Review, 2016, 87: 1-19.

[5] KARAKAYALI I, EMIR-FARINAS H, AKCALI E. An analysis of decentralized collection and processing of end-of-life products [J]. Journal of Operations Management, 2007, 25 (6): 1161-1183.

[6] ORDOOBADI S M. Outsourcing reverse logistics and remanufacturing functions: a conceptual strategic model [J]. Management Research News, 2009, 32 (9): 831-845.

[7] LI J, GONZÁLEZ M, ZHU Y. A hybrid simulation optimization method for production planning of dedicated remanufacturing [J]. International Journal of Production Economics, 2009, 117 (2): 286-301.

[8] TSAI W H. Integrating activity-based costing and revenue management approaches to analyse the remanufacturing outsourcing decision with qualitative factors [J]. International Journal of Reve-

nue Management, 2007, 1 (4): 367-387.

[9] CAI M, FAN T J, ZHOU H, et al. Research on supply chain coordination model of green remanufacturing with outsourcing [C]. Shanghai: International Symposium on Information Science, 2010.

[10] 葛汝刚, 黄小原. 具有外包选择的闭环供应链切换模型及其鲁棒控制 [J]. 计算机集成制造系统, 2009, 15 (10): 2012-2016.

[11] 王能民, 孙青林, 孙林岩. 考虑外包的单产品再制造批量决策 [J]. 运筹与管理, 2011, 20 (5): 162-168.

[12] 孙浩, 叶俊, 胡劲松, 等. 不同决策模式下制造商与再制造商的博弈策略研究 [J]. 中国管理科学, 2017, 25 (1): 160-169.

[13] WU C. Strategic and operational decisions under sales competition and collection competition for end-of-use products in remanufacturing [J]. International Journal of Production Economics, 2015, 169: 11-20.

[14] OERSDEMIR A, KEMAHLIOGLU-ZIYA E, PARLAKTUERK A K. Competitive quality choice and remanufacturing [J]. Production and Operations Management, 2014, 23 (1): 48-64.

[15] JACOBS B W, SUBRAMANIAN R. Sharing responsibility for product recovery across the supply chain [J]. Production and Operations Management, 2012, 21 (1): 85-100.

[16] 杨天剑, 田建改, 刘桂镗. 二级产品服务电信供应链的绿色协调 [J]. 计算机集成制造系统, 2017, 23 (12): 2747-2757.

第 9 章

授权再制造模式下再制造设计对制造/再制造的影响研究

9.1 背景介绍

再制造是实现循环经济的途径之一，可以有效降低对环境的影响和资源的消耗。而影响再制造进行的关键因素之一就是再制造设计，因为产品可再制造性的2/3取决于产品设计初期的可再制造性设计，即再制造设计。因此，各国政府出台各种政策法规，要求企业在产品设计初期考虑其可再制造性，进行再制造设计。

此外，再制造具有明显的市场竞争优势，以废旧发动机为例，其生产成本是新发动机的一半，因此，再制造产品的出现会对原始制造商造成一定的威胁，导致原始制造商不愿意进行再制造设计。这时，出现了这一困境，一方面是政府要求原始制造商进行再制造设计，另一方面是再制造对原始制造商形成了市场威胁。如何解决这一难题呢？虽然再制造有利于保护环境和减少资源消耗，但是，政府也需要保护原始制造商的知识产权。为了减少再制造对原始制造商造成的威胁，原始制造商会通过知识产权，对再制造商收取一定的专利费用，这样可以有效降低再制造对其造成的威胁，改变其不利地位，同时，还可以弥补其再制造设计增加的成本。因此，研究授权再制造模式下再制造设计对原始制造商与再制造商市场竞争的影响具有重要现实意义。

9.2 相关研究梳理

与本研究相关的研究主要集中在两个方面：一是再制造设计的研究；二是授权再制造的研究。针对再制造设计的研究目前不是很多，主要有：Zhu等人（2015）和Xia等人（2015）研究影响再制造设计的因素，并把影响因素分为三类（技术因素、市场因素和运营管理因素）；进一步，夏西强等（2017、2018）基于完全市场竞争情况下，再制造设计对制造/再制造市场竞争的影响，研究得到原始制造商与再制造商愿意承担的再制造设计费用边界，同时，又分析政府补贴策略对再制造设计努力程度的影响，研究得到，政府补贴给原始制造商时，更有利于促进再制造设计。

针对授权再制造的研究也不是很多，目前的研究主要有：熊中楷等（2011、2012）通过对比再制造三种方式（无再制造、原始制造商从事再制造、原始制造商授权再制造）的利润变化，研究得到当再制造节约成本比较明显时，授权再制造对原始制造商更有利，并进一步基于授权再制造分析再制造供应链成员之间的利润分配和协调机制；黄宗盛等（2012）通过比较授权再制造的两种方式（授权零售商进行再制造和授权第三方进行再制造）对制造/再制造供应链成员利润的影响，研究得到授权第三方进行再制造对原始制造商更有利。

综上所述可知，国内外学者对再制造设计和授权再制造做了相应的研究，且取得了一定的成就。比如本章参考文献［5］从生命周期理论出发，研究再制造设计的管理问题，文献［6］、［7］研究影响再制造设计的因素，文献［7］、［8］研究再制造设计对制造／再制造供应链的影响，文献［9］～［11］研究授权再制造对供应链利润分配和协调机制。但是，缺少对两者综合分析，也即缺少研究授权再制造下，再制造设计对制造／再制造供应链的影响研究。

基于此，本章构建授权再制造下，再制造设计费用不同承担模式下的制造／再制造博弈模型，研究再制造设计对制造／再制造供应链的影响。本章与以往相比主要创新点为：①综合考虑授权再制造与再制造设计，即模型上的创新；②确立授权再制造下，原始制造商与再制造商愿意承担的再制造设计费用边界条件；③分析再制造设计对纳什均衡解、客户剩余和环境的影响。

9.3 模型构建

9.3.1 模型符号

c_n，c_r：生产单位新产品和单位再制造产品的成本，根据实际情况可知 $c_r < c_n$，$\Delta c = c_n - c_r$。

p_n，q_n，π_n：市场上无再制造产品时，单位新产品的销售价格、市场销售量和收益。

e_n，e_r：生产单位新产品和再制造产品对环境造成的影响。

p_N，p_R：授权再制造下，无再制造设计时，单位新产品和再制造产品的销售价格。

q_N，q_R：授权再制造下，无再制造设计时，新产品和再制造产品的销售量。

π_N，π_R：无再制造设计时，原始制造商和再制造商的收益。

下标 OEM，R：进行再制造设计时，由原始制造商、再制造商承担再制造设计费用。

p_{Ni}，p_{Ri}：进行再制造设计时，单位新产品和单位再制造产品的销售价格，其中，$i \in \{OEM, R\}$。

q_{Ni}，q_{Ri}：进行再制造设计时，新产品和再制造产品的市场销售量，其中 $i \in \{OEM, R\}$。

π_{Ni}，π_{Ri}：进行再制造设计时，原始制造商和再制造商的收益，其中 $i \in \{OEM, R\}$。

δ_n，δ_r：再制造设计带给单位新产品和单位再制造产品的收益系数，其中 i

$\in\{\text{OEM}, \text{R}\}$。

z_i：进行再制造设计时，原始制造商向再制造商收取的单位产品专利费用，其中 $i \in \{\text{OEM}, \text{R}\}$。

λ_i：进行再制造设计时，废旧产品的回收率，其中，$i \in \{\text{OEM}, \text{R}\}$。

τ_i：单位新产品的再制造设计努力程度，根据本章参考文献 [4]，再制造设计费用是单位再制造设计努力程度的二次函数，即再制造设计费用为 $k_i \tau_i^2 / 2$，其中 k_i 表示再制造设计努力程度系数，其中，$i \in \{\text{OEM}, \text{R}\}$。

9.3.2 问题描述

原始制造商拥有产品知识产权，因此，它可以通过知识产权采取授权再制造，这样做不仅可以降低再制造产品的市场竞争优势，还可以转移再制造带来的收益。

另外，政府要求原始制造商在产品设计初期考虑废旧产品再制造，而原始制造商进行的再制造设计会产生一定的设计成本，也就是本章所称的再制造设计费用，该费用的不同承担模式肯定会对再制造设计努力程度造成影响。基于此，本章提炼出两个研究核心问题：①授权再制造下，如何确立再制造设计费用承担的边界？②不同的再制造设计费用对制造/再制造供应链产生的不同影响是什么？

9.3.3 模型假设

根据实际情况，原始制造商进行再制造设计需要一定的成本，即再制造设计努力程度越大所需要的再制造设计费用越大。因此，不是再制造设计努力程度越大越好，需要考虑再制造设计带来的收益与再制造设计费用。如果不满足假设 9.1，原始制造商进行再制造设计时，再制造设计努力程度越大越对原始制造商有利，这与实际情况不符，因此给出如下假设：

假设 9.1

$$k_{\text{OEM}} > \frac{(2\delta + k - \delta^2)\delta_n^2 + (\delta_r - \delta\delta_n)^2}{2(2\delta + k - \delta^2)}$$

$$k_{\text{R}} > \frac{(k + 2\delta)(\delta_r - \delta\delta_n)^2}{4(\delta + k - \delta^2)^2}$$

9.3.4 需求函数

本章采用的需求函数是一个比较成熟的函数，在国内外文献中已经成熟使用，比如本章参考文献 [4]、[7] [12]、[13]。根据上述文献，可以得到两种产品需求量与单位产品销售价格之间的关系为

$$p_{\text{N}i} = 1 - q_{\text{N}i} - \delta q_{\text{R}i}, \quad p_{\text{R}i} = \delta(1 - q_{\text{N}i} - q_{\text{R}i}), \quad i \in \{\text{OEM}, \text{R}\}$$

9.4 模型求解与分析

9.4.1 模型求解

原始制造商承担再制造设计费用的决策函数如下:

$$\pi_{\text{NOEM}} = (p_{\text{NOEM}} - c_n + \delta_n \tau_{\text{OEM}}) q_{\text{NOEM}} + z_{\text{OEM}} q_{\text{ROEM}} - \frac{k_{\text{OEM}}}{2} \tau_{\text{OEM}}^2 \quad (9\text{-}1)$$

$$\pi_{\text{ROEM}} = (p_{\text{ROEM}} - c_r - z_{\text{OEM}} + \delta_r \tau_{\text{OEM}}) q_{\text{ROEM}} - \frac{k}{2} q_{\text{ROEM}}^2 \quad (9\text{-}2)$$

式中,$(p_{\text{NOEM}} - c_n + \delta_n \tau_{\text{OEM}}) q_{\text{NOEM}}$ 表示销售新产品获得的收益,$z_{\text{OEM}} q_{\text{ROEM}}$ 表示原始制造商向再制造商收取的专利费用,$k_{\text{OEM}} \tau_{\text{OEM}}^2 / 2$ 表示再制造设计费用;$(p_{\text{ROEM}} - c_r - z_{\text{OEM}} + \delta_r \tau_{\text{OEM}}) q_{\text{ROEM}}$ 表示销售再制造产品获得的收益,$k q_{\text{ROEM}}^2 / 2$ 表示回收废旧产品费用。类似可得再制造商承担再制造设计费用的决策函数如下:

$$\pi_{\text{NR}} = (p_{\text{NR}} - c_n + \delta_n \tau_R) q_{\text{NR}} + z_R q_{\text{RR}} \quad (9\text{-}3)$$

$$\pi_{\text{RR}} = (p_{\text{RR}} - c_r - z_R + \delta_r \tau_R) q_{\text{RR}} - \frac{k}{2} q_{\text{NR}}^2 - \frac{k_R}{2} \tau_R^2 \quad (9\text{-}4)$$

根据问题描述中的决策顺序,为获得两种情况下的纳什均衡解,首先给出引理 9.1。

引理 9.1 1)式(9-2)关于 λ_{OEM} 是凹函数,将通过求解式(9-2)获得的纳什均衡解 λ_{OEM}^* 代入式(9-1)后,式(9-1)关于 q_{NOEM}、z_{OEM} 是凹函数,然后通过式(9-1)获得纳什均衡解 q_{NOEM}^*、z_{OEM}^*,将其代入式(9-1),式(9-1)关于 τ_{OEM} 是凹函数。

2)式(9-4)关于 λ_R 是凹函数,将通过求解式(9-4)获得的纳什均衡解 λ_R^* 代入式(9-3)后,式(9-3)关于 q_{NR}、z_R 是凹函数,然后通过式(9-3)获得纳什均衡解 q_{NR}^*、z_R^*,将其代入式(9-4),式(9-4)关于 τ_R 是凹函数。

证明:1)把 $q_{\text{ROEM}} = \lambda_{\text{OEM}} q_{\text{NOEM}}$ 代入式(9-2)可得

$$\pi_{\text{ROEM}} = \lambda_{\text{OEM}} (\delta - \delta q_{\text{NOEM}} - \delta \lambda_{\text{OEM}} q_{\text{NOEM}} - c_r - z_{\text{OEM}} + \delta_r \tau_{\text{OEM}}) q_{\text{NOEM}} - \frac{k}{2} (\lambda_{\text{OEM}} q_{\text{NOEM}})^2 \quad (9\text{-}5)$$

对式(9-5)关于 λ_{OEM} 求一阶偏导数和二阶偏导数可得

$$\frac{\partial \pi_{\text{ROEM}}}{\partial \lambda_{\text{OEM}}} = (\delta - \delta q_{\text{NOEM}} - 2\delta \lambda_{\text{OEM}} q_{\text{NOEM}} - c_r - z_{\text{OEM}} + \delta_r \tau_{\text{OEM}}) q_{\text{NOEM}} - k q_{\text{NOEM}}^2 \lambda_{\text{OEM}} \quad (9\text{-}6)$$

$$\frac{\partial^2 \pi_{\text{ROEM}}}{\partial \lambda_{\text{OEM}}^2} = -(2\delta + k) q_{\text{NOEM}}^2 \quad (9\text{-}7)$$

根据式（9-7）可知$\frac{\partial^2 \pi_{\text{ROEM}}}{\partial \lambda_{\text{OEM}}^2} = -(2\delta+k)q_{\text{NOEM}}^2 < 0$，即式（9-2）关于$\lambda_{\text{OEM}}$是凹函数。因此式（9-5）的纳什均衡解在其一阶导数等于零的地方达到，故根据式（9-6）可得纳什均衡解λ_{OEM}^*

$$\lambda_{\text{OEM}}^* = \frac{\delta - \delta q_{\text{NOEM}} - c_r - z_{\text{OEM}} + \delta_r \tau_{\text{OEM}}}{(2\delta+k)q_{\text{NOEM}}}$$

把λ_{OEM}^*代入式（9-1）可得

$$\pi_{\text{NOEM}} = (p_{\text{NOEM}} - c_n + \delta_n \tau_{\text{OEM}})q_{\text{NOEM}} + z_{\text{OEM}} \frac{\delta - \delta q_{\text{NOEM}} - c_r - z_{\text{OEM}} + \delta_r \tau_{\text{OEM}}}{2\delta+k} - \frac{k_{\text{OEM}}}{2}\tau_{\text{OEM}}^2$$

再把$p_{\text{NOEM}} = 1 - q_{\text{NOEM}} - \delta q_{\text{ROEM}}$代入上式可得

$$\pi_{\text{NOEM}} = \left(1 - q_{\text{NOEM}} - \delta \frac{\delta - \delta q_{\text{NOEM}} - c_r - z_{\text{OEM}} + \delta_r \tau_{\text{OEM}}}{2\delta+k} - c_n + \delta_n \tau_{\text{OEM}}\right) q_{\text{NOEM}} +$$
$$z_{\text{OEM}} \frac{\delta - \delta q_{\text{NOEM}} - c_r - z_{\text{OEM}} + \delta_r \tau_{\text{OEM}}}{2\delta+k} - \frac{k_{\text{OEM}}}{2}\tau_{\text{OEM}}^2 \qquad (9-8)$$

对式（9-8）分别关于q_{NOEM}、z_{OEM}求一阶偏导数和二阶偏导数，可得

$$\frac{\partial \pi_{\text{NOEM}}}{\partial q_{\text{NOEM}}} = 1 - 2q_{\text{NOEM}} - \delta \frac{\delta - 2\delta q_{\text{NOEM}} - c_r + \delta_r \tau_{\text{OEM}}}{2\delta+k} - c_n + \delta_n \tau_{\text{OEM}} - 2\frac{\delta z_{\text{OEM}}}{2\delta+k},$$

$$\frac{\partial \pi_{\text{NOEM}}}{\partial z_{\text{OEM}}} = \frac{\delta - c_r - 2z_{\text{OEM}} + \delta_r \tau_{\text{OEM}}}{2\delta+k}$$

$$\frac{\partial^2 \pi_{\text{NOEM}}}{\partial z_{\text{OEM}} \partial q_{\text{NOEM}}} = 0$$

$$\frac{\partial^2 \pi_{\text{NOEM}}}{\partial q_{\text{NOEM}} \partial z_{\text{OEM}}} = -\frac{2\delta}{2\delta+k}$$

$$\frac{\partial^2 \pi_{\text{NOEM}}}{\partial q_{\text{NOEM}}^2} = -2\frac{\delta(2-\delta)+k}{2\delta+k}$$

$$\frac{\partial^2 \pi_{\text{NOEM}}}{\partial z_{\text{OEM}}^2} = -\frac{2}{2\delta+k}$$

由此可得式（9-8）关于q_{NOEM}、z_{OEM}的Hessian矩阵为

$$H = \begin{pmatrix} -2\frac{\delta(2-\delta)+k}{2\delta+k} & -\frac{2\delta}{2\delta+k} \\ 0 & -\frac{2}{2\delta+k} \end{pmatrix}$$

而$|H| = \frac{4}{(2\delta+k)^2}[\delta(2-\delta)+k] > 0$且$-2\frac{\delta(2-\delta)+k}{2\delta+k} < 0$，即式（9-8）关于$q_{\text{NOEM}}$、$z_{\text{OEM}}$是凹函数。

将纳什均衡解q_{NOEM}^*、z_{OEM}^*代入式（9-1），式（9-1）关于τ_{OEM}是凹函数。

2）的证明过程与1）完全类似，在此就省略其证明。

证毕。

结论 9.1 两种情况下，纳什均衡解为

$$\tau_{\text{OEM}}^* = \frac{(k+2\delta-\delta^2)(1-c_n)\delta_n + (\delta c_n - c_r)(\delta_r - \delta\delta_n)}{(2\delta+k-\delta^2)(2k_{\text{OEM}} - \delta_n^2) - (\delta_r - \delta\delta_n)^2}$$

$$\tau_R^* = \frac{(k+2\delta)(\delta_r - \delta\delta_n)(\delta c_n - c_r)}{4k_R(\delta+k-\delta^2)^2 - (k+2\delta)(\delta_r - \delta\delta_n)^2}$$

$$\lambda_i^* = \frac{\delta c_n - c_r + (\delta_r - \delta\delta_n)\tau_i^*}{2\delta + k - \delta^2 + \delta c_r - (2\delta+k)c_n + [(2\delta+k)\delta_n - \delta\delta_r]\tau_i^*}$$

$$z_i^* = \frac{\delta k c_n + [2\delta(1-\delta)+k]c_r - [(2\delta - 2\delta^2 + k)\delta_r + k\delta\delta_n]\tau_i^*}{2(\delta+k-\delta^2)}$$

$$q_{Ni}^* = \frac{2\delta + k - \delta^2 + \delta c_r - (2\delta+k)c_n + [(2\delta+k)\delta_n - \delta\delta_r]\tau_i^*}{2(2\delta+k-\delta^2)}$$

$$q_{Ri}^* = \frac{\delta c_n - c_r + (\delta_r - \delta\delta_n)\tau_i^*}{2(2\delta+k-\delta^2)}$$

$$p_{Ni}^* = \frac{1 + c_n - \delta_n \tau_i^*}{2}$$

$$p_{Ri}^* = \delta \frac{2\delta + k - \delta^2 + (1-\delta)c_r + (\delta+k)c_n - [(1-\delta)\delta_r + (\delta+k)\delta_n]\tau_i^*}{2(2\delta+k-\delta^2)}$$

式中，$i \in \{\text{OEM}, \text{R}\}$。

$$\pi_{\text{NOEM}}^* = \frac{(1-c_n+\delta_n \tau_{\text{OEM}}^*)^2}{4} + \frac{[\delta c_n - c_r + (\delta_r - \delta\delta_n)\tau_{\text{OEM}}^*]^2}{4(2\delta+k-\delta^2)} - \frac{k_{\text{OEM}} \tau_{\text{OEM}}^{*2}}{2}$$

$$\pi_{\text{ROEM}}^* = \frac{(k+2\delta)[\delta c_n - c_r + (\delta_r - \delta\delta_n)\tau_{\text{OEM}}^*]^2}{8(2\delta+k-\delta^2)^2}$$

$$\pi_{\text{NR}}^* = \frac{(1-c_n+\delta_n \tau_R^*)^2}{4} + \frac{[\delta c_n - c_r + (\delta_r - \delta\delta_n)\tau_R^*]^2}{4(2\delta+k-\delta^2)}$$

$$\pi_{\text{RR}}^* = \frac{(k+2\delta)[\delta c_n - c_r + (\delta_r - \delta\delta_n)\tau_R^*]^2}{8(2\delta+k-\delta^2)^2} - \frac{k_R \tau_R^{*2}}{2}$$

9.4.2 模型分析

由结论 9.1 可得推论 9.1。

推论 9.1 1）$\pi_N^* > \pi_n^*$，即原始制造商通过授权再制造可以增加自身收益。

2）$\frac{\partial \pi_N^*}{\partial \Delta c} > 0$，$\frac{\partial \pi_R^*}{\partial \Delta c} > 0$，即单位再制造节约成本越大，原始制造商和再制造商两者的收益越大。

证明： 1) 市场上无再制造产品时，原始制造商的收益函数为
$$\pi_n = (p_n - c_n)q_n = (1 - q_n - c_n)q_n$$
易知上式关于 q_n 是凹函数，可得其纳什均衡解为
$$p_n^* = \frac{1+c_n}{2}, \quad q_n^* = \frac{1-c_n}{2}, \quad \pi_n^* = \frac{(1-c_n)^2}{4}$$

再由结论 9.1 可得，无再制造设计时，也即 $\tau_i = 0$ 时，原始制造商与再制造商的收益为
$$\pi_N^* = \frac{(1-c_n)^2}{4} + \frac{[\Delta c - (1-\delta)c_n]^2}{4(2\delta + k - \delta^2)}, \quad \pi_R^* = \frac{(k+2\delta)[\Delta c - (1-\delta)c_n]^2}{8(2\delta + k - \delta^2)^2}$$

由此可得 $\pi_N^* - \pi_n^* = \dfrac{[\Delta c - (1-\delta)c_n]^2}{4(2\delta + k - \delta^2)} > 0$，即 $\pi_N^* > \pi_n^*$。

2) 由上式可知，$\dfrac{\partial \pi_N^*}{\partial \Delta c} > 0$，$\dfrac{\partial \pi_R^*}{\partial \Delta c} > 0$。

证毕。

推论 9.1 表明，原始制造商采取授权再制造，不仅可以降低再制造对其造成的威胁，还可以增加其收益。进一步，由于在授权再制造下，再制造节约成本越大，原始制造商和再制造商两者的收益也越大，因此，原始制造商与再制造商要设法节约再制造生产成本，而行之有效的办法是在新产品设计初期考虑再制造，即进行再制造设计。比如，在新产品设计初期，使产品易于拆解、易于清洗和易于升级等。但是，进行再制造设计时，会增加原始制造商的生产成本。为有效促使原始制造商进行再制造设计，首先解决本章提出的第一个问题，具体见结论 9.2。

结论 9.2 1) 当 $\dfrac{\delta_r}{\delta_n} > \delta$ 时，再制造商愿意承担再制造设计费用。

2) 当 $\dfrac{\delta_r}{\delta_n} > \dfrac{\delta(\delta c_n - c_r) - (k + 2\delta - \delta^2)(1 - c_n)}{\delta c_n - c_r}$ 时，原始制造商愿意承担再制造设计费用。

证明： 由结论 9.1 可知，原始制造商承担再制造设计费用时，再制造设计努力程度为
$$\tau_{\text{OEM}}^* = \frac{(k + 2\delta - \delta^2)(1 - c_n)\delta_n + (\delta c_n - c_r)(\delta_r - \delta\delta_n)}{(2\delta + k - \delta^2)(2k_{\text{OEM}} - \delta_n^2) - (\delta_r - \delta\delta_n)^2}$$

因此，原始制造商愿意承担再制造设计费用需要满足的条件是 $\tau_{\text{OEM}}^* > 0$。
再根据原始制造商承担再制造设计费用的假设条件可知
$$\tau_{\text{OEM}}^* > 0 \Leftrightarrow (k + 2\delta - \delta^2)(1 - c_n)\delta_n + (\delta c_n - c_r)(\delta_r - \delta\delta_n) > 0$$
即

$$\frac{\delta_r}{\delta_n} > \frac{\delta(\delta c_n - c_r) - (k - 2\delta - \delta^2)(1 - c_n)}{\delta c_n - c_r}$$

类似可证再制造商愿意承担再制造设计费用的边界条件为 $\frac{\delta_r}{\delta_n} > \delta$。

证毕。

由结论9.2可知，与本章参考文献［7］所得结论不同，在授权再制造时，无论是原始制造商还是再制造商，它们愿意承担再制造费用的边界都是再制造设计带给单位再制造产品的收益与带给单位新产品的收益之比大于某一阈值（该阈值在费用不同承担模式下值也不同），而在文献［7］中原始制造商与再制造商都愿意承担的再制造设计费用是一个区间值。造成这一不同点的原因由推论9.1可知，在授权再制造下，原始制造商的收益与单位再制造产品节约成本正相关，即再制造节约成本越多，原始制造商收益越大，而文献［7］不考虑授权再制造，即原始制造商与再制造商是一种完全市场竞争关系，在此情况下，单位再制造节约成本越多，原始制造商在市场竞争中就越处于劣势，其收益就越少，因此，原始制造商进行再制造设计时，要求带给再制造商的收益不能太大。

结论9.3 再制造设计努力程度对纳什均衡解的影响如下：

1) $\frac{\partial z_i^*}{\partial \tau_i} < 0$，$\frac{\partial p_{Ni}^*}{\partial \tau_i} < 0$，$\frac{\partial p_{Ri}^*}{\partial \tau_i} < 0$，其中 $i \in \{\text{OEM}, \text{R}\}$。

2) 当 $\frac{\delta_r}{\delta_n} < 2 + \frac{k}{\delta}$ 时，$\frac{\partial q_{Ni}^*}{\partial \tau_i} > 0$，否则，$\frac{\partial q_{Ni}^*}{\partial \tau_i} < 0$，其中 $i \in \{\text{OEM}, \text{R}\}$。

当 $\frac{\delta_r}{\delta_n} > \delta$ 时，$\frac{\partial q_{Ri}^*}{\partial \tau_i} > 0$，否则，$\frac{\partial q_{Ri}^*}{\partial \tau_i} < 0$，其中 $i \in \{\text{OEM}, \text{R}\}$。

3) 原始制造商承担再制造设计费用时：

① 当 $\tau_{\text{OEM}} < \tau_{\text{OEM}}^*$ 时，$\frac{\partial \pi_{\text{NOEM}}^*}{\partial \tau_{\text{OEM}}} > 0$，否则，$\frac{\partial \pi_{\text{NOEM}}^*}{\partial \tau_{\text{OEM}}} < 0$。

② 当 $\delta < \frac{\delta_r}{\delta_n}$ 时，$\frac{\partial \pi_{\text{ROEM}}^*}{\partial \tau_{\text{OEM}}} > 0$，否则，$\frac{\partial \pi_{\text{ROEM}}^*}{\partial \tau_{\text{OEM}}} < 0$。

再制造商承担再制造设计费用时：

① 当 $\delta < \frac{\delta_r}{\delta_n}$ 时，$\frac{\partial \pi_{\text{NR}}^*}{\partial \tau_R} > 0$，否则，$\frac{\partial \pi_{\text{NR}}^*}{\partial \tau_R} < 0$。

② 当 $\tau_R < \tau_R^*$ 时，$\frac{\partial \pi_{\text{RR}}^*}{\partial \tau_R} > 0$，否则，$\frac{\partial \pi_{\text{RR}}^*}{\partial \tau_R} < 0$。

证明： 1) 由结论9.1可知

$$\frac{\partial z_i^*}{\partial \tau_i} = -\frac{(2\delta - 2\delta^2 + k)\delta_r + k\delta\delta_n}{2(\delta + k - \delta^2)} < 0, \quad \frac{\partial p_{Ni}^*}{\partial \tau_i} = -\frac{\delta_n}{2} < 0, \quad \frac{\partial p_{Ri}^*}{\partial \tau_i} = -\frac{(1-\delta)\delta_r + k\delta_n}{2(\delta + k - \delta^2)} < 0$$

即1) 成立，类似可证其他结论成立。

证毕。

结论9.3说明，原始制造商进行再制造设计，不仅可以同时降低两种单位产品的生产成本，还可以进一步降低原始制造商的授权费用（专利费用），这说明在授权再制造下，再制造设计对双方都是有利的。

当再制造设计带给单位再制造产品的收益一定，且再制造设计带给单位新产品的收益大于某一阈值时，原始制造商通过再制造设计可以增加新产品销售量，反之，降低新产品销售量。造成这一现象的主要原因是再制造设计带给单位再制造产品的收益一定时，再制造设计带给单位新产品的收益越大，对原始制造商越有利。但是，只有再制造设计带给单位新产品的收益大于某一阈值，才能使原始制造商在与再制造商的市场竞争中处于有利地位，最终增加其产品销售量。针对再制造产品销售量的情况与之相反。

9.4.3 再制造设计对环境的影响

借鉴本章参考文献 [13]，为了便于讨论再制造设计对环境的影响，做如下处理。

进行再制造设计时，两种产品对环境造成的影响为

$$E_i = e_n q_{Ni}^* + e_r q_{Ri}^*, \ i \in \{OEM, R\}$$

无再制造设计时，两种产品对环境造成的影响为

$$E = e_n q_N^* + e_r q_R^*$$

根据结论9.1，可知 $E_i - E = \dfrac{\tau_i^*}{2(2\delta + k - \delta^2)}\{[(2\delta + k)\delta_n - \delta\delta_r]e_n + (\delta_r - \delta\delta_n)e_r\}$，其中，$i \in \{OEM, R\}$。

结论9.4 再制造设计对环境造成的影响如下：

1) 当 $\delta < \dfrac{\delta_r}{\delta_n} < 2 + \dfrac{k}{\delta}$ 时，$E_i > E$，$i \in \{OEM, R\}$。

2) 当 $2 + \dfrac{k}{\delta} < \dfrac{\delta_r}{\delta_n}$ 且 $\dfrac{e_r}{e_n} > \dfrac{\delta\delta_r - (2\delta + k)\delta_n}{\delta_r - \delta\delta_n}$ 时，$E_i > E$，否则，$E_i < E$，$i \in \{OEM, R\}$。

3) 当 $\dfrac{\delta_r}{\delta_n} < \delta$ 且 $\dfrac{e_r}{e_n} < \dfrac{(2\delta + k)\delta_n - \delta\delta_r}{\delta\delta_n - \delta_r}$ 时，$E_i > E$，否则，$E_i < E$，$i \in \{OEM, R\}$。

证明：1) 当 $\delta < \dfrac{\delta_r}{\delta_n} < 2 + \dfrac{k}{\delta}$ 时，$(2\delta + k)\delta_n - \delta\delta_r > 0$，$\delta_r - \delta\delta_n > 0$，故

$$E_i - E = \dfrac{\tau_i^*}{2(2\delta + k - \delta^2)}\{[(2\delta + k)\delta_n - \delta\delta_r]e_n + (\delta_r - \delta\delta_n)e_r\} > 0$$

即 $E_i > E$。

类似可证2）和3）成立。

证毕。

结论9.4表明，当再制造设计带给再制造商与原始制造商的单位收益之比在某一区间时，无论哪一方承担再制造设计费用，再制造设计都不利于环境保护。结合结论9.3可知，造成这一现象的主要原因是虽然再制造设计可以增加两种产品的销售量，且再制造产品有利于降低对环境造成的影响，但是，新产品销售量增加会增加对环境造成的影响，且新产品对环境造成的影响大于再制造产品对环境造成的影响，最终使两种产品对环境造成的影响增加，即再制造设计在这种情况下不利于环境保护。

当再制造设计带给再制造商与原始制造商的单位收益之比大于某一阈值，且单位再制造产品与单位新产品对环境造成的影响之比大于某一阈值时，再制造设计不利于环境保护。结合推论9.1和结论9.3可知，造成这一现象的主要原因是，与单位新产品对环境造成的影响相比，单位再制造产品对环境造成的影响降低不是很理想，再加上再制造产品由于再制造设计使其销售量增加很多，最终使两种产品对环境造成的影响增加。

当再制造设计带给再制造商与原始制造商的单位收益之比小于某一阈值且单位再制造产品与单位新产品对环境造成的影响之比小于某一阈值时，再制造设计不利于环境保护。结合结论9.3，可知造成这一现象的主要原因是，当再制造设计带给再制造商与原始制造商的单位收益之比小于某一阈值时，再制造设计增加新产品的销售，减少再制造产品的销售。再加上与单位新产品相比，单位再制造产品对环境造成的影响较小，最终使两种产品对环境造成的影响增加，即这时，再制造设计不利于环境保护。但是，当与单位新产品相比，单位再制造产品对环境造成的影响大于某一阈值时，再制造设计有利于保护环境。

9.4.4 再制造设计对客户剩余的影响

借鉴本章参考文献［4］可知 $S_{Ci} = \dfrac{(q_{Ni} + \delta q_{Ri})^2 + \delta(1-\delta)q_{Ri}^2}{2}$，同时，记 S_C 表示无再制造设计时的客户剩余。根据上述客户剩余表达式，可得结论9.5。

结论9.5 再制造设计对客户剩余的影响为当 $\delta < \dfrac{\delta_r}{\delta_n}$ 时，$S_{Ci} > S_C$。

证明：由 $q_{Ni}^* - q_N^* = \dfrac{(2\delta + k)\delta_n - \delta\delta_r}{2(2\delta + k - \delta^2)}\tau_i^*$，$q_{Ri}^* - q_R^* = \dfrac{\delta_r - \delta\delta_n}{2(2\delta + k - \delta^2)}\tau_i^*$ 可知

$$q_{Ni} + \delta q_{Ri} - (q_N + \delta q_R) = \dfrac{\delta_n \tau_i^*}{2} > 0$$

当 $\delta < \dfrac{\delta_r}{\delta_n}$ 时，$q_{Ri}^* > q_R^*$，再加上 $q_{Ni} + \delta q_{Ri} - (q_N + \delta q_R) = \dfrac{\delta_n \tau_i^*}{2} > 0$，可知 $S_{Ci} > S_C$。

证毕。

结论9.5表明,当原始制造商进行再制造设计时,再制造设计给单位再制造产品与单位新产品带来的收益之比大于某一阈值时,再制造设计才有利于增加客户剩余。因为,再制造设计会增加一定的成本,这一成本会转嫁给客户,客户要想获得更多剩余,只有单位再制造产品获得的再制造收益足够大(与单位新产品相比),这时再制造设计才会有利于客户。

9.5 模型数值实验与仿真分析

为形象分析再制造设计费用的承担边界以及再制造设计努力程度对决策变量、客户剩余和环境的影响,以废旧发动机再制造为例用进行仿真分析。根据本章参考文献[14]可知,与单位新产品相比,单位再制造产品不仅可以降低环境影响80%,还能节约成本50%、节约能源60%、节约材料70%,并借鉴文献[15],取$c_n=0.6$,$c_r=0.3$,$\delta=0.4$,$k=1.1$,$k_{OEM}=1.2$,$k_R=1.3$。

9.5.1 再制造收益对再制造设计努力程度的影响

由图9-1可知,当再制造商承担再制造设计费用时,再制造商愿意承担的再制造设计费用边界是再制造设计带给单位再制造产品与单位新产品收益之比大于0.4(在图中$\tau_R=0$线与其他线的交点表示$\delta_r/\delta_n=0.4$)。再制造设计努力程度与再制造设计带给再制造商的收益比负相关,因为再制造设计带给再制造商的收益越大,再制造产品在市场上的竞争力越大,对新产品造成的不利影响越大,且再制造设计由原始制造商负责,因此,原始制造商会降低再制造设计努力程度。反之,再制造设计带给原始制造商的收益越大,再制造设计努力程度就越大。

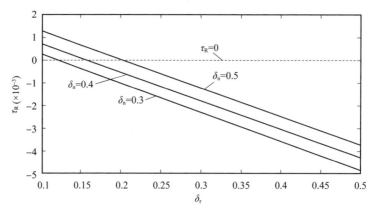

图9-1 再制造设计带给再制造商的收益对再制造设计努力程度的影响

9.5.2 再制造设计努力程度对再制造商收益的影响

如图 9-2 所示,原始制造商承担再制造设计费用时,当 $\delta_r/\delta_n = 0.5 > 0.4$ 时,再制造商的收益与再制造设计努力程度负相关,当 $\delta_r/\delta_n = 0.3 < 0.4$ 时,再制造商的收益与再制造设计努力程度正相关。这主要是因为当 $\delta_r/\delta_n = 0.5 > 0.4$ 时,再制造设计带给再制造商的收益要大于再制造产品的价格优势,这时,原始制造商通过授权再制造,降低再制造商的再制造设计优势,比如增加单位产品授权费用。原始制造通过增加授权费用,一是用来弥补再制造设计成本,二是降低再制造市场竞争优势(虽然再制造设计提升再制造商的市场竞争优势),即原始制造商可以通过授权再制造改变其不利的市场竞争地位。当 $\delta_r/\delta_n = 0.3 < 0.4$ 时,再制造市场竞争优势大于再制造设计带来的收益,这时,原始制造商主要关注的是再制造产品的价格,而不是再制造设计带来的再制造收益。

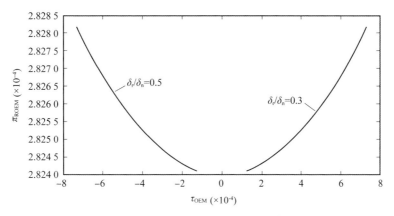

图 9-2 再制造设计努力程度对再制造商收益的影响

9.5.3 再制造设计的收益对环境造成的影响

根据本章参考文献 [14] 可知,再制造发动机对环境的影响比新发动机低 80%,因此,为便于分析取 $e_n = 1$,$e_r = 0.2$。

由图 9-3 可知,当原始制造商承担再制造设计费用时,再制造设计带给单位再制造产品的收益与单位新产品的收益之比较大时,再制造才有利于降低对环境造成的影响,且再制造设计努力程度越大,对环境造成的影响就越大。当两种单位产品对环境造成的影响之比,即单位再制造产品与单位新产品环境影响之比等于 0.2 时,并不是再制造设计带给两种产品单位收益之比越大对环境影响越有利。因此,在进行再制造设计时,如果单位再制造产品能显著降低环境影响,这时,可以降低再制造设计努力程度。

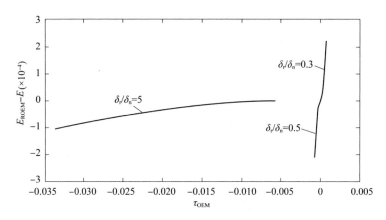

图 9-3 原始制造商承担再制造设计费用时再制造设计对环境造成的影响

9.6 研究结论

原始制造商在生产者责任延伸制下，不仅拥有产品的知识产权，还需要考虑产品的可再制造性，也即产品设计初期考虑再制造设计。本章为分析授权再制造下，再制造设计对制造/再制造的影响，构建了再制造设计不同承担模式下原始制造商与再制造商的博弈模型，对比分析再制造设计费用不同承担模式下，再制造设计对纳什均衡解的影响。研究主要得到：授权再制造不仅可以改变原始制造商在市场竞争中的不利地位，还可以增加其收益；在授权再制造下，只有再制造设计带给两种单位产品收益之比较大时，原始制造商与再制造商才愿意承担再制造设计费用；虽然再制造设计可以减少两种产品的单位销售价格，但是再制造设计不一定总是增加客户剩余。

在授权再制造下，基于再制造设计费用的不同承担模式构建原始制造商与再制造商博弈模型。基于此博弈模型，对比分析再制造设计费用不同承担模式对纳什均衡（最优）解的影响，研究主要得到如下结论：

1）授权再制造可以转化再制造出现造成的原始制造商市场竞争劣势，即原始制造商通过授权再制造可以增加自身收益。进一步，在授权再制造下，再制造设计不仅可以增加再制造商的收益，还可以增加原始制造商的收益，即再制造设计对两者都有利。

2）在再制造设计费用不同承担模式下，双方的收益与再制造设计努力程度的关系也不一样。再制造设计费用由原始制造商承担时，原始制造商的收益关于再制造设计努力程度是一个凹函数，对再制造商的收益影响也与之类似。这进一步说明，并不是再制造设计投入的成本越多越好。

3) 再制造设计对环境造成的影响不总是有利的，因为，两种产品对环境造成的影响不仅与两种单位产品对环境造成的影响有关，还与两种产品市场销售量有关。进一步，虽然再制造设计可以降低两种产品的销售价格，但是再制造设计不一定会增加客户剩余。

参考文献

[1] KURILOVA-PALISAITIENE J, SUNDIN E, POKSINSKA B. Remanufacturing challenges and possible lean improvements [J]. Journal of Cleaner Production, 2018, 172 (1): 3225-3236.

[2] NOOR A Z M, FAUADI M H F M, JAFAR F A, et al. Decision making support system using intelligence tools to select best alternative in design for remanufacturing (Economy Indicator) [M] //HASSAN M H A. Intelligent Manufacturing & Mechatronics. Singapore: Springer, 2018.

[3] RAMACHANDRAN M, AGARWAL N. Identification of most affected parameter for design for remanufacturing of scrap piston by Taguchi desirability function analysis [J]. Advances in Intelligent Systems & Computing, 2017, 659 (9): 320-329.

[4] ZOU Z B, WANG J J, DENG G S, et al. Third-party remanufacturing mode selection: outsourcing or authorization? [J]. Transportation Research Part E: Logistics and Transportation Review, 2016, 87 (3): 1-19.

[5] ZHU Q, SARKIS J, LAI K H. Supply chain-based barriers for truck-engine remanufacturing in China [J]. Transportation Research Part E: logistics and transportation review, 2015, 74 (68): 94-108.

[6] XIA X, GOVINDAN K, ZHU Q. Analyzing internal barriers for automotive parts remanufacturers in China using grey-DEMATEL approach [J]. Journal of Cleaner Production, 2015, 87 (1): 811-825.

[7] 夏西强, 朱庆华. 主动再制造设计下制造/再制造博弈模型研究 [J]. 系统工程学报, 2018, 33 (3): 328-340.

[8] 夏西强. 政府补贴与再制造设计下原始制造商与再制造商博弈模型 [J]. 系统工程, 2017 (4): 85-90.

[9] 熊中楷, 申成然, 彭志强. 专利保护下再制造闭环供应链协调机制研究 [J]. 管理科学学报, 2011, 14 (6): 76-85.

[10] 熊中楷, 申成然, 彭志强. 专利保护下闭环供应链的再制造策略研究 [J]. 管理工程学报, 2012, 26 (3): 159-165.

[11] 黄宗盛, 聂佳佳, 胡培. 专利保护下的闭环供应链再制造模式选择策略 [J]. 工业工程与管理, 2012, 17 (6): 15-21.

[12] ÖRSDEMIR A, ZIYA E K, PARLAKTÜRK A K. Competitive quality choice and remanufacturing [J]. Production and Operations Management, 2014, 23 (1): 48-64.

[13] WU C. OEM product design in a price competition with remanufactured product [J]. Omega, 2013, 41 (2): 287-298.

［14］徐滨士，刘世参，史佩京，等．汽车发动机再制造效益分析及对循环经济贡献研究［J］．中国表面工程，2005（1）：1-7.
［15］邹宗保，王建军，邓贵仕，等．基于成本对比的制造商与授权再制造商博弈模型［J］．系统工程学报，2016，31（3）：373-385.

第 5 篇

总结与展望

第10章

研究总结与未来展望

10.1 研究结论

再制造供应链面临多种决策问题,这些决策问题可分为再制造供应链内部的问题(内部问题)和再制造供应链外部的问题(外部问题)。内部问题包括供应链的协调以及各个利益相关方间利润如何分配、风险如何分担的问题,同时亦应考虑再制造供应链各个利益相关方的风险态度对供应链内部决策的影响;外部问题受客户环境偏好、政府补贴政策等影响。本书在接续前人研究的基础上,通过采用供应链契约协调理论、优化理论等方法,以我国机械装备再制造行业为背景,选取以再制造商和零售商组成的重型载货汽车发动机再制造供应链为研究对象,进行再制造供应链内部契约协调和外部决策的相关研究。

通过企业调研发现了再制造供应链中随机的废旧产品可再制造率和随机的再制造产品市场需求两种不确定性因素同时存在并干扰的现实问题,得出供需不匹配会影响到再制造供应链的稳定运营。此外,与传统正向供应链一样,由于再制造供应链中各个利益相关方均是独立决策的,因此各个利益相关方往往会以最大化各自期望利润为目标考量,并各自进行相应的决策,由此产生"双重边际效应"问题。另外,由于再制造产品客户环境偏好的不同,再制造产品定价和分配补贴给客户时的决策存在困难,由此产生如何度量客户环境偏好以及如何平衡再制造供应链收益和激励客户需求的现实问题。

围绕再制造重型载货汽车发动机供应链这一研究对象,研究目标总体来说分为两个步骤:①面向供需不确定性干扰及各个再制造供应链参与方独立决策的现状,通过再制造供应链内部的收益共享契约协调,消除分散式决策再制造供应链中存在的"双重边际效应"问题。提高各个供应链利益相关方和整个再制造供应链的期望收益,进一步研究各个再制造供应链利益相关方具有风险规避型的风险态度时如何进行契约协作。②经过前面的研究工作,在再制造供应链内部协调得以整合的基础上进一步考虑再制造供应链外部因素的影响,这一步骤是研究协调整合后的再制造供应链在考虑客户环境偏好和政府补贴政策时的再制造产品定价和再制造补贴分配问题。通过建立再制造供应链决策模型,有效兼顾了激励客户的需求和获得再制造供应链收益两种考量。进一步,通过分析该决策模型,提出了一种度量客户环境偏好的衡量标准。本书的研究工作得出以下几个方面的结论:

1)本书提出了一个再制造商和零售商间的可具操作性的收益共享契约来协调再制造供应链。基于再制造供应链中回收废旧产品的可再制造性随机分布以及再制造产品的市场需求随机的多源不确定性的现实问题,与分散式决策情形相比,收益共享契约情形下再制造供应链可以回收更多的废旧产品,消弭了由于多源不确定性问题所引发的"双重边际效应"问题,使再制造商和零售商均获得了更高的期望利润。同时再制造供应链通过该收益共享契约达到与集中式决策相同的期望利润。

2)本书证明了收益共享契约总可以找到至少一个收益分配比例和转移支付价格所组成的"参数对"使再制造供应链中的双方均获得比分散式决策情形下更高的期望利润,同时达到再制造供应链整体协调。这拓展了本书提出的收益共享契约的适用范围,解决了收益共享契约在契约双方议价能力极度不平等时,"参数对"的解的存在性问题。由于在契约订立时,各个再制造供应链利益相关方仍需通过自身权力的大小针对契约中的参数选择进行讨价还价,而分散式决策情形下再制造商和零售商存在一方具有较强的议价能力时订立契约困难的现实问题,因此面向多源不确定性因素干扰下的再制造供应链契约中的参数范围存在无可行解的疑虑,即契约不能使主导议价的一方具有比分散式决策情形下更高的期望利润而导致契约无法制定的困境。

3)本书发现收益共享契约的订立有助于零售商提高自身的废旧产品回收的积极性,这一积极性在政府补贴介入再制造供应链时得到加强。在政府补贴介入再制造供应链的背景下,本书研究了多源不确定性干扰下收益共享契约的参数设定如何受到政府补贴的影响的问题。通过对比分析分散式决策情形和收益共享契约情形下同等强度的政府补贴带来的整个再制造供应链的期望利润的增加量和再制造的废旧产品的回收增加量,发现在收益共享契约情形下零售商可以回收更多的废旧产品,这种积极性的提高源于零售商可以通过该收益共享契约追逐并分配一部分政府补贴。这部分补贴的引入改变了零售商的期望利润函数,使其回收更多的废旧产品。而废旧产品回收量的提高进一步可使再制造供应链获得更多的政府补贴。而在分散式决策情形下,没有该契约所构建的激励机制的存在,这导致再制造供应链期望收益的增加量和废旧产品回收的增加量均小于收益共享契约情形。本书指出这种互为激励的机制是由于收益共享契约所达成的。同样,对于政府而言,应促使再制造商和零售商订立契约,分享各自的信息,共担风险,这会带来补贴资金使用效率的提高。

4)在再制造供应链风险规避情形下,经过再制造商和零售商间"讨价还价"后,批发价格契约的转移支付价格与废旧产品最优回购价格正相关;同等转移支付价格下,风险规避型再制造供应链提供给客户的回购价格小于风险中性情形下的回购价格,因此为获取同等数量的废旧产品,需要再制造商提供更高的转移支付价格;风险规避情形下废旧产品回收减少的数量与再制造产品的可再制造性的标准差正相关,可再制造性"波动幅度"越大,同等条件下风险规避型再制造供应链回收废旧产品数量越少;风险规避情形下废旧产品回收减少的数量与零售商的风险态度正相关,其风险规避程度越高,回收数量越少。

在分散式决策情形下,具有更强议价能力的零售商会使整个再制造系统回收更多的废旧产品,但是这是以损害再制造商的收益作为代价的;通过一个基于均值-方差风险度量的风险规避契约,再制造供应链在多源不确定性干扰下达到了和风险规避型集中式决策下相同的废旧产品回收数量,使再制造供应链消弭了"双重边际效应"并达到了供应链协调状态;从契约参数间的关系可以看出,再制造商给予零售商的转移支付价格须反比于其分配给零售商的收益比例;在达成契约协调时,同等的转移支付价格条件下,零售商获得的收益比例随着再制造供应链风险规避程度的增加而增长,但零售商获得的收益比例随着再制造商风险规避程度的增加而减少。

5)针对由于客户环境偏好不同所导致的购买再制造产品的意愿差异的问题,再制造商和零售商在分析再制造产品市场需求时,可将客户群体的"PED的权重和"作为客户整体环境偏好的一个衡量指标。由于最优的再制造产品销售价格反比于各个客户群体的"PED的权重和",最优的政府补贴分配正比于"PED的权重和",因此若该指标减少,整个客户群体表现为有对再制造产品价格变动不敏感的趋势,此时再制造商和零售商可以提高再制造产品的销售价格同时降低再制造补贴分配给客户的比例而不用担心自身利润的损失。再制造产品的最优定价受三种因素的影响。第一种因素是客户获得的政府补贴资金分配比例,若该比例大于 $\frac{1}{2}$,则再制造产品的最优定价随着补贴资金量的增加而增加;若该比例小于 $\frac{1}{2}$,则再制造产品的最优定价随着补贴资金量的增加而减少。第二种因素是再制造产品的再制造生产成本,包括再制造成本、废旧产品获取成本以及运输库存成本,再制造产品的最优定价是正比于总体的再制造生产成本的。第三种因素是客户由于环保意识的不同而具有的环境偏好,通过研究不同客户群体的 PED,发现再制造产品的最优定价是反比于各个客户群体的"PED的权重和"的。

6)分配一定比例的政府补贴给予客户对再制造供应链利润率的提升有益。而分配给客户的政府补贴的分配比例与再制造产品的销售价格密切相关。在决定再制造产品销售价格和政府补贴给予客户的分配比例两个变量时,再制造商需要考虑两个变量相互间的作用,并在客户环境偏好给定的前提下使两者满足一定的规则。特别地,在一个再制造重型载货汽车发动机的实际案例中,本研究提供了一个方案,该方案建议再制造商可以分配一半的政府补贴给客户,同时制定略高于现有再制造产品销售价格的定价,这既满足再制造供应链期望利润最大化的前提条件又简便易操作。

7)再制造商和零售商不应仅局限于当前的客户群体的 PED,而同时也要把控客户未来环境偏好的变化趋势。一旦再制造商和零售商认知到绿色客户群体的比例在扩张，或者各客户群体的 PED 在降低，则它们可以通过调高再制造产品的销售价格并调低再制造补贴的分配比例的措施以期增加期望利润，这些措施并不会造成自身利润的损失反而会增加自身利润。除此之外，对政府而言，可以主动要求再制造商和零售商分配一定比例的补贴给予客户来促进客户需求的改变。进一步，政府和再制造商以及零售商需要通过切实的努力（例如再制造产品推介、补贴激励、税收减免等）来尽可能地转换非绿色客户为更具环境偏好的绿色客户。更多的客户选择采用节能、环保、价廉质优的再制造产品会使所有利益相关方获益。

10.2 观点总结

平衡再制造产品的供需是再制造供应链管理的研究核心。通过企业调研挖掘出再制造供应链实际运营中存在的供需不匹配问题，指出：原材料供给方面存在着回收废旧产品质量参差不齐导致其可再制造率不确定性问题，市场需求方面存在着客户对再制造产品的接受程度和质量疑虑导致的需求不确定性问题。本书通过采用供应链契约理论，建立了再制造商和零售商间的收益共享契约，消弭了再制造供应链内部彼此分散式决策存在的"双重边际效应"问题。在市场需求线性分布和市场需求非线性分布情况下分别给出了达到供应链协调时的契约"参数对"的解析条件和迭代条件，证明了该收益共享契约在契约双方议价能力极度不平等时也可以至少找到一个契约"参数对"使再制造供应链中的双方均获得比分散式决策情形下更高的期望利润，同时达到再制造供应链整体协调。以上研究拓展了本书提出的契约所适用的范围，解决了契约"参数对"的存在性问题，发现了契约的订立有助于提升零售商自身的废旧产品回收积极性，且该回收积极性在政府补贴引入时得到加强。

供应链中的企业对于风险的态度是不同的，风险态度会影响再制造企业的决策。再制造供应链中的企业亦具有风险偏好。本书参考了以往关于风险规避决策的研究成果，将风险规避因素纳入目标函数中，采用供应链契约理论结合风险度量理论方法构建了风险规避型再制造供应链的契约协调模型。模型研究了供应链利益相关方的风险态度对再制造供应链废旧产品回收数量、期望利润以及契约参数的确定的影响；给出了激励风险规避型的再制造企业参与到供应链契约协作中所需满足的条件；供应链契约的制定过程可为风险规避型再制造各相关方通过达成契约来消弭"双重边际效应"、协调供应链、增加期望收益和共担风险提供有益借鉴。

再制造商在售卖再制造产品时需要考虑客户环境偏好的不同。将政府补贴分配一定的比例给客户对再制造供应链利润率的提升有益。本书给出了客户所获补贴分配比例和再制造产品定价须满足的函数规则，此时再制造商可使自身利润最大化。研究中首次尝试定义"PED 的权重和"作为客户不同环境偏好的衡量指标。该指标正比于最优的政府补贴分配比例，同时反比于再制造产品的最优定价，显示了其重要性和有效性。进一步将该指标应用在案例中，计算了该指标变化时再制造商利润的变动情况。最后指出，再制造商不仅需要考虑到当前的客户的环境偏好衡量指标，而且更需注意该指标在未来的变化趋势。

10.3 政策建议

1. 落实政策措施，促进再制造产品的使用

在风险可控的前提下，鼓励推动汽车生产企业在汽车制造过程中采购使用再制造产品，相关部门按照零部件使用新产品和再制造产品的比例或再制造零部件使用量给予汽车生产企业税收优惠；鼓励汽车维修企业在汽车维修时使用再制造零部件产品，相关部门按照再制造零部件产品使用数量给予汽车维修企业一定的税收优惠。逐步建立有效的再制造产品使用激励机制，解决再制造产品的"身份"问题。条件成熟时，规定我国汽车生产阶段的再制造零部件产品强制性比例，并结合汽车生产企业反馈情况逐步提高强制性比例。

2. 应用和研发新技术，确保再制造产品的质量

1) 应用物联网等先进技术，保证再制造产品的质量。综合运用物联网和"互联网＋"等电子监管技术措施，针对交售给零部件再制造企业的汽车再制造废旧产品（含"五大总成"），实行产品编码，建立汽车再制造废旧产品溯源及汽车再制造产品全生命周期追踪的信息管理系统，严控再制造产品质量风险，促进汽车再制造产业规范发展。

2) 进一步鼓励技术研发，提高再制造技术水平。组织实施内燃机再制造技术工艺应用示范试点，集中优势内燃机再制造企业和汽车生产企业力量，加强内燃机产品再制造无损检测、绿色高效清洗、自动化表面修复等技术攻关和装备研发，加快再制造技术产业化应用，提高我国汽车再制造技术水平。

3. 强化生产者责任延伸制，从源头推进再制造回收利用

鼓励汽车生产企业加强源头生态设计，提高汽车的可回收利用率和材料的再利用率，以轻量化、单一化、模块化、无（低）害化、易维护设计为目标，充分考虑产品报废后的可拆解性和易拆解性及可再制造性。汽车生产企业需向再制造试点企业提供其零部件的材料构成、结构设计或拆解指南、有害物含量及性质、废弃物处理方法等相关信息；汽车零部件再制造试点企业需对相关信

息保密。鼓励汽车生产企业对汽车零部件再制造试点企业进行质量监管及技术支持，逐步建立有效的汽车设计——回收——再制造沟通机制，加强报废汽车产品回收和再制造管理。

10.4 未来研究展望

针对前文所提出的研究局限和不足，在以下几个方面可以进行后续进一步的深入研究：

1. 构建不确定性环境下信息不对称的再制造供应链契约

围绕再制造供应链各个利益相关方进行调查研究工作，了解再制造供应链各个利益相关方的信息传递情况。通过双层规划和变分不等式等工具，借鉴文献中传统正向供应链的不对称信息下供应链契约的前人研究，结合再制造供应链出现的新问题、新情况，分析导致再制造供应链效率低的因素，构建不确定性环境下信息不对称的再制造供应链契约，进一步分析通过契约达到再制造供应链协调所需的条件。

2. 建立多源不确定性环境下的多层再制造供应链契约

借鉴国内重型载货汽车发动机再制造较为丰富的经验，针对其他机械装备产品，通过对再制造商上下游企业特别是零部件新品供应商开展调研分析，进一步梳理再制造供应链内部的利益冲突和风险承担情况。在实际案例的调研分析基础上，通过文献研究建立多源不确定性环境下的多层再制造供应链契约模型。通过对调研对象的持续追踪，进一步对多层契约模型进行反馈和完善。

3. 探索影响客户环境偏好的更具表征性的变量或因素

通过对客户进行深入的问卷调查，了解影响客户环境偏好的更令人信服的变量或因素。利用概率理论和模糊聚类等方法建立基于客户模糊环境偏好的再制造商决策模型，帮助再制造商准确把握客户环境偏好变动趋势及其对再制造商决策的影响，探索再制造商联合政府对再制造产品进行推介宣传等方式影响客户环境偏好的可能性。针对不同的机械装备产品，根据客户偏好的差别采取不同的宣传推广政策。

4. 研究再制造产业对国民经济和节能减排的总体影响

进一步深入研究政府关于循环经济领域相关产业的发展方针政策，及时追踪了解国家废旧产品回收再利用等"静脉产业"的相关法律法规，建立再制造商和原始制造商围绕生产者责任延伸制的博弈模型，以期围绕该博弈模型探索再制造商在政府规制或生产者责任延伸制下与原始制造商的供应链契约合作。研究再制造产业对国民经济和节能减排的总体影响，同时针对不同的机械装备产品，根据供应链各个环节的差别，抓住瓶颈或者核心环节，推动再制造产业的发展。

5. 订立不对称信息下的再制造供应链契约

不对称信息的现象在现实生活中普遍存在，到处可见。在一个再制造供应链中，供应链的各个参与方亦具有所掌握信息不对称的现象。再制造供应链的废旧产品回收方一般会隐藏关于回收价格、回收数量、库存成本等的相关信息，而再制造供应链的再制造方一般会隐藏关于再制造成本、库存以及再制造市场需求等的相关信息。一般而言，信息掌握的重要程度和信息掌握量是不对称的。同时，再制造供应链亦存在一方向另一方传递虚假信息的可能性。因此，如何在信息不对称以及信息需要甄别的背景下促使再制造供应链各参与方通过供应链契约来协调整个供应链需要进一步的研究。

6. 订立多源不确定性环境下的多层再制造供应链契约

随着再制造供应链分工的细化，再制造供应链的层级增加。例如再制造商在再制造过程中有零部件新产品的进入，这就使零部件新产品的供应商进入到了再制造供应链。再制造供应链有趋于网络化的趋势，因此由于需求不确定导致的各关联层级间再制造订单逐级放大的"牛鞭效应"问题不容小觑。此时，如何在多层级的再制造供应链内部通过供应链契约协调多方的决策，使再制造供应链中的"牛鞭效应"问题得以减弱值得研究者们进一步思考。

7. 完善客户环境偏好的评价和衡量指标

在本书建立的考虑客户偏好和政府补贴的再制造供应链决策模型中，考虑了再制造重型载货汽车发动机客户对再制造产品的延长质保和保换期限的接受程度，以及其购买意愿的相关调查和统计信息作为客户环境偏好的选择标准和依据。相关调查和统计信息是一次性的，而客户的环境偏好受到很多因素影响而表现得容易改变，甚至客户的环境偏好具有不确定性导致客户的聚类发生困难。因此，可以借助概率论和模糊聚类方法来探索新的客户环境偏好的衡量指标，这需要进一步研究。

8. 建立政府动态补贴下的再制造供应链决策模型

本书分析了再制造供应链如何利用政府补贴作为一种激励手段引导具有不同环境偏好的客户改变对再制造产品的需求，为此建立的再制造供应链决策模型是基于政府按照再制造销售量进行补贴的研究假设的。这种补贴假设在现阶段大致符合我国实际情况，但是再制造供应链如何应对政府的临时性补贴、动态调整的补贴等多种补贴模式需要进行进一步的探讨。